经典文库

叔本华文选

李瑜青　主编

上海大学出版社
·上海·

图书在版编目(CIP)数据

叔本华文选 / 李瑜青主编. —上海：上海大学出版社，2023.2
(中外经典文库)
ISBN 978-7-5671-4561-0

Ⅰ.①叔… Ⅱ.①李… Ⅲ.①叔本华(Schopenhauer, Arthur 1788-1860)—哲学思想—文集 Ⅳ.①B516.41-53

中国国家版本馆CIP数据核字(2023)第023883号

统　　筹　刘　强
责任编辑　农雪玲
助理编辑　严　妙
封面设计　柯国富
技术编辑　金　鑫　钱宇坤

中外经典文库
叔本华文选
李瑜青　主编
上海大学出版社出版发行
(上海市上大路99号　邮政编码200444)
(https://www.shupress.cn　发行热线 021-66135112)
出版人　戴骏豪

*

南京展望文化发展有限公司排版
上海华教印务有限公司印刷　各地新华书店经销
开本 890mm×1240mm　1/32　印张 10.25　字数 239千字
2023年2月第1版　2023年2月第1次印刷
ISBN 978-7-5671-4561-0/B・137　定价 48.00元

版权所有　侵权必究
如发现本书有印装质量问题请与印刷厂质量科联系
联系电话：021-36393676

目录 CONTENTS

世界是我的表象 …… 001
世界是我的意志 …… 013
意志与痛苦 …… 020
论人格 …… 030
论女性 …… 050
性爱的形而上 …… 060
论人生的不同阶段 …… 093
禁欲 …… 101
死亡 …… 112

论思考 …… 144
读书与书籍 …… 155
论天才 …… 162

论财产 …… 185
名誉 …… 192
骄傲 …… 198
荣誉 …… 200
名声 …… 217
论生存的空虚 …… 229
论哲学与智慧 …… 237
论美 …… 252

论伦理 …… 266
论法律与政治 …… 280
论心理 …… 289
论宗教 …… 301
文学的美学 …… 306

世界是我的表象

一

"世界是我的表象"：这是一个真理，是对于任何一个生活着和认识着的生物都有效的真理；不过只有人能够将它纳入反省的、抽象的意识罢了。并且，要是人真的这样做了，那么，在他那儿就出现了哲学的思考。于是，他就会清楚而确切地明白，他不认识什么太阳，什么地球，而永远只是眼睛，是眼睛看见太阳，永远只是手，是手感触着地球；就会明白围绕着他的这世界只是作为表象而存在着的，也就是说这世界的存在完全只是就它对一个其他事物的、一个进行"表象者"的关系来说的。这个进行"表象者"就是人自己。

二

这个真理决不新颖，它已包含在笛卡儿所从出发的怀疑论观点中，不过贝克莱是断然把它说出来的第一人。尽管他那哲学的其余部分站不住脚，在这一点上，他却为哲学作出了不朽的贡献。

三

在这第一篇里，我们只从上述的这一方面，即仅仅是作为表象的一面来考察这世界。至于这一考察,虽无损于其为真理,究竟是片面的,从而也是由于某种任意的抽象作用引出来的,它宣告了每一个人内心的矛盾,他带着这一矛盾去假定这世界只是他的表象,另一方面他又再也不能摆脱这一假定。不过这一考察的片面性就会从下一篇得到补充,由另一真理得到补充。这一真理,可不如我们这里所从出发的那一个,是那么直接明确的,而是只有通过更深入的探讨、更艰难的抽象和"别异综同"的功夫才能达到的。它必然是很严肃的,对于每一个人纵不是可怕的,也必然是要加以郑重考虑的。这另一真理就是每个人,他自己也能说并且必须说的:"世界是我的意志。"

四

那认识一切而不为任何事物所认识的,就是主体。因此,主体就是这世界的支柱,是一切现象、一切客体一贯的、经常作为前提的条件;原来凡是存在着的,就只是对于主体的存在。每个人都可发现自己就是这么一个主体,不过只限于它在认识着的时候,而不在它是被认识的客体时。而且人的身体既已是客体,从这观点出发,我们也得称之为表象。身体虽是直接客体,它总是诸多客体中的一客体,并且服从客体的那些规律。同所有直观的客体一样,身体也在一切认识所共有的那些形式中,在时间和空间中;而杂多性就是通过这些形式而来的。

所以,作为表象的世界,也就是这儿我们仅在这一方面考察的世界,它有着本质的、必然的、不可分的两个半面。一个半面是客体,它的形式是空间和时间,杂多性就是通过这些而来的;另一个半面是主体,这却不在空间和时间中,因为主体在任何一个进行表象的生物中都是完整的、未分裂的。所以这些生物中每一单另的一个和客体一道,正和现有的亿万个生物和客体一道一样,都同样完备地构成这作为表象的世界;消失了这单另的一个生物,作为表象的世界也就没有了。因此,这两个半面是不可分的;甚至对于思想,也是如此,因为任何一个半面都只能是由于另一个半面和对于另一个半面而有意义和存在:存则共存,亡则俱亡。双方又互为界限,客体的起处便是主体的止处。这界限是双方共同的,还在下列事实中表示出来,那就是一切客体所具有本质的,从而也是普遍的那些形式,亦即时间、空间和因果性,毋庸认识客体本身,单从主体出发也是可以发现的,可以完全认识的;用康德的话说,便是这些形式是先验地在我们意识之中的。康德发现了这一点,是他主要的,也是很大的功绩。我现在进一步主张,根据律就是我们先天意识着的,客体所具一切形式的共同表述;因此,我们纯粹先天知道的一切并不是别的,而正是这一定律的内容。由此产生的结果是:我们所有一切先天明确的"认识"实际上都已在这一定律中说尽了。

五

在我们所有一切表象中的主要区别即直观表象和抽象表象的区别。后者只构成表象的一个类,即概念。而概念在地球上只为人类所专有。这使人异于动物的能力,达到概念的能力,自来就被称为理性。我们以后再单另考察这种抽象的表象,暂时我们专谈直观的表象。直观表象包括整个可见的世界或全部经验,及经验所以可能的诸条件。前已说过,这是康德一个很重要的发现,他正是说经验的这些条件、这些形式,也就是在世界的知觉中最普遍的东西,世间一切现象在同一方式上共有着的东西,时间和空间,在单独而离开它们的内容时,不仅可以抽象地被思维,而且也可直接加以直观。并且这种直观不是从什么经验的重复假借来的幻象,而是如此地无须依傍经验,以至应该反过来设想经验倒是依傍这直观,因为空间和时间的那些属性,如直观先验地所认识的,作为一切可能的经验的规律都是有效的;无论在哪儿,经验都必须按照这些规律而收效。为此,我在讨论根据律的那篇论文中曾将时间和空间,只要它们是纯粹而无内容地被直观的,便把它们看作是表象的一个特殊的、独自存在的类。

六

但是,时间和空间假若各自独立来看,即令没有物质,也还可直观地加以表象;物质则不能没有时间和空间。物质是和其形状不可分的,凡形状就得以空间为前提。物质的全部存在又在其作用中,而作用又总是指一个变化,即是一个时间的规定。不过,时间和空间不仅是分别地各为物质的前提,而且是两者的统一才构成它的本质;正因为这本质,已如上述,乃存于作用中、因果性中。如果一切可想到的、无数的现象和情况,果真能够在无限的空间中毋庸互相拥挤而并列,或是在无尽的时间中不至紊乱而先后继起;那么,在这些现象和情况的相互之间就无需乎一种必然关系了;按这关系而规定这些现象和情况的规则更不必要了,甚至无法应用了。结果是尽管有空间中一切的并列,时间中一切的变更,只要是这两个形式各自独立,而不在相互关联中有其实质和过程,那就仍然没有什么因果性;而因果性又是构成物质真正本质的东西;所以,没有因果性也就没有物质了。可是因果律所以获得其意义和必然性,仅仅是由于变化的本质不只是在于情况的变更本身,而更是在于空间中同一地点上,现在是一情况而随后又是一情况;在于同一个特定的时间上,这儿是一情况而那儿又是一情况;只有时间和空间这样的相互制约,才使一个规则、变化依之而进行的这规则有意义,同时也有必然性。从而,因果律所规定的不是仅在时间中的情况相继起,而是这继起是就一特定的空间说的;不是情况的存在单在一特定的地点,而是在某一特定的时间,在这个地点。变化也即是按因果律而发生的变更,每次总是同时而又统一地关涉到空间的一定部位和时间的一定部分。于是,因果性将空间和时间统一起来了。

七

人们还得防止一个重大的误会,不要因为直观是经由因果性的认识而成立的,就以为客体和主体之间也存在着原因和效果的关系。其实,更正确的是:这一关系总是只存在于直接的和间接的客体之间,即总是只存在于客体相互之间。正是由于上述那错误的前提,才有关于外在世界的实在性的愚蠢争论,在争论中,独断论和怀疑论相互对峙;前者一会儿以实在论,一会儿又以唯心论出现。在这儿就应教导争论的双方,第一,客体和表象是一个东西;其次,可以直观的客体的存在就是它的作用,事物的现实性就正在其作用中;而在主体的表象之外要求客体的实际存在,要求真实事物有一个存在,不同于其作用,那是全无意义的,并且也是矛盾的。因此,只要直观的客体是客体,也即是表象,那么,认识了一直观客体的作用方式也就是毫无余蕴地认识了这客体;因为除此而外,在客体上就再没有什么是为这认识而留存着的东西了。就这一点说,这在空间和时间中的直观世界,既纯以因果性表出它自己,也就完全是实在的,它也就是它显现为什么的东西,并且它也是整个儿地、无保留地作为表象,按因果律而联系着,而显现它自己的。这就是它的经验的实在性。可是另一方面,一切因果性又只在悟性中,只对悟性而存在;所以那整个现实的世界,亦即发生作用的世界,总是以悟性为条件的;如果没有悟性,这样的世界也就什么也不是了。但还不仅是为了这一缘故,而且是因为想象一个没有主体的客体根本就不能不是矛盾,我们才不能不干脆否认独断论所宣称的那种实在性,独立于主体之外的实在性。整个客体的世界是表象,无可移易的是表象,所以它自始至终永远以主体为条件;这就是说它有先验的观念性。但是它并不因此就是对我们说谎,也不是假象。它是什么,就呈现为什么,亦即呈现为表象,并且是一系列的表象,根据律就是其间一条共同的韧带。这样的世界对于一个健全的悟性,即令是在这世界最内在的意义上说,也是可理解的,它对悟性说着一种完全清晰的语言。

八

好比从太阳直接的阳光之下走到月亮间接的反光之下一样,我们现在就从直观的、当下即是的、自为代表的、自为保证的表象转向反省思维,转向理性的、抽象的、推理的概念。概念只从直观认识,只在同直观认识的关系中有其全部内容。只要我们一直是纯直观地行事,那么,一切都是清晰的、固定的和明确的。这时既无问题,也无怀疑,也无谬误;人们不会再有所求,也不能再有所求;人们在直观中已心安理得,在当下已经有了满足。直观是自身具有的,所以凡纯粹由直观产生的、忠于直观的事物,如真正的艺术品,就决不能错,也不能为任何时代所推翻,因为它并不发表一种意见,而只提供事情本身。可是随同抽象的认识,随同理性,在理论上就出现了怀疑和谬误,在实践上就出现了顾虑和懊悔。在直观表象中,假象可以在当下的瞬间歪曲事实;在抽象的表象中,谬误可以支配几十个世纪,可以把它坚实如铁的枷锁套上整个整个的民族，可以窒息人类最高贵的冲动；而由于它的奴隶们，被它蒙蔽的人们，甚至还可给那些蒙蔽不了的人们带上镣铐。对于这个敌人，历代大哲们和它进行过实力悬殊的斗争；只有大哲们从它那儿缴获的一点东西才成为了人类的财富。因此，在我们初踏上这敌人所属的领土时，立刻就唤起我们对它的警惕，是有好处的。虽然已有人这样说过，即令看不到任何好处，我们仍应追求真理，因为真理的好处是间接的，并且能够隔一个时期意外地又重现出来；可是我在这儿还要加上一句，说：即令看不到任何害处，人们也得同样作出努力来揭露并铲除每一谬误，因为它的害处也是间接的，也在人们不提防的时候又能出现；而每一谬误里面都是藏着毒素的。如果是人的智力、人的知识使人类成为地球上的主宰，那么，就没有什么无害的谬误；如果是那些尊严的、神圣的谬误就更不是无害的了。为了安慰那些用任何一方式，在任何一场合，由于对谬误进行过崇高艰巨的斗争而献出力量和生命的人们，我不禁要在这儿插一句：在真理尚未出现以前，谬误固然还能猖獗一时，正如猫头鹰和蝙蝠能在夜间活动一样；但是如果说真理既已被认识，既已明晰而完整地表达出来了之后还能再被逐退，而旧的谬误又得安逸地重占它那广阔的阵地，那么，猫头鹰和蝙蝠把东边升起的太阳吓回去，就更有可能了。这就是真理的力量，它的胜利虽然是在艰苦困难中赢得的，但足以弥补这个遗憾的是，若是真理一旦赢得了这胜利，那也就永远夺它不走了。

九

到这里为止，我们所考察过的表象，按其构成来看，如从客体方面着眼，就可还原为时间、空间和物质；如从主体方面着眼，就可还原为纯粹感性和悟性（即因果性的认识）。除了这些表象之外，在生活于地球的一切生物之中，独有人类还出现了一种认识能力，发起了一种完全新的意识。人们以一种冥悟的准确性而很恰当地把这种意识叫作反省思维。诚然，这种意识在事实上是一种反照，是从直观认识引申而来的；然而它有着完全不同于直观认识所有的性质和构成，它不知道有属于直观认识的那些形式；即令是支配着一切客体的根据律，在这儿也有着完全不同的另一形态。这新的、本领更高强的意识，一切直观事物的这一抽象的反照，在理性的非直观的概念中的反照——唯有它赋予人类以思考力。这就是人的意识不同于动物意识的区别。由于这一区别，人在地球上所作所为才如此地不同于那些无理性的兄弟种属，人在势力上超过它们，在痛苦上人也以同样的程度超过它们。它们只生活于现在，人则同时还生活于未来和过去。它们只满足当前的需要，人却以他机巧的措施为将来做准备，甚至为他自己看不到的后代做准备。它们完全听凭眼前印象摆布，听凭直观的动机的作用摆布；而规定人的却是不拘于现前的抽象概念。所以人能执行预定计划，能按规章条款办事；可以不顾（一时的）环境，不顾当前偶然的印象。譬如说，人能够无动于衷为自己身后作出安排，能够伪装得使人无法看出破绽，而把自己的秘密带进坟墓去。最后，在为数较多的动机中他还有真正的选择权。因为只有在抽象中，这些动机同时并列于意识中，才能带来这样一个认识：就是动机既互相排斥，就得在实力上较量一下，看谁能支配意志。在较量中占优势的动机，也就是起决定作用的动机；这就是经过考虑后的意志的抉择，这一动机便是透露意志的本性一个可靠的标志。动物与此相反，是由眼前印象决定的；只有对当前强制力的畏惧才能控制它的欲求，到这种畏惧成为习惯时，以后便受习惯的约束，这就是施于动物的训练。动物有感觉，有直观；人则还要思维，还要知道。欲求则为人与动物所同有。动物用姿态和声音传达自己的感觉和情绪,人则是用语言对别人传达思想或隐瞒思想。语言是他理性的第一产物,是理性的必需工具。所以,在希腊文和意大利文中,"语言"和"理性"是用同一个词来表示的:在希腊文是"逻戈斯"λoγos,在意大利文是"迪斯戈尔索"ildiscorso。在德语,"理性"("费尔隆夫特")Vernunft 是从"理会"("费尔涅门") Vernehmen 来的,而这又和"听到"Horen 并非同义词,而有了解语言所表达的思想的意味。唯有借助于语言,理性才能完成它那些最重要的任务,例如许多个别人协同一致的行动,几千人有计划的合作;例如文明、国家;再还有科学、过去经验的保存、概括共同事物于一概念中真理的传达、谬误的散布、思想和赋诗、信条和迷信等。动物只在死亡中才认识死亡,人是意识地一小时一小时走向自己的死亡。即令一个人还没认识到整个生命不断在毁灭中这一特性,逐步走向死亡,有时也会使他感到生命的可虑。人有各种哲学和宗教,主要是由于这个原因。

十

概念构成一个特殊类别的表象,和我们之前所考察过的直观表象是在种类上完全不同的一个类别,是只在人的心智中才有的。因此,关于概念的本质,我们就永不能获得直观的、真正自明的认识,而只能有一种抽象的、推理的认识。

概念和直观表象虽有根本的区别,但前者与后者又有一种必然的关系;没有这种关系,概念就什么也不是了。从而这种关系就构成概念的全部本质和实际存在。(这是怎样一种关系呢?原来)反省思维必然是对原本直观世界的摹写、复制;虽然是一种十分别致的,所用材料也完全不同的摹写。因此,把概念叫作"表象之表象",那倒是很恰当的。

由上所说,又发生这样一个情况:由于概念是抽象表象而不是直观表象,从而也就不是十分确定的表象,于是每一概念便进而有人们叫作意义范围或含义圈的东西;并且即令是在这概念只适应于唯一的一个实在客体的场合,也是如此。这样,我们就发现每一概念的含义圈和其他概念的含义圈总有些共同的地方,即是说在此一概念中被思维的某部分,同时也就是在彼一概念中被思维的部分;反之亦然,在彼一概念中所思维的某部分便是此一概念中所思维的部分;虽然同时,它们又是真正不同的概念,每一概念,或至少是两者中的一个概念又含有另外那一概念所没有的东西。每一主语和其谓语就是在这样的关系之中的,而认识这一关系就叫作"判断"。

十一

理性的本性是女性的,它只能在有所取之后,才能有所与。仅就它自身说,除了它用以施展的空洞形式外,它是什么也没有的。

那么,整个说来,逻辑仍可算作纯粹的理性科学。在其他一切科学中,理性就接受了来自直观表象的内容:在数学中这内容来自先于经验、直观地意识着的空间关系和时间关系;在纯粹的自然科学中,即是在我们对于自然过程先于一切经验的知识中,科学的内容来自纯粹的悟性,即来自因果律及该律和时间、空间的纯粹直观相结合的先验认识。在此以外的一切科学中,所有不是从上述来源获得一切(内容)的科学,一概来自经验。"知"根本就是:在人的心智的权力下有着可以任意复制的某些判断,而这些判断在它们自身以外的别的事物中有其充分的认识根据;即是说这些判断是真的。所以只有抽象的认识才是"知",它是以理性为条件的。

动物虽然也有直观的认识,并且它们做梦这一事实还证明它们有对于直观认识的记忆;既有记忆,当然也有想象。但是严格点讲,我们就不能说动物也有所知。我们说动物有意识,那就是说意识作用这个概念,在语源上虽从"知"而来,却同表象作用这概念,不论是哪种表象作用,符合一致。因此,我们说植物虽有生命,却无意识。所以"知"便是抽象的意识,便是把在别的方式下认识了的一切又在理性的概念中固定起来的作用。

十二

因此哲学不能从寻找整个世界的一个有效因或一个目的因出发。至少是我的哲学就根本不问世界的来由,不问为何有此世界,而只问这世界是什么。在这里,"为什么"是低于"什么"一级的,因为这"为什么"既只是由于世界的现象(所由呈现)的形式,由于根据律而产生的,并且只在这个限度内有其意义和妥当性,所以早就是属于这个世界的了。人们固然可以说,世界是什么,这是每人无须别的帮助就认识到的(问题),因为人自己就是认识的主体,世界就是这主体的表象。这种说法在一定限度内也是对的。不过这种认识是一个直观的认识,是具体中的认识;而在抽象中复制这些认识,把先后出现的、变动不居的直观,根本把感这个广泛概念所包括的一切,把只是消极规定的非抽象、非明晰的知识提升为一种抽象的、明晰的、经久的知识,这才是哲学的任务。因此,哲学必须是关于整个世界的本质的一个抽象陈述,既关于世界的全部,又关于其一切部分。

因此,在哲学上有天才就在于柏拉图所确定的一点:在多中认一,在一中认多。准此,哲学将是极普遍的判断之总和,而其认识根据直接就是在其完整性中的世界本身,不遗漏任何点滴,也就是在人的意识中呈现出来的一切一切。哲学将是世界在抽象概念中的一个完整的复制,好比明镜中的反映作用似的。而这些抽象概念是由于本质上同一的合为一个概念,本质上相异的分为另一概念才可能的。培根就早已为哲学规定了这个任务,他是这样说的:"最忠实地复述着这世界自己的声音,世界规定了多少,就恰如其分地说出多少;不是别的而只是这世界的阴影和反映,不加上一点自己的东西,而仅仅只是复述和回声:只有这,才是真的哲学。"(《关于广义的科学》第二卷第 13 页)不过,我们是在培根当时还不能想到的一种更广泛的意义中承认这一点的。

(李瑜青　编译)

世界是我的意志

一

不过现在推动我们去探求的,正是我们不能自满于知道我们有表象,知道表象是如此这般的、是按这个那个规律联系着的,知道根据律就是这一些规律的总形式等。我们正是不能以此自足,我们要知道那些表象的意义,我们要问这世界除了是表象之外,是否就再没什么了——如果真是这样,这世界在我面前掠过,就必然和无实质的梦一样,就和幽灵般的海市蜃楼一样,不值我们一顾了;我们要问世界除了是表象之外,是否还有什么,如果有,那又是什么?

从外面来找事物的本质是绝无办法的,无论人们如何探求,所得到的除了作为比喻的形象和空洞的名称之外,再没有什么了。这就好比一个人枉自绕着一座王宫走而寻不到进去的入口,只落得边走边把各面宫墙素描一番。然而这就是我以前的一切哲学家所走的路。

二

然而这个探讨人自己的根子就栽在这(样一)个世界里,他在这世界里是作为个体(的人)而存在的,即是说尽管他的认识是作为表象的整个世界以之为前提的支柱，但是这种认识毕竟是以一个身体为媒介而获得的。身体的感受，如已指出的，就是悟性在直观这世界时的出发点。对于单是认识着的主体，就它是主体说，这个身体也是表象之一，无异于其他表象，是客体中的一客体。这个身体的活动和行为的意义，如果不是以完全不同的另一方式来揭穿谜底的话，对于这主体也将无异于它所知道的一切其他直观客体的变化，也将是陌生的，不可理解的。而应该说，这里的谜底已是作为个体而出现的认识的主体所知道的了，这个谜底叫作意志。这，也唯有这，才给了这主体理解自己这现象的那把钥匙，才分别对它揭露和指出了它的本质、它的作为和行动的意义和内在动力。

意志活动和身体的活动不是因果性的韧带联结起来的两个客观地认识到的不同的情况，不在因和果的关系中，却是合二而一，是同一事物，只是在两种完全不同的方式下给予的而已：一种是完全直接给予的，一种是在直观中给予悟性的。身体的活动不是别的，只是客体化了的，亦即进入了直观的意志活动。因此，我想使这种真理突出于其他一切真理之上，把它叫作最高意义上的哲学真理。人们可以用各种不同的方式来表达这一真理，可以说：我的身体和我的意志是同一事物；或者说：我把它当作直观表象而称之为我的身体的东西，只要它是在一种完全不同的，没有其他可以比拟的方式下为我所意识，我就称之为我的意志；或者说：我的身体是我的意志的客体性；或者说：如果把我的身体是我的表象（这一面）置之不论，那么，我的身体就只还是我的意志；如此等等。

三

身体的各部分必须完全和意志所由宣泄的各主要欲望相契

合，必须是欲望的可见的表出：牙齿、食道、肠的输送就是客体化了的饥饿；生殖器就是客体化了的性欲；至于攫取物的手和跑得快的腿所契合的已经是意志的比较间接的要求了，手和脚就是这些要求的表出。如同人的一般体形契合于人的一般意志一样，同样，个人的身体也契合个别形成的意志、各个人的性格。因此，人的身体，无论是就全体说或是就所有各个部分说，都有个别的特征，都富有表现力。很可注意的是在亚里士多德所引《形而上学》巴门尼德斯的一段诗句中就已道出了这种思想，诗是这样写的：

> 如同每人有屈伸自如的肢体结构，
> 与此相应，在人们中也住着心灵；
> 因为精神和人的自然肢体
> 对于一切人都相同，因为在这以上
> 有决定性的还是智慧。

唯有意志是自在之物。作为意志，它就绝不是表象，而是在种类上不同于表象的。它是一切表象、一切客体和现象、可见性、客体性之所以出。它是个别（事物）的，同样也是整体（大全）的最内在的东西，内核。它显现于每一盲目地起作用的自然力之中。它也显现于人类经过考虑的行动之中。而这两者的巨大差别却只是对显现的程度说的，不是对"显现者"的本质说的。

四

可是意志这个词儿，好像一道符咒似的要为我们揭露自然界中任何事物的最内在本质，那就不是标志着一个未知数，不是指一个由推理得来的什么，而是标志着我们直接认识的（东西），并且是我们如此熟悉的东西；我们知道并懂得意志是什么，比了解其他任何别的东西更清楚,不管那是什么东西。过去人们总是把意志这概念概括在力这概念之下,我则恰好反其道而行之,要把自然界中每一种力设想为意志。人们不可认为这是字面上的争论,也不可认为这是无所谓、可以漠不关心的(事情),却更应该说这是有头等意义和重要性的(事情)。原来力这个概念,和其他一切概念一样,最后是以客观世界的直观认识,即现象,亦即表象为根据的,力的概念也就是从这里产生的。它是从因与果支配着的领域内提出来的,所以也是从直观表象中提出来的。因此,如果我们把力这概念归结为意志这概念,那么,我们在事实上就是把较不知的还原为不能更熟悉的,还原为真正直接、完全的已知,并大大地扩大了我们的认识。

五

在意志作为人的意志而把自己表现得最清楚的时候,人们也就真正认识了意志的无根据,并已把人的意志称为自由的、独立(无所待)的。可是同时,人们就在意志本身的无根据上又忽视了意志的现象随处要服从的必然性,又把行为也说成是自由的。(其实)行为并不是自由的,因为从动机对于性格的作用中产生出来的每一个别行为都是以严格的必然性而发起的。一切必然性,如前所说,都是后果对原因的关系,并且绝对不再是别的什么。根据律是一切现象的普遍形式,而人在其行动中也必然和其他任何一种现象一样要服从根据律。不过因为意志是在自我意识中直接地在它本身上被认识的,所以在这(自我)意识中也有对于自由的意识。可是这就忽视了个体的人,人格的人并不是自在之物的意志,而已经是意志的现象了,作为现象就已被决定而进入现象的形式,进入根据律了。这就是一件怪事的来源,(其所以怪的是)每人都先验地以为自己是完全自由的,在其个别行为中也自由;并且认为自己能在任何瞬间开始另外一种生涯,也就是说变为另外一个人。但是通过经验,后验地,他又惊异地发现自己并不自由,而是服从必然性;发现他自己尽管有许多预定计划和反复的思考,可是他的行径并没改变;他必须从有生之初到生命的末日始终扮演他自己不愿担任的角色,同样的也必须把自己负责的(那部分)剧情演出直到剧终。

六

所以认识从根本上看来,不管是理性的认识也好,或只是直观的认识也好,本来都是从意志自身产生的。仅仅作为一种辅助工具,一种"器械",认识和身体的任何器官一样,也是维系个体存在和种族存在的工具之一。作为这种工具,认识(原)是属于意志客体化较高级别的本质的。认识本来是命定为意志服务的,是为了达成意志的目的的,所以它也几乎始终是驯服而胜任的;在所有的动物中,差一些儿在所有的人中,都是如此的。

七

我已成功地传达了一个明显而的确的真理,就是说我们生活存在于其中的世界,按其全部本质说,彻头彻尾是意志,同时又彻头彻尾是表象;就是说这表象既是表象,就已假定了一个形式,亦即客体和主体这形式,所以表象是相对的。如果我们问,在取消了这个形式和所有由根据律表现出的一切从属形式之后还剩下什么?那么,这个在种类上不同于表象的东西,除了是意志之外,就不能再是别的什么了。因此,意志就是真正的自在之物。任何人都能看到自己就是这意志,世界的内在本质就在这意志中。同时,任何人也能看到自己就是认识着的主体,主体(所有)的表象即整个世界;而表象只是在人的意识作为表象不可少的支柱这一点上,才有它的存在。所以在这两重观点之下,每人自己就是这个世界,就是小宇宙,并看到这世界的两方面都完整无遗地皆备于我。而每人这样认作自己固有的本质的东西,这东西也就囊括了整个世界的、大宇宙的本质。所以世界和人自己一样,彻头彻尾是意志,又彻头彻尾是表象,此外再没有剩下什么东西了。

八

事实上,意志自身在本质上是没有一切目的、一切止境的,它是一个无尽的追求。这一点,在谈到离心力的时候,已经触及。在意志客体化的最低级别上,也就是在重力上,也可看到这一点;重力不停地奔赴(一个方向),一眼就可明白看到它不可能有一个最后目的。因为,即令是所有存在的物质都按它的意志而拼成一个整块,然而重力在这整块中,向中心点奔赴挣扎着,也还得和不可透入性作斗争,(不管)这不可透入性是作为固体性或弹性而出现的。所以物质的这种追求永远只能受到阻碍,却决不、也永不会得到满足或安宁。可是意志所有的现象的一切追求也正是这样一个情况。每一目标,在达成之后,又是一个新的(追求)过程的开端,如此(辗转)以至于无穷。植物从种子经过根、干、枝、叶以达到花和果而提高了它自己的显现,这果又只是新种子的开端,一个新的个体的开端,这新个体又按老一套重演一遍,经过无尽的时间如此辗转(往复)。动物的生活过程也是这样的:生育是过程的顶点;在完成这(一任务)之后,这一代个体的生命就或快或慢地走向下坡,同时自然地,一个新个体便(起而)保证了这物种的继续生存且又重演这同一过程。永远的变化、无尽的流动是属于意志的本质之显出的(事)。最后，在人类追求的愿望中也能看到同样的情况。这些欲望总是把它们的满足当作(人的)欲求的最后目标来哄骗我们，可是在一旦达成之后，愿望就不成为愿望了，很快的也就被忘怀了，作为古董了；即令人们不公开承认，实际上却总是当作消逝了的幻想而放在一边(不管)了的。如果还剩下有什么可愿望可努力的，而这从愿望到满足，从满足到新愿望的游戏得以不断继续下去而不陷于停顿，那么，这就够幸运的了。从愿望到满足又到新的愿望这一不停的过程，如果辗转快，就叫作幸福，慢，就叫作痛苦；如果限于停顿，那就表现为可怕的、使生命僵化的空虚无聊，表现为没有一定的对象、模糊无力的想望，表现为致命的苦闷。根据这一切，意志在有认识把它照亮的时候，总能知道它现在欲求什么，在这儿欲求什么；但决不知道它根本欲求什么。每一个别活动都有一个目的，而整个的总欲求却没有目的。这正是和每一个别自然现象在其出现于此时此地时，须由一个充足的原因来决定，而显现于现象中的力却根本没有什么原因，是同出一辙的，因为这种原因已经是自在之物的，也是无根据的意志的现象之级别。意志唯一的自我认识总的说来就是总的表象，就是整个直观世界。直观世界是意志的客体性，是意志的显出，是意志的镜子。

(李瑜青　编译)

意志与痛苦

一

我们要在人的生存中来考察意志内在的、本质的命运,证实一切生命如何在本质上即是痛苦。

二

在认识所照明的每一级别上,意志都是作为个体而显现的。人的个体在无际的空间和无穷的时间中觉得自己是很有限的,和无尽的时间空间相比是一个近于消逝的数量,是投入到时间空间中来的。时间空间既无际限,人的个体也就永远只有一个相对的而绝不是有一个绝对的某时某地,个体所在的地点和时间原是无穷无尽中的(极)有限部分。真正个体的生存只在现在。现在毫无阻碍地逃入过去,也就是不断过渡到死亡,也就是慢性的死。个体的以往的生命,除开对现在有某些后果,除开在过去铭刻了有关这个体意志的证据不论,既已完全了却、死去、化为乌有了;那么,在合理情况下个体就必然要把过去置之淡然,不管那过去的内容是苦是乐了。

三

我们既已在无知无识的自然界看到大自然的内在本质就是不

断地追求挣扎,无目标无休止地追求挣扎;那么,在我们考察动物和人的时候,这就更明显地出现在我们眼前了。欲求和挣扎是人的全部本质,完全可以和不能解除的口渴相比拟。但是一切欲求的基地却是需要的,缺陷也就是痛苦;所以,人从来就是痛苦的,由于他的本质就是落在痛苦的手心里的。如果相反,人因为他易于获得的满足随即消除了他的可欲之物而缺少了欲求的对象,那么,可怕的空虚和无聊就会袭击他,即是说人的存在和生存本身就会成为他不可忍受的重负。所以,人生是在痛苦和无聊之间像钟摆一样的来回摆动着,事实上痛苦和无聊两者也就是人生的两种最后成分。

四

那不断地追求挣扎构成意志每一现象的本质,其所以在客体化的较高级别上获得它首要的和最普遍的基地,是由于意志在这些级别上显现为一个生命体,并附有养活这生命体的铁则;而赋予这铁则以效力的又恰在于这生命体就是客体化了的生命意志本身而不是别的。据此,人作为这意志最完善的客体化,相应地也就是一切生物中需要最多的生物了。人,彻底是具体的欲求和需要,是千百种需要的凝聚体。人带着这些需要而活在世上,并无依傍,完全要靠自己;一切都在未定之天,唯独自己的需要和困乏是肯定的。据此,整个的人生在这样沉重的、每天开门相见的需求之下,一般都充满着为了维护那生存的忧虑。对于他到处都没有安全。有诗为证:

> 在这样黑暗的人生中,
> 在如此之多的危险中;

只要此生还在延续,

就是这样、这样度过!①

绝大多数人的一生也只是一个为着这生存本身的不断的斗争,并且明知最后还是要在这斗争中失败。使他们经得起这一艰苦斗争的,虽也是贪生,却更是怕死;可是死总是站在后台,无可避免,并且是随时可走到前台来的。生命本身就是满布暗礁和漩涡的海洋。人是最小心翼翼地、千方百计避开这些暗礁和漩涡,尽管他知道自己即令历尽艰苦,使出"全身解数"而成功地绕过去了,他也正是由此一步一步接近那最后的、整个的、不可避免、不可挽救的船沉(海底),并且是直对着这结果驶去,对着死亡驶去。

五

然而现在就很值得注意,一方面,人生的痛苦和烦恼是这样容易激增,以致死亡——整个生命即以在它面前逃避为是——竟变为人所企求的(东西),人们自愿向它奔去;另一方面,困乏和痛苦如果一旦予人以喘息,空虚无聊又立即如此围拢来,以致人必然又需要消遣。使一切有生之物忙忙碌碌运动不停的本是对于生存的挣扎,可是如果他们的生存已经巩固,他们却又不知道要拿这生存怎么办了。因此推动他们的第二种(动力)就是摆脱生存这负担的挣扎,使生存不被感觉,也就是消灭时间,逃避空虚无聊的挣扎。这样,我们就看到几乎所有无虞困乏和无忧无虑的人们在他们最后丢了一切其他包袱之后,现在却以他们自己为包袱了;现在是把消磨了的每一小时,也就是从前为此全力以赴,尽可能延长的生命中扣除了一分,反而要算作收获了。可是空虚无聊却也不是一件

---

① 路克内兹《物性论》。

可以轻视的灾害，到了最后它会在人的脸上刻画出真正的绝望，它使像人这样并不怎么互爱的生物居然那么急切地互相追求，于是它又成为人们爱社交的源泉了。和对付其他一般灾害一样，为了抵制空虚无聊，单是在政治上考虑，就到处都安排了些公共的设备；因为这一灾害和相反的另一极端，和饥饿一样，都能驱使人们走向最大限度的肆无忌惮。"面包和马戏"是群众的需要。费城的忏悔院以寂寞和闲着无事使空虚无聊成为惩罚的工具；而这是一种可怕的惩罚工具，已经导致囚犯们的自杀。困乏是平民群众的日常灾难，与此相似，空虚无聊就是上层社会的日常灾难。在市民生活中，星期日代表空虚无聊，六个工作日则代表困乏。

六

于是任何人生都是在欲求和达到欲求之间彻底消逝的，愿望在其本性上便是痛苦。愿望的达到又很快地产生饱和。目标只是如同虚设：占有一物便使一物失去刺激；于是愿望、需求又在新的姿态下卷土重来。要不然，寂寞、空虚无聊又随之而起；而和这些东西作斗争，其痛苦并无减于和困乏作斗争。（只有）愿望和满足相交替，间隔不太长亦不太短，把两者各自产生的痛苦缩小到最低限度，（才）构成最幸福的生活过程。因为人们平日称为生活中最美妙的部分、最纯粹的愉快的——这又只是因为这种愉快把我们从现实生存中拔了出来，把我们变为对这生存不动心的旁观者了——也就是纯粹的、和一切欲求无关的认识，美的欣赏，艺术上的真正怡悦等，只有少数人才能享受——因为这已要求罕有的天赋——而就是对于这些少数人，这也只是作为过眼烟云来享受的。并且这种较高的智力又使这些少数人所能感受的痛苦要比那些较迟钝的人在任何时候所能感受的都要大得多；此外还使他们孤立于显然与他们有别的人物中,于是连那一点(美的欣赏)也由此而抵消了。至于绝大部分的人们,他们可无法获得这种纯粹智力的享受,他们几乎完全无力享受纯粹认识中的怡悦,而是完全在欲求的支配之下的。因此,如果有什么要赢得他们的关心,使他们感兴趣,就必须〔这已包含在(兴趣)这个字义里〕在某种方式上激动他们的意志,即令只是遥远地,只在可能性中关涉到意志都行,但决不可没有意志的参与;因为他们在欲求中生存远过于在认识中生存:作用和反作用就是他们唯一的(生活)要素。这种本性常常天真地流露出来,人们可从细枝末节和日常现象中搜集这种材料,例如他们常把自己的名字写在他们游览过的名胜地,因为这地方既不对他们起(什么别的)作用,他们就以此来表示他们对这地方的反应,以此对这地方起些作用。还有,他们也不容易止于只是观看一只来自远方的罕见动物,而必然要去刺激它,狎弄它,和它玩,而这都只是为了感到作用与反作用。在扑克牌的发明和流传上特别看得出意志奋起的那种需要,而这恰恰是表现着人类可怜的一面。

七

但我们多半是封锁着自己,不使自己接触到好比苦药般的这一认识,即不让自己认识到痛苦是生命本质上的东西,因而痛苦不是从外面向我们涌进来的,却是我们每人在自己内心里兜着痛苦的不竭源泉。我们反而要经常为那从不离开我们的痛苦找些个别的原因当作借口,好像自由人给自己塑造一座偶像,以便有一个主子似的。原来我们不倦地从一个愿望又奔向一个愿望,尽管每次获得的满足给我们许下那么多好处,但到底是并未满足我们,反而多半是不久就要变为令人难堪的错误;可是我们仍然看不透我们是在用妲奈伊德的穿底桶汲水,而总是急奔新的愿望:

因为我们所追求的,一天还未获得,
在我们看来,它的价值便超过一切;
可是一旦已拿到了手,立刻又另有所求。
总是那一渴望紧紧掌握着我们,
这些渴求生命的我们①。

八

一切满足或人们一般所谓幸福,在原有意义上和本质上都只是消极的,无论如何绝不是积极的。这种幸福并不是本来由于它自身就要降临到我们身上来的福泽,而永远必然是一个愿望的满足。因为愿望,亦即缺陷,原是任何享受的先行条件。但是随着满足的出现,愿望就完了,因而享受也就完了。因此,满足或获致幸福除了是从痛苦、从窘困获得解放之外,不能更是什么。原来要得到这种解放,不仅要先有各种现实的显著的痛苦,而且要先有各种纠缠不休、扰乱我们安宁的愿望,甚至还要先有使我们以生存为重负的、致命的空虚无聊。可是要达成一点什么,要贯彻一点什么,又是那么艰难;每一种打算都有无穷的困难和辛苦和它作对,每走一步之后,前面又堆积着障碍物。不过,即令是最后一切障碍都克服了,目的达到了,那么,所赢得的除了是人们从某种痛苦或某种愿望获得解放之外,从而也就是除了回到这痛苦、这愿望未起之前的状态外,决不会还有别的东西。至于一切幸福都只是消极性质的,不是积极性质的;至于一切幸福正因此故,所以又不能是持久的满足和福泽,而一贯只是从痛苦或缺陷获得解放,解放之后随之必然而来的又或是一种新的痛苦,或是沉闷,亦即空洞的想望和无

---

① 路克内兹《物性论》。

聊等等；这一切都是在世界的和生活本质的忠实反映中，在艺术中，尤其是在诗中可以找到例证的。原来任何史诗或戏剧作品都只能表达一种为幸福而作的挣扎、努力和斗争，但决不能表达出常驻的圆满的幸福。戏剧写作指挥着它的主人公通过千百种困难和危险而达到目的，一达到目的之后，就赶快让舞台幕布放下（全剧收场）。这是因为在目的既达之后，戏剧除了指出那个灿烂的目标，主人公曾妄想在其中找到幸福的目标，也不过是跟这主人公开了个玩笑，指出他在达到目标之后并不比前此就好到哪儿之外，再没剩下什么（可以演出的）了。因为真正的常驻的幸福不可能，所以这种幸福也不能是艺术的题材。田园诗的目的固然正是描写这样的幸福，可是人们也看到田园诗够不上担当这个任务。田园诗在诗人手里总是不知不觉地变成了叙事诗，那也就只是一种极无意味的史诗，只是由琐细的痛苦、琐细的欢乐和琐细的奋斗所组成的：这是最常见的情况。

九

这些考察所要弄明白的一切，如持久满足的无法达到，如一切幸福的消极性，都在第二篇结尾处所指出的那一点中解释过了：即是说那里已指出意志是一种没有目标、没有止境的挣扎，而意志的客体化就是人的生命以及任何一现象。我们还看到在意志的总现象所有的各部分上都打上了这种无止境的烙印；从这些部分现象最普遍的形式起，从时间和空间的无尽起，直到一切现象中最完善的一种，到人的生命和挣扎止（都是这样），无头脑地虚度了。那是一种朦胧的追慕和苦难，是在梦中徜徉，是在一系列琐屑思虑的相伴中经过四个年龄阶段而到死的。这些人好像钟表机器似的。上好发条就走，而不知道为了什么要走。每有一个人诞生了，出世了,就是一个"人生的钟"上好了发条,以便一句又一句,一拍又一拍地再重奏那已演奏过无数次、听得不要再听的街头风琴调子,这些调子即令有些变化也微不足道。于是每一个个体、每一张人脸和这张脸一辈子的经历也只是一个短短的梦了,是无尽的自然精神的短梦,常驻的生命意志的短梦;只不过是一幅飘忽的画像,被意志以游戏的笔墨画在它那无尽的画幅上,画在空间和时间上,让画像短促地停留片刻,和时间相比只是近于零的片刻,然后又抹去以便为新的画像空出地位来。可是每一个这样飘忽的画像,每一个这样肤浅的念头,都必须用整个的生命意志,不管它如何激烈,用许多深刻的痛苦,最后还要用害怕已久而终于到来的死,苦味的死,来偿还。人生有不好想的一面就在这里。看到一具人的尸体会那么突然使我们严肃起来也是由于这个道理。

十

任何个别人的生活,如果是整个地一般地去看,并且只注重一些最重要的轮廓,那当然总是一个悲剧;但是细察个别情况则又有喜剧的性质。这是因为一日之间的蝇营狗苟和辛苦劳顿,一刻之间不停地别扭淘气,一周之间的愿望和忧惧,每小时的岔子,借助于经常准备着戏弄人的偶然巧合,就都是一些喜剧镜头。可是那些从未实现的愿望,虚掷了的挣扎,为命运毫不容情地践踏了的希望,整个一辈子那些倒霉的错误,加上愈益增高的痛苦和最后的死亡,就经常演出了悲剧。这样,命运就好像是在我们一生的痛苦之上还要加以嘲笑似的;我们的生命已必然含有悲剧的一切创痛,可是我们同时还不能以悲剧人物的尊严自诩,而不得不在生活的广泛细节中不可避免地成为一些委琐的喜剧角色。

但是,虽有大大小小的烦恼充塞每个人的一生,使人生常在不安和动荡中，然而仍不能弥补生活对于填满精神的无能为力，不能弥补人生的空虚和肤浅，也不能拒绝无聊，无聊总在等着去填补忧虑让出来的每一段空隙。由此又产生一个情况，人的精神还不以真实世界加于它的忧虑、烦恼和穷忙为已足，还要在千百种迷信的形态下另造一个幻想的世界。人按照自己的形象制造一些妖魔、神灵和圣者，然后又必须经常对这些东西奉献牺牲、祈祷、修葺寺院、许愿还愿、朝香、迎神、装饰偶像等。敬神事鬼还到处和现实交织在一起，甚至使现实也蒙上了阴影。生活上发生的每一事态都要被当作是那些鬼神的作用。和鬼神打交道就占去了平生一半的时间而不断维系着希望；并且由于幻觉的魅力往往还要比同真实的人物打交道更为有趣。这是人们双重需要的表现和症候，一种是对救援和帮助的需要，一种是对有事可做和消遣时间的需要。

十一

我们既已非常概括地考察了、研究了人生初步的、起码的基本轮廓，而在这范围内使我们自己先验地深信人生在整个根性上便已不可能有真正的幸福，人生在本质上就是一个形态繁多的痛苦，是一个一贯不幸的状况；那么，我们现在如果多用事后证明的方法，愿意钻研具体的情况，愿意想象一些光景而在例子中描写那无名的烦恼、经验和历史指出的烦恼，而不管人们是向哪一方面看，是在哪种考虑之下进行探讨，我们就能够在自己的心目中更鲜明地唤起（人生只是痛苦）这一信念了。

我们关于不可避免的、基于生命本质的痛苦所作的论证完全是冷静的、哲学的。任何一个从青年的幻梦中清醒过来的人，只要他注意过自己和别人的经验，在生活中，在过去和当代的历史中，最后是在伟大诗人的作品中做过多方面的观察的话，那么，如果没有什么不可磨灭的深刻成见麻痹了他的判断力,他就很可能认识到下面这个结论,即是说:这人世间是偶然和错误(两者)的王国,它俩在这王国里毫无情面地既支配着大事,也支配着小事。它俩之外还有愚昧和恶毒在一边挥动着皮鞭,于是任何较好的东西只有艰苦地突围,高贵和明智的东西很难露面而发生作用或获得人们的注意;可是思想王国里的荒谬和悖理,艺术王国里的庸俗和乏味,行为王国里的恶毒和狡诈,除了被短促的间歇打乱之外,实际上都能维持其统治权。与此相反,任何一种卓越的东西经常都只是一个例外,是百万情况中的一个情况。

至于个人生活,则任何一部生活史也就是一部痛苦史;因为任何人的一生按规律说都是一连串不断的大小不幸事故,尽管人们要尽可能隐瞒(也是徒然)。而人们所以要隐瞒,又是因为他们知道别人在想到这些恰好是他现在得以幸免的灾难时,必然很难得感到关切和同情,而几乎总是感到满足。不过也许断没有一个人,如果他是清醒的,同时又是坦率的,会在他生命终了之日还愿意重复经历此生一遍;与其这样,他宁可选择压根儿不存在。

(李瑜青　编译)

论人格

一

一般说来，人是什么比他有些什么和他人对他的评价是什么更影响他的幸福。因为个性随时随地伴随着人并且影响他所有的经验，所以人格——也就是人本身所具的一些特质——是我们首先应考虑的问题。能从各种享乐里得到多少快乐是因人而异的。我们大家都知道在肉体享乐方面确系如此，精神享乐方面亦然。当我们用英文里的句子——"好好享受自己"（to enjoy oneself）时，这话实在太明白不过了，因为我们不说："他享受巴黎。"却说："他在巴黎享受'自己'。"一个性格不好的人把所有的快乐都看成不快乐，好比美酒倒到充满胆汁的口中也会变苦一样。因此，生命的幸福与困厄，不在于降临的事情本身是苦是乐，而要视我们如何面对这些事情，我们感受性的强度如何。人是什么，他本身所具有的一些特质是什么，用一个字来说，就是人格。人格所具备的一切特质是人的幸福与快乐最根本和直接的影响因素。其他因素都是间接的、媒介性的，所以它们的影响力也可以消除破灭，但人格因素的影响却是不可消除的。这就说明为什么人的根深蒂固的嫉妒心性难以消除，不但如此，人常小心翼翼地掩饰自己的嫉妒心性。

在所有我们所做和所受的经历当中，我们的意识素质总占着一个经久不变的地位;一切其他的影响都依赖机遇,机遇都是过眼烟云,稍纵即逝,且变动不已的;唯独个性在我们生命的每一刻里不停地工作。所以亚里士多德说:"持久不变的并不是财富而是人的性格。"我们对完全来自外界的厄运还可以容忍,但由自己的个性导致的苦难却无法承受;只因运道可能改变,个性却难改变。人自身的福祉,如高贵的天性、精明的头脑、乐观的气质、爽朗的精神、健康完善的体魄,简言之,是幸福的第一要素;所以我们应尽心尽力去促进和保存这类使人生幸福的特质,莫孜孜于外界的功名与利禄。

二

在这些内在的品格里,最能给人带来直接快乐的莫过于"愉悦健全的精神";因为美好的品格自身便是一种幸福。愉快而喜悦的人是幸福的,而他之所以如此,只因其个人的本性就是愉快而喜悦的。这种美好的品格可以弥补因其他一切幸福的丧失所生的缺憾。例如若有一人年轻、英俊、富有而受人尊敬,你想知道他是否幸福只须问他是不是欢愉?假若他是欢愉的,则年轻年老、背直背弯、有钱无钱,这对他的幸福又有什么关系,总而言之,他是幸福的。早年我曾在一本古书当中发现了下面两句话:"如果你常常笑,你就是幸福的;如果你常常哭,你就是不幸福的。"这是很简单的几个字,而且几近于老生常谈,也就因为它简单,我一直无法忘记。因此当愉快的心情敲你的心门时,你就该大大地开放你的心门,让愉快与你同在。因为他的到来总是好的。但人们却常踌躇着不愿自己太快活,唯恐乐极生悲,带来灾祸。事实上,"愉快"的本身便是直接的收获——它不是银行里的支票,却是换取幸福的现金;因为它可以使我们立刻获得快乐,是我们人类所能得到的最大幸事,因为就我们的存在对当前来说,我们只不过是介于两个永恒之间极短暂一瞬而已。我们追寻幸福的最高目标就是如何保障和促进这种愉快的心情。

能够促进愉快心情的不是财富,却是健康。我们不是常在下层阶级——劳动阶级,特别是工作在野外的人们脸上找到愉快满足的表情吗?而那些富有的上层阶级人士不常是忧容满面、满怀苦恼与忧愁吗?所以我们应当尽力维护健康,唯有健康方能绽放愉悦的花朵。至于如何维护健康,实在也无须我来指明——避免任何种类的过度放纵自己和激烈不愉快的情绪,也不要太抑制自己,经常做户外运动,冷水浴以及遵守卫生原则。没有适度的日常运动,便不可能永远健康,生命过程便是依赖体内各种器官的不停操作,操作的结果不仅影响到有关身体各部门,也影响了全身。亚里士多德说:"生命便是运动。"运动也的确是生命的本质。有机体的所有部门都一刻不停地迅速运作着。比如说,心脏在一收一张间有力而不息地跳动;每跳 28 次他便把所有的血液由动脉运到静脉再分布到身体各处的微血管中,肺像个蒸汽引擎无休止地膨胀、收缩;内脏也总在蠕动工作着;各种腺体不断地吸收养分再分泌激素;甚至于脑也随着脉搏的跳动和我们的呼吸而运动着。世上有无数的人注定要从事坐办公室的工作,他们无法经常运动,体内的骚动和体外的静止无法调和,必然产生显著的对比。本来体内的运动也需要适度的体外运动来平衡,否则就会产生情绪的困扰。大树要繁盛荣茂也需风来吹动。人的体外运动须与体内运动平衡就用不着说了。

三

幸福基于人的精神,精神的好坏又与健康息息相关,这只要从我们对同样的外界环境和事件，在健康强壮时和缠绵病榻时的看法及感受如何不同，即可看出来，使我们幸福或不幸福的并非客观事件，而是那些事件给予我们的影响和我们对它的看法。就像伊辟泰特斯所说的："人们不受事物的影响，却受他们对事物的想法的影响。"一般说来，人的幸福十之八九有赖健康的身心。有了健康，每件事都是令人快乐的；失掉健康就失掉了快乐，即使其他的人具有如伟大的心灵、快活乐观的气质，也会因健康的丧失黯然失色，甚至变质。所以当两人见面时，我们首先便问候对方的健康情形，相互祝祷福体康泰，原来健康是成就人类幸福最重要的成分。只有最愚昧的人才会为了其他的幸福牺牲健康，不管其他的幸福是功、名、利、禄、学识，还是过眼烟云似的感官享受，世间没有任何事物比健康还来得重要。

愉快的精神是获得幸福的要素，健康有助于精神愉快；但要精神愉快仅是身体康健还不够，一个身体健康的人可能终日愁眉苦脸、悒郁不堪。忧郁根源于更为内在的体质，此种体质是无法改变的，它系于一个人的敏感性和他的体力、生命力的一般关系中，不正常的敏感性会导致精神的不平衡，例如忧郁的人总是比较敏感的，过度忧郁症的患者却会爆发周期性的无法抑制的快活，天才通常是精神力即敏感性很充沛的人。亚里士多德就会观察到此特点，他说："所有在哲学、政治、诗或艺术上有杰出成就的人士都具备忧郁的气质。"无疑的，西塞罗也有这种想法。

柏拉图把人也分成两类，那就是性格随和的人和脾气别扭的人。他指出对于快乐和痛苦的印象，不同的人有不同强度的受容性，所以同样的事情可以令某人痛苦绝望，另一人却一笑置之。大概对不快乐的印象受容性越强的人对快乐的印象受容性越弱，反之亦然。每件事情的结果不是好就是坏。总担忧和烦恼着事情可能转坏,因此,即使结果是好的,他们也快活不起来了。

另一方面,不担心结果的人,如果结果是好的,他们便很快乐。这就好比两个人,一人在十次事业里成功了九次,还是不快乐,只懊恼那失败的一次;另一人只成功了一次,却在这次的成功里得到安慰和快乐。然而世上有利的事也就有其弊,有弊的事亦必有其利,阴悒而充满忧郁个性的人所遭遇和必须克服的困厄苦难多半是想象的,而欢乐又漫不经心的人所遭受的困苦都是实在的;因此凡事往坏处想的人不容易受失望的打击,反之,凡事只见光明一面的人却常常不能如愿。内心本有忧郁倾向的人若又得精神病或消化器官不良症,那么因为长期的身体不舒适,忧郁便转成为对生命的厌倦。一些小小的不如意事便令自己自杀,更糟的是,即使没有特殊的原因也会自杀。这种人因长久的不幸福而想自杀,会冷静而坚定地执行他的决定。如果我们观察有这样一个受苦者,因厌倦生命到极点时,便可发现他确实没有一丝战栗、挣扎和畏缩,只焦急地等待着他人不注意时,便立刻自杀,自杀几乎成了最自然和最受欢迎的解脱工具。世上即使最健康和愉快的人也可能自杀,只要他对外在的困难和不可避免的厄运的恐惧超过了他对死亡的恐惧,就自然会走上自杀的路。对快活的人而言,唯有高度的苦难方会导致他的自杀。对原本悒郁的人来说,只要微微的苦难就会使他自杀的。两者差别就在于受苦的程度。愈是忧郁的人所需之程度愈低,最后甚至低到零度。但一个健康又愉快的人,非高度的受苦不足以使他结束自己。由于内在病态悒郁情绪的加强可以导致自杀,由于外在绝大的苦难也会使人结束自己,在纯粹内在到纯粹外在的肇因之两极端间,当然还有不同程度。美也是健康的事务之一。虽然美只是个人的一种优点,与幸福不构成直接的关系,但却间接给予他人一种幸福的印象。所以即使对男人来说,美也有它的重要性。美可说是一封打开了的介绍信，它使每个见到这封信的人都对持这封信的人油然而生欢喜心。荷马说得好：美是神的赐予，不可轻易地抛掷。

四

只要稍微考察一下就知道，人类幸福有两种敌人：痛苦与厌倦。进一步说，即使我们幸运地远离了痛苦，我们便靠近厌倦。若远离了厌倦，我们便又会靠近痛苦。生命呈现着两种状态，那就是外在或客观、内在或主观，痛苦与厌倦在这两个状态里都是对立的，所以生命本身可说是剧烈地在痛苦与厌倦两端中摆动。贫穷和困乏带来痛苦；太得意时，人又生厌。所以，当下层阶级无休止地与困乏也就是痛苦挣扎时，上流社会却和"厌倦"打持久战。在内在或主观的状态中，对立的起因是由于人的受容性与心灵能力成正比，而个人对痛苦的受容性，又与厌倦的受容性成反比。现解释于下：根据迟钝性的定义，所谓迟钝是指神经不受刺激，气质不觉痛苦或焦虑，无论后者多么巨大，知识的迟钝是心灵空虚的主要原因，唯有经常兴致勃勃地注意观察外界的细微事物，方能除去许多人在脸上所流露的空虚。心灵空虚是厌倦的根源，这就好比兴奋过后的喘息，人们需要寻找某些事物，来填补空下来的心灵。而所寻求的事物又大多类似，试看人们依赖的消遣方式，他们的社交娱乐和谈话的内容，不都是千篇一律吗？再看有多少人在阶前闲聊，在窗前凝视屋外。由于内在的空洞，人们寻求社交、余兴、娱乐和各类享受，因此就产生奢侈浪费和灾祸。人要避免灾祸的最好方法，莫如增长自己的心灵财富，人的心灵财富愈多，厌倦所占的地位就愈小。那永不竭尽的思考活动在错综复杂的自我和包罗万象的自然里，寻找新的材料，从事新的组合，我们如此不断鼓舞心灵,除了休闲时刻以外,就再不会让厌倦乘虚而入。

但是,自另一方面来看,高度的才智根植于高度受容性、强大的意志力和强烈的感情上;这三者的结合体,易动感情,对各种肉体和精神痛苦的敏感性增高,不耐阻碍,厌恶挫折——这些性质又因高度想象力的作用,更为增强,使整个思潮(其中包括不愉快的思潮),都好似真实存在一样。以上所言的人性特质,适用于任何一种人——自最笨的人到空前的大天才都是如此。所以,无论在主观或客观两方面,一个人接近了痛苦便远离厌倦,反之亦然。人的天赋气质决定他受苦的种类,客观环境也受主观倾向的影响,人所采用的手段总是对付他所易受的苦难,因此客观事件有些对他有特殊意义,有些就没有什么特殊意义,这是由天赋气质来决定的。聪明的人首要努力争取的无过于免于痛苦和烦恼的自由,求得安静和闲暇,以过平静和节俭的生活,减少与他人的接触。所以,智者在与他的同胞相处了极短的时间后,就会退隐,若他有极高的智慧,他更会选择独居。一个人内在所具备的越多,求之于他人的越小——他人能给自己的也越少。所以人的智慧越高,越不合群。当然,假使智慧的"量"可以代替"质"的话,活在大世界里才划算,不幸的是,人世间一百个傻子实无法代替一位智者。更不幸的是,人世间傻子何其之多。

然而那些经常受苦的人,一旦脱离了困乏的苦痛,便立即不顾一切地求得娱乐消遣和社交,唯恐与自己独处,与任何人一拍即合。只因孤独时,人须委身于自己,他内在的财富的多寡便显露出来。愚蠢的人,在此虽然身着华衣,也会为了他有卑下的性格呻吟,这原是他无法脱弃的包袱;然而,才华横溢之士,虽身处荒原,亦不会感到寂寞。色勒卡宣称,愚蠢是生命的包袱,这话实是至理名言——实可与耶稣所说的话媲美。

五

脑——可以视作有机体的寄生物,它就像一个住在人体内接受养老金的人,而闲暇——个人的意识及其个性自由活动的时刻,却是体内其余部门的产品,是它们辛苦、劳累的成果。然而大部分人在闲暇时刻里,得到些什么呢?除了感官享乐和浪费外,便只是厌倦与无聊了。这样度过的闲暇真是毫无价值。亚里奥斯图说,无知人的闲暇是多么可悲啊!而如何享受闲暇实是现代人的最大问题。平常人仅思如何去"消磨"时光,有才华的人却"利用"时光。世上才智有限的人易生厌倦,因为他们的才智不是独立的,仅用来做施行意志力的工具,以满足自己的动机;他们若没有特殊动机,则意志无所求,才智便也休息了,因为才智与意志都需外物来发动。如此,闲暇的结果会造成各种能力可怕的停滞,那就是厌倦。为了消除这种可悲的感觉,人们求助于仅可取悦一时的琐事,图自各种无聊的琐事中得到刺激,好发动起自己的意志,又因意志尚需才智之助方能达到目的,所以借此得以唤醒停滞的才智。但这些人造的动机与真正的、自然的动机比起来,就好像假钱和真钱一样,假钱只能在牌戏中玩玩,是派不上真用场的。所以这种人一旦无事可做,宁可玩手指、敲桌子、抽雪茄,也懒得动脑筋,因为他们原无脑筋可动。所以,当今世上,社交界里的最主要职务是玩牌,我认为玩牌不但没有价值,而且是思想破产的象征。因在玩牌时,人们不事思考,只想去赢别人的钱。这是何等愚蠢的人啊!但是为了公平起见,我们录下支持玩牌者的意见。他们以为玩牌可作为进入社会和商界的准备工作,因为人可以由玩牌里学到:如何灵活地运用一些偶然形成又不可改变的情况(如手中分到的牌),并且得到最好的效果;如何假装,在情况恶劣时摆出一副笑脸,这些是人在社会里必备的手腕。但是,我以为,就因牌戏是教人如何运用伎俩、阴谋去赢取他人的东西,所以它是败坏道德的。这种由牌桌上学来的习惯,一旦生了根,便会推进到现实生活中去,将日常事件和人与人之间的种种关系都视同牌戏,只要在法律之内,人人都无所不用其极。这种例子在商业界中,真是比比皆是。闲暇是存在必然的果实和花朵,它使人面对自己,所以内心拥有真实财富的人,才真正知道欢迎闲暇。然而,大多数人的闲暇又是什么呢?一般人把闲暇总当作一无是处似的,他们对闲暇显得非常厌倦,当成沉重的负担一样。这时他的个性,成为自己最大负担。

进一步说来,所需很少、输入越少的国土愈是富足;所以拥有足够内在财富的人,他向外界的寻求也就很少,甚至一无所求,这种人是何等的幸福啊!输入的代价是昂贵的,它显示了该国尚不能独立自主,它可能引起危险,肇生麻烦,总之,它是比不上本国自产的。这样说来,任何人都不应向他人或外界索求太多。我们要知道每人能为他人所做的事情,本来有限,到头来,任何人都是孤立的,要紧的是,知道那孤立的不是别人,却是自己。这个道理便是歌德在《诗与真理》一书的第三章中所表明的,那便是说,在任何事情当中,人最后必须,也是仅能求助的还是自己。葛史密斯在《旅游者》中不也曾说过:"行行复行行,能觅原为己"吗?

六

人所能作为和成就的最高极限,不会超过自己。人越能做到这一点,越能发现自己原是一切快乐的源泉,就越能使自己幸福。这便是亚里士多德所揭示的伟大真理:"幸福就是自足。"所有其他的幸福来源,本质上都是不确定和不稳定的,它们都是如过眼烟云,随机缘而定;也都经常无法把握,所以在极得意的情况下,也可能轻易消失,这原是人生不可避免的事情。当年迈老大,这些幸福之源也就必然耗竭:到这个时候所谓爱情、才智、旅行欲、爱马狂甚至社交能力都舍弃我们了;那可怕的死亡更夺走我们的朋友和亲戚。这样的时刻,自己是唯一纯正和持久幸福的源泉。在充满悲惨与痛苦的世界中,我们究竟能求得什么呢?每个人到头来除了自己外原来都是一无所得啊!一旦想逃避悲惨与痛苦,又难免落入到"厌倦"的魔掌中。况且在这世界里,又常是恶人得势、愚声震天。各人的命运是残酷的,而整个的人类也原是可悯的。世界既然如此,也唯有内在丰富的人才是幸福的,这就好比圣诞节时,我们是在一间明亮、温暖、充满笑声的屋子里一样;缺乏内在生命的人,其悲惨就好比在暮冬深夜的冰雪中。所以,世上命运好的人,无疑地,是指那些具备天赋才情,有丰富个性的人,这种人的生活,虽然不一定是光辉灿烂的生活,但是最幸福的生活。年轻的瑞典皇后克莉丝蒂娜才19岁,除了听别人的谈论外,她对笛卡尔的了解仅限于一篇短文,因为那时后者已在荷兰独自隐居了20年;她说:"笛卡尔先生是最幸福的人,我认为他的隐居生涯很令人羡慕。"当然,也需要有利的环境,方能使笛卡尔得偿所愿,成为自己生命和幸福的主宰,就像在《圣职》一书中说的。我们读到的智慧只有对具有丰厚遗产的人方是好的,对活在光明里的人才是有利的。为自然和命运赋予智慧的人,必急于小心地打开自己内在幸福的源泉,这样他就需要充分的独立自主和闲暇。人要获得独立自主和闲暇,必须自愿节制欲望,随时养神养性,更须不受世俗喜好和外在世界的束缚,这样人就不致为了功名利禄,或为了博取同胞的喜爱和欢呼,而牺牲了自己来屈就世俗低下的欲望和趣味;有智慧的人是决不会如此做的,而必然会听从荷瑞思的训示。荷瑞思在给马塞纳思的书信中说:"世上最大的傻子,是为了外在而牺牲内在，以及为了光彩、地位、壮观、头衔和荣誉而付出全部或大部分闲暇和自己的独立。"歌德不幸如此做了，我却侥幸地没有这样。

七

我在此所要坚持的真理，在于人类的幸福主要根植于内在，这是与亚里士多德在《尼·可马罕氏的伦理学》一书中的某些精确观察相互印证的，亚氏以为，幸福预设了某种活动及某些能力的运用，没有这些，幸福就不能存在。斯多巴斯在注解逍遥学派的哲学时，对亚里士多德以为人类幸福在于能自由发挥各种天赋才能到极限的主张，作了如下的解释："能够有力而成功地从事所有你的工作，才是幸福。"所谓有力，便是"精通"任何事情。人类生而具有与四周之困难搏斗的力量，一旦困难消失，搏斗也就终止，这些力量便无处使用，力量反而变成为生命的一种负担；这时，为了免受厌倦的痛苦，人还需发动自己的力量，同时运用自己的力量。有钱的上层阶级人士是"厌倦"最大的被害者。古代的卢克利特斯，曾在诗里描叙陷于"厌倦"的富人的可怜的景象，他诗中所描写的仍可见于今日每个大都市中——那里富人很少待在自己的家里，因为那儿令他厌烦，但他在外面也不好受，所以仍不得不回到家里；或者会急如星火地想奔赴郊外，好似他在那儿的别墅着火了一般；一旦到了郊外，他却又立刻厌烦起来，不是匆匆入睡，好使自己在梦里忘怀一切，便是再忙着启程回到都市中。

像上面这种人在年轻时代，多是体力与生命力过剩，肉体和心灵不能对称，无法长久保持体力与生命力；到了晚年，他们不是没有丝毫心灵力，便是缺乏培植心灵力的工具，致使自己陷入悲惨凄凉的境况中。意志，是唯一不会耗竭的力量，也是人人永远具备的力量；为了保持高度活力的意志，他们便从事各种高赌注的危险游戏,无疑,这是一种堕落。一般说来,人若发觉自己无事可做,必然会替那剩余的精力寻找一种适当的娱乐,诸如保龄球、下棋、打猎、绘画、赛马、音乐、牌戏、诗词、刻印、哲学或其他嗜好,对于每种的娱乐他都不甚精通,只是喜欢而已。我们可以将此种嗜好,规则地分成三类,分别代表三种基本力量,也就是合成人类生理组织的三种要素;不管它指向的目的,我们可以考究这些力量的本身,如何来发现三种幸福的源泉,每人依其剩余精力之种类选择一种,好使自己快乐。

第一类是满足"生命力"而得到快乐,代表生命力的有食、饮、消化、休息和睡眠;在世界的某部分,这种基本快乐是典型的,几乎人人都要得到这种快乐。第二种是满足"体力"而得的快乐,此种快乐可以自散步、奔跑、角力、舞蹈、击剑、骑马以及类似的田径和运动中得到,有时,甚至可以在军旅生涯和战争里消耗过剩的体力。第三种是满足"怡情"而得的快乐,诸如在观察、思考、感受、诗与文化的体会、音乐、学习、阅读、沉思、发明以及自哲学等中所得的快乐。关于这几种快乐的价值、相对效用以及持续性的久暂,可说仍有许多,我们只到这里为止,其他留待读者去思索。然而有一点是大家所公认的,那便是我们所运用的力量越是高贵,所获得的快乐也就越大;因为快乐的获得,涉及自身力量的使用,而一连串快乐顺利地一再显现是构成人类幸福的主要因素,越是高贵的力量所带来的快乐,其再现性就越高。所以获得的幸福也就是稳定。就这一点来说,满足"怡情"而得的快乐的地位,无疑地较其他两种根本快乐要高;前两种快乐同时为兽类所具有,甚至兽类具备更多此种快乐;唯有充足的"怡情"方面的快乐是人类所独具的,这也是人与禽兽不同的地方。我们的精神力是怡情呈现出来的诸种样态,因此充足的怡情,使我们可以获致某种与精神有关的快乐,所谓"睿智的快乐"是也,怡情越占优势,此类快乐也就越大。

八

平常的一般人所热切关心的事,是那些会刺激他们意志,也就是与个人利害相关的事情。然而,经常的刺激意志起码不是一件纯粹的乐事,其中仍混杂着痛苦。就牌戏——这个普遍流行于"高尚社会"的玩意来说,它便是供给刺激的一种方式。由于它涉及的利害关系很小,所以不会产生真实和长久的痛苦,只有轻微、短暂的微疼而已,"牌戏"对意志而言,事实上仅是种搔痒工具罢了。

另一方面,有强大睿知的人能够完全不涉及意志,热切关心一些"纯知识"的事物,此类关心也是这种人必具的品格,它使他不受痛苦的干扰,使自己能生活在类似仙境的宁静国度中。

让我们看下列两幅景象吧:一幅是大众的生活——长期乏味的搏斗史,他们为了追求没有价值的个人福利,投入自己的全副精力,历尽各种苦难,一旦目标达成,再度落身到自己时,生活便立即为无法忍耐的厌倦所环绕,各种活动都沉滞下来,唯有如火的热情才能激起一些活意。另一幅景象所呈现的,是一个赋有高度心灵能力的人,思想丰富,生命充实而有意义,一旦得以自主,便立即献身于从事有价值、有趣味对象的追求,所以在他自身里含有最高贵的快乐源泉。诸如对自然的观察、对人事的思索、对历史上伟大成就的领会和了解(深刻透彻地明白伟大事迹的意义,是此类人士独具的才能),这些是他所需要的唯一外界激励的来源。历代伟人们所期望的千古知音便是这种具备高度心灵能力的人,伟人们也因自己的思想获得知音而不曾白活,其他的人虽然也崇拜伟人,但对他们以及他们门徒的思想却仅一知半解,只能算是一个道听途说的人罢了。智慧之士既然有上述这种特性,他就比一般人更需要阅读、观察、学习、沉思,以及训练自己,总之,他需要不受打扰的闲暇。法国大文豪伏尔泰曾说过:"没有真正的需要,便不会有真正的快乐。"智者们的这些特殊的需要,方使他们能从大自然、艺术和文学的千变万化的美中得到无穷尽的快乐,这些快乐是其他人不能领略的。我们要使那些脑满肠肥的人得到这些快乐,而他们又不需要且不能欣赏这种快乐,这就真像期望白发苍苍的老人再陷入爱河中一样。具有享受无穷尽快乐之天赋的人,他们过着两种生活——私人生活和睿智的生活。睿智的生活渐成为他的真正生活,私人生活仅是达到睿智生活的手段而已。但是一般人所遇的却是肤浅、空洞而多烦扰的日子,无法再变换为另一种存在样态。然而心智力强大的人士,却宁爱睿智的生活胜于其他行业;更由于学问和见识的增长,此种睿智生活也似一个渐渐成形的艺术品一样,会更臻坚实,更具强度和固定性,生命内在的调和也更趋统一;和这种生活比较起来,那些只图个人安适的人生就像一幕拙劣的戏剧一样,虽然也有广度,却无深度,只不过是浮生式的可怜虫罢了。我在前面说过人们却把这种卑贱的存在当作一种目的,这又是多么令人悲叹啊!不受激情感动的日常生活是冗长无味的,一旦有了激情,生活中却又充满了苦痛。唯有那些上天赋有过多才智的人是幸福的,因为他们在执行意志命令之外,还有能力过另一种日子,一个没有痛苦、逸趣盎然的生活。但是仅有闲暇,亦即仅有不受意志奴役的多余睿智仍然不够,尚须有充沛的剩余力量,不受意志奴役的力量,贡献给睿智使用。所以色勒卡说:"无知人的闲暇是人的一种死亡的形式,是活的坟墓。"随着剩余力量的多寡,第二种生活——心智的生活,又可分为无数层次;自收集、制作昆虫、鸟类、矿物的标本,到诗学、哲学的高深成就,都是此类生活的表现。心智的生活非但可以防御"厌倦",还可避免厌倦的诸种恶果；它使我们远离恶友、危险、不幸、损失和浪费，这些都是把幸福全部寄托于外界的人所必然遭受的苦恼。举个例子说，我的哲学虽未替我赚进半文钱，却替我省了不少开支，心智生活的功效也是一样的。

九

　　一般人将其一生幸福，寄托于外界事物上，或是财产、地位、爱妻和子女，或是朋友、社会等，一旦失去了他们，或是他们令他失望，他的幸福根基也就毁坏了。换句话说，他的重心随着每个欲念和幻想改变位置，而不把重心放在自己身上。如果他是个资产家，那么他的目标（幸福的重心）便是乡间别墅、好马匹的赢得、有趣的朋友或是旅行，总之过着豪华的生活，因为他的快乐根源在外在事物里。这就好比一个失去健康和力气的人，不知重新培养已失去的生命力，却希望借药水、药片重获健康。在谈到另外一类人，即睿智之士之前，我们先来比较介于两者之间的一种人，他们虽没有显著的才华，但比一般人又聪慧些。他爱好艺术但又不精，也研究几门科学，例如植物、物理、天文、历史，喜欢念书，当外界的幸福之源耗竭或不再能满足他时，也颇能读书自娱。这种人的重心，可说部分在自己身上。但是喜欢艺术和真正从事创造是很不相同的两回事，业余的科学探索也易流于表面化，不会深入问题的核心。一般人是很难完全投身于学术探索而且任凭此种探索充满与渗透进至生命中每个角落里，以致完全放弃了其他的兴趣的。唯有极高的睿智力，所谓"天才"方能达到这种求知的强度，他能投入整个时间和精力，力图陈述他独特的世界观，或者用诗，或以哲学来表达它对生命的看法。因此他急需安静地独处，完成他思想的作品，所以他欢迎孤独，闲暇是至高的善，其他一切不但不重要，甚至是可厌的。

这类人把重心完全放在自己身上;所以此类人士虽然为数极少,不论性格如何优秀,总不会对朋友、家庭或社团显出极大的热情或兴趣;他们只要有真正的自我,即使失去其他一切也无妨。就由于这一点,他们的性格易于孤独,更由于他人本性与他自身不同,无法满足他,彼此的相异之处就时时明显可见,以致他虽然行走在人群中,却孤立似异乡人,他谈及一般人类,用"他们"而不说"我们怎样……"。

十

我们现在可以有如此的结论:天生有充足睿智的人,是最幸福的人;所以主体因素同人的关系,比客观环境更密切;因为不论客观环境是什么,他的影响总是间接的、次要的,且都是以主体为媒介的。卢西安体察了这个真理,便说道:"心灵的财富是唯一真正的宝藏,其他的财富,都可能带来比该财富本身更大的灾祸。"除了不受打扰的闲暇外,他们不需再向外界索求任何东西,因为他们需要闲暇时光,发展和成熟自己的智性机能,和享受生命内在的宝藏;总之,这样的人生只求终其一生,每时每刻都能成为他自己。他若是注定成为整个民族的精神领袖,那么能否完美地发展心智力量至巅峰以完成精神使命,便是他幸福或不幸福的唯一标准。其他都是无关宏旨的。这就说明为什么生来具有伟大心智的人,都看重闲暇,珍视闲暇如生命。亚里士多德也说过:"幸福存在于闲暇中。"第欧根尼·拉尔修记述苏格拉底的言行时曾说:"苏格拉底视闲暇为所有财富中最美好的财富。"所以在《尼各马可伦理学》一书里,亚里士多德归结性地说,献给哲学的生活是最幸福的生活;此外在《政治学》里他又说道,得以自由运用任何种类的力量便是幸福。最后,我们再引述歌德的一段话:"若人生而具备某些可以为他使用的才华,他的最大幸福便在于使用这些才华。"

　　但是成为拥有宁静闲暇的人,与成为一般人不同;因为对宁静的渴求本不属人之本性,平凡的人生来便注定了劳碌终生,换取自己与家人生存的需要,成为挣扎与困乏的俗人,却不能做有才智自由的人。所以,一般人厌倦空间,总需为着什么目的而忙碌,若是连幻想或勉强的目标——诸如游戏、消遣和各种嗜好都找不到,闲暇就会成为他们的负担了。正因为人一旦闲下来,便急需找些事情,所以闲暇有时可能充满了危险,正如有人说:"当人无事可做时,人是很难沉默的。"就另一方面来说,一个有适当才智而远超常人的人,似乎是一件不合自由且反常的事情。但若这种情况果然存在,那么具有此种才华的人士若要幸福,就须求得他人以为的负担和有害的、安静的闲暇。帕加索斯是希腊神话里的飞马,若他披上常马必具的鞍子,我们可以设想得到,他是不会快乐的。若外界和内在的两种反常情况,即无扰的闲暇和极高的智慧,能重合在某人身上,那是他极大的幸事;再加以命运又顺遂人意的话,此人便可过着不受人类两大苦源——痛苦与厌倦——烦扰的高度生活,他不需为生存痛苦挣扎,也能够享受自由的存在情境——闲暇,我们唯有对痛苦与厌倦保持中立,不受它们的感染,才可以避免痛苦与厌倦。

　　但是从相反的观点来论说,天赋的伟大才智是一种个性极为敏锐的活动,对各种痛苦的受容性极高。它含有强烈的气质,广大而生动的想象力,这两种性格是伟大才智的特征,它们使具备此种特征的睿智者常拥有较那可以吞食平常人的热情更深刻的情绪,所以他也更易成为此种情绪的牺牲品。世界上产生痛苦的事,原本比制造快乐的要多。天赋之才常疏远他人,只因己身所具备的已绰绰有余,不需也不能在他人中得到什么,所以他人引以为乐之事,他只觉得肤浅乏味罢了,相对地,他所觉得快乐的事也就少些。这又是"失之东隅,收之桑榆"的例子,我们称此情形为"赔偿律",他是指世界上凡有所得亦必有所失,反之亦然。常可听人说,心地狭小的人,其实是顶幸福的人,虽然这种好运并不值得羡慕。在此,我不想对此点多作辩驳,影响读者自己的判断,尤其是古代圣哲典籍中,对此点也常有自相对立的言论出现。举例说,苏弗克利士曾说过:

  智慧占有幸福的大部分;

他在另一段文章中,又曾提道:

  无思无虑的人生活最愉快。

《旧约》的作者,也犯了类似的矛盾,他们一面说:

  愚人的生活比地狱还糟。

又说:

  智慧越高,痛苦越深。
  知识越多,徒增烦恼。

十一

  我可以称呼一个才智平庸窄小、没有心灵渴求的人为"菲利斯丁"——此字原属德文,是大学里流行的俚语,后来意义加深,定义为:没有心灵渴求的人。自这里首先可以推出,在对己方面他不会有睿智的快乐,因为有需求,才会有快乐。他的生活里,不曾有对知识和见解本身发生的欲求,也无法体会与它们相近的美感快乐。若逢美感乐趣正值时尚,他就为了追求时髦,也会强迫自己去尝试此种乐趣,但总企图尽可能少尝一些。他真正喜欢的是感官的享受,并且相信它可以补偿其他方面的损失。牡蛎和香槟在他便是最高的存在了,生活目标在于获取身体的安适,若能费一些功夫方达成这个目的,他就更快活了。如果生活得以豪华奢侈,他又不免厌倦,于是造了许多不实际的弥补方法,如打球、看戏、赴宴、赌博、赛马、玩女人、喝酒、旅行等;其实这些并不能使人免于厌倦,没有知性的渴求,就不会得到知性的快乐,也唯有知性的快乐,才不会产生厌倦。"菲利斯丁"性格的特征是枯燥无味又气质滞钝,活像动物。由于感官的乐趣易于耗竭,便没有什么东西能真正刺激他或使他喜欢,社交生活也瞬即成为一种负担,玩牌也提不起他的兴趣了。当然,只有虚荣心的满足仍留给他一些快感,他自以为是地享受着这种快乐,或是觉得自己在财富、地位、影响和权力上较他人优越,或是因常替有权势的人奔走,自觉沐浴在他们的光耀下而洋洋得意,这就是英国人所称的势利鬼(Snob),可悲!

其次,自"菲利斯丁"的本质可以推出,在"对他"方面,由于他只有肉体需要,自己没有才智,他所寻找的也只是能满足前者的一些活动。他决不会要求朋友具备才能;因后者使他产生自卑感和一份连自己也不愿知道的、深深的嫉妒,所以即使他碰上有才能的人,他也只会厌恶,甚至痛恨。他心中对才智的嫉妒有时会转成秘密的怨恨。但他仍不会为此改变自己的价值观念,以符合才智之士的标准,他依然喜欢地位、财富、权力和影响力,希望自己样样擅长,因为在他的眼中,世界上真正的利益就是这些。以上所提的种种乃是因为他没有知识欲的结果。菲利斯丁们最大的苦恼在于他们缺乏理念,于是为了逃避"厌倦",需不断以现实来弥补空虚的心灵。然而现实总是令人失望和危险的,一旦他们丧失对现实的兴趣,疲惫便会乘虚而入了。只有理念世界是无限平静的世界,它远离了人世间的一切忧患与烦扰。

(张尚德 译)

论女性

一

席勒的《女性的品位》一诗,韵律和谐,对仗工整,颇能动人心弦,是一篇很成熟的作品。但依我个人的看法,赞美女性最中肯、最得当的,当推朱伊①所写的几句话。他说:"如果没有女性,在我们生命的起点将失去扶持的力量,中年失去欢乐,老年失去安慰。"拜伦在他的剧作《萨丹那帕露斯》(*Sardanapalus*)也曾有几句感伤的道白:"在人类呱呱坠地之始,就必须靠女性的乳房始能赖以生长,婴儿的牙牙学语也是出自女性口中所传授,我们最初的眼泪是女性给我们抑止,我们最后的一口气也大都是在女性的身旁吐出来……"

以上两者的话语,都颇能真切、具体、传神地道出女性的价值所在。

二

事实很明显,就女性的外观和内在精神言之,她们总是不能胜任肉体上的剧烈劳动,就因为她们在行动上无法承当"人生的债

---

① 朱伊(Jouy 1764—1846),法国作家。

务",所以,造物者特别安排一些受苦受难的事情加在女性身上,以求补偿,诸如分娩的痛苦、子女的照顾、对于丈夫的服从等——很微妙的,女性对丈夫往往有一种高度的忍耐力。女性很少表现强烈的悲哀、欢喜和其他强烈的力量,所以她们的生活在本质上来说,无所谓比男人幸福或不幸,她们只是冀求恬静、平稳地度其一生。

三

女性最适于担任养育婴儿及教育孩童的工作,为什么呢?因为女性本身就像个小孩,既愚蠢又浅见——一言以蔽之,她们的思想是介于男性成人和小孩之间。一个少女能够一年到头成天和小孩儿一起唱歌、跳舞、嬉戏,打发岁月。如果换个男人,即使他能耐下心来做这种事,但请大家试想象看看,其场面将是如何?

四

造物者似乎把戏剧中所谓的"惊人效果"应用在年轻女孩身上。造化给她们的财富只是短短几年的美丽,赐予她们暂时的丰满和魅力——甚至透支她们此后所有的姿色。所以在这短暂的几年间,她们可以虏获男人的感情,叫男人承诺对她们的照顾——一直到死为止。因为欲使男人动心以至承诺,光凭理性的成熟还不能确保有效。是以上苍创造女人也和创造万物一般,采用经济的手段,只是在生存必需时才赋予她(它)们需用的武器或器械。雌蚁在交接之后,便失去翅翼,因为翅膀已成了多余,并且对于产卵和抚养还是一种危险;同样的,在生下几个小孩之后,一个女性通常也失去了美丽和娇艳。

由是之故,在年轻小姐们的心意中,家务及其他女红,只是次要的工作,甚至被当作游戏看待。她们唯一所思虑的,不外是如何恋爱,如何房获男人,以及与此有关的事情而已,如化妆、跳舞等。

五

宇宙中的万事万物,越是优秀,越是高等,他们达致成熟的时间就来得越迟。男子在二十八岁以前,理智和精神能力成熟的并不多见,女子却在十八九岁便届成熟期。虽称"成熟",她们在理性方面仍是十分薄弱,所以,女性终其一生也只能像个小孩,她们往往只看到眼前的事情,执着于现实,其思维仅及于皮相不能深入,不重视大问题,只喜欢那些鸡毛蒜皮的小事。

人,不同于一般动物只生存在"现在",人类有理性,靠着它,由检讨过去而瞻顾未来。人类之有远见、悬念及忧闷等,都是因理性而发。因为女性的理性非常薄弱,由理性所带来的利与弊,也远较男性为少。不,毋宁说女性是精神上的近视者更为确当,她们直觉的理解力,对周身的事物观察力非常敏锐,但远距离的东西则无法入目。所以,凡是在她们的视界所不存在的,不管是有关过去的也好,有关未来的也好,她们都漠不关心,无动于衷。固然男性也有这种现象,但总不如女性来得普遍,而且她们厉害的程度,有的几近疯狂。女性的浪费癖就是导因于这种心理,在她们的观念中,认为赚钱是男人的本分,而尽可能花完它(在丈夫未逝前或去世后),是她们应尽的义务。尤其是,丈夫为了家庭生计把薪俸转交她们后,她们更增强了这种信念——上述的做法和观念,当然有许多弊端,但可也有一些优点,因为女性是生活于现实,所以她们很了解及时行乐的道理,女性眼看着整日辛劳的丈夫,心里难免有所不忍,为了调剂丈夫的身心,在必要的场合会设法给丈夫种种慰藉,增加生活的情趣。

六

古日耳曼人的风俗，每当男人遭遇困难之际，往往移樽就教于妇女，此事实无可非议。何以故？盖以女性对于事物的理解方法和男性截然不同，最显著之点是，她们的眼中只有近的事物，做起事来总是选择达到目的地最便捷的路径。而男性，对于眼前的事物，起先是毫不在意地一眼晃过去，但思前想后，绕了几个圈子，最后的结论，重点仍在眼前的事物上。加之，大抵说来，女性较冷静，不犹疑，对于事物的见解，只就存在的事实，头绪单纯，不会被那些纷乱杂陈的思想所混乱。而男性则不然，一激动起来，往往把存在的事物加以想象或扩大，结果不是小事化大就是钻进牛角尖。

七

女性比男性更具怜悯之心，因此，对于那些不幸的人，容易表现出仁爱和同情的言行。但由于现实的心理，关于正义感、诚实、正直等德性，却比男性为劣。这是因为女性理性薄弱，所以只有现实、具体、直接的东西能在她们身上发生力量，对于与之相反的抽象的思想、常在的格言以及那些有关过去、未来或远隔的种种事物，女性根本无暇去顾及，也不愿去想它。故此，她们先天上虽具那些德性，却无法发挥展开。在这方面来说，女性很可以和有肝脏而缺胆囊的生物相比拟。由此，我们可以发现女性根本和最大的缺陷——不正。这个缺陷也是由于理性欠成熟产生而来，女性是弱者，没有雄浑的力量，造物者就赋予她们一种法宝——"狡计"赖以生存。她们先天上就有谲诈、虚伪的本能，这是上苍的巧妙安排,此正如狮子有锐爪和利齿、象有牙、牛有角和乌贼有墨汁一样,造物者使男性具有强壮的体魄和理性,对女性也赋予防卫武装的力量——佯装的力量。虚伪和佯装可以说是女性的天性,即使是贤女和愚妇也没有太大的差别。所以她们便尽量利用机会,运用这种力量,这也和上述动物受到攻击时使用它的武器一般,是天经地义、顺理成章的事。在某种程度内,她们觉得如同在行使自己的权利一般。所以,绝对诚实、丝毫不虚伪的女性几乎难得一见。正因为如此,女性对于他人的虚假极容易察觉,因此,我们还是不要以虚伪对待女性才是上策。因为女性有这个根本缺陷,所以虚伪、不贞、背信、忘恩等毛病随之而来,法庭上的"伪证",女性就远比男性为多。所以,女性的发誓赌咒之类的事情,其真实性如何,实颇值得推敲——我们不是经常听到一些丰衣足食的贵妇人,在店铺中竟顺手牵羊地干起三只手的行径吗?

八

为了人类的繁殖,为了预防种族的退化,年轻、强壮、俊美的男性,被造物者呼之而出。这种自然而牢不可破的意志,表现在女性的激情上。自古以来,这种法则始终凌驾其他一切的法则,所以,男性的权利和利益若和它相抵触,势必遭殃,在那"一见钟情"的一刹那,他的所言所行就要支离破碎。因为女性在她们秘密的、潜意识的、不形之于外的、与生俱有的道德中,就告诉她们:"我们女性对于只为个体图利、妄图霸占种族权利的男性有欺骗的权利。种族的构成和幸福,系于我们所生的下一代,全赖我们女性养育和照顾。我们本着良心去尽我们的义务吧!"女性对这最高原则,不只是抽象的意识,还潜藏表现具体事实的意识,所以机会来临时,除以行为表现外,再也没有任何方法了。当她们这样做时,其内心比我们所推想的还要平静,因为在她们内心深处,已意识到种族的权利实远比个体为大,也更该为种族尽义务,虽然个体的义务受到损害(请参照《性爱的形上学》)。

总之,女性只是为种族的繁殖而生存。她们的天性也完全针对此点而发,所以,她们情愿为种族而牺牲个体,她们的思维也偏重于种族方面的事情。同时,也因此她们的性情和行为被赋予某种轻佻的色彩,授予和男性完全不同的倾向。这在结婚生活中经常可发现,不,几乎通常所说的夫妇不和谐,就是肇因于此。

九

男性之间可以漫不经心地相处着,女性则似乎生来就彼此互相敌视。商场中所谓"同行相嫉"的心理,在男性来说,只是在某种特殊的情形下才会发生嫌隙,而女性则有一种独霸市场的心理,她们所憎恶的对象包括所有的同性女子,连在路上相遇,也好像Guelfs党徒碰到Ghibellines党徒一样,彼此怒目相向(前者是意大利中世纪皇帝的反对党,帮助法王,后者立场则相异,彼此积恨甚深)。对于初见面的朋友,男性大半都很爽朗,女性则充满矫饰做作,所以,那时她们之间的客套话和奉承话,听来就比男人们要滑稽多了。还有,男性当着晚辈或下属面前,尚能保持若干的客套和人情味交谈,而高贵的妇女和身份较低贱的女性谈话,态度大抵都很倨傲(不是她们的婢仆亦复如此),大有不屑与之一谈的神气。这大概是由于女性在阶级上远较男性不固定,变化较快,也容易消失之故。此外,男性所思虑的范围大,杂事也多,而女性则只有一桩事情——如何虏获男性的心,对其他的事都认为是无足轻重,毫不介意。还有,因为她们的"工作"性质非常接近,所以在同性间希冀以阶级来区别,借以炫耀自己身份的高贵。

十

唯有理性被性欲所蒙蔽的男子，才会以"美丽的天使"这个名衔赠给那矮小、窄肩、肥臀、短腿的女子，因为女性的美感实际上只存于性欲之中。与其称她们美丽，倒不如说她们毫无美感较为恰当。不论是对于音乐、诗歌或是美术，她们都没有任何真实的感受。也许她们会显出一副认真鉴赏、十分内行的神态，那也不过是为了迁就他人的一种幌子罢了。总之，女性对上述的事情，不可能以纯粹的客观性介入，依我个人的见解，其来由是这样的：男性对任何事物都是凭理性或智慧，努力去理解它们或亲自去征服它们，而女性不论处任何时地，都是透过丈夫的关系，间接支配一切，所以她们具有一种支配丈夫的力量。她们天生就有一种根深蒂固的观念——一切以虏得丈夫为主。女性表现出关心他事的态度，实际那只是伪装，是达到目的的迂回战术，终其极不过是模仿或呈媚而已。卢梭在写给达兰倍尔①的信中曾说道："一般女子对任何艺术都没有真正的热爱，也没有真正的理解，同时她们对艺术也没有一点天才。"此语确是不差。例如在音乐会或歌剧等场合，我们且仔细观察妇女们的"欣赏"态度，即使是对于最伟大的杰作，即使是演唱到最精彩的时候，她们仍然像小孩子似的，叽叽喳喳的，不知讨论些什么名堂。听说古希腊人曾有禁止妇女观剧之规定，此举果是属实，那倒是千该万该的，最少可让我们在剧院中不致受到打扰，能够多听出一点什么。我们现在很有必要在"妇女在教会中宜肃静"（哥林多前书十六节之二十四）的条规之后再附加一条，以大字书写于幕布上："妇女在剧院中宜肃静"。

---

① 达兰倍尔（D'Alembert 1717—1783），法国哲学家、数学家。

十一

我们不能对女性期望太多,就以美术来说吧!在绘画的技法上,男女同样的适合,但有史以来,即使最卓越的女性也从未在美术方面产生任何一项真正伟大或富独创性的成就,在其他方面,也从未给世界留下任何具有永恒价值的贡献。女性们看来对绘画是那么热衷,为什么不能产生杰作呢?"精神的客观化"是绘画的一大要素,而女性事事陷入主观,由于这个缺陷,所以一般妇女对绘画都没有真实的感受性,连这基本条件都欠缺,自然不会有多大的成就。三百年前的哈尔德①在他的名著《对于科学的头脑试验》一书中,就曾下过这样的断言:"女性缺少任何高等的能力。"除了少数的例外外,这是不容否认的事实。大体看来,女性实是平凡俗气得很,她们一辈子都不能摆脱俗不可耐的环境和生涯。由是之故,妻子与丈夫共有身份和称号是极不合理的。如让她们指挥调配,由于女性的虚荣心,不断地给予男性刺激,这是酿成近代社会腐败的一大原因。妇女在社会中究竟应站在何种地位最为确当?拿破仑一世曾说:"女性无阶级。"我们不妨以此为圭臬。其他像夏佛茨倍利②的见解也很正确。他说:"女性虽是为了男性的弱点和愚蠢而产生,但和男性的理性全无关系。男女之间,只有表面的同感,实则在精神、感情、性格诸方面绝少相同。"女性毕竟是女性,她们永远都落在男性后头。所以,我们对女性的弱点只有睁一眼闭一眼地装糊涂,毋须太认真;但对她们太过尊敬,也未免显得可笑,在她们眼中看来,我们是在自贬身价。混沌初开,人类划分为二之

---

① 哈尔德(Huarte 1520—1590),马德里医学家和作家。
② 夏佛茨倍利(Schaftesbury 1671—1713),英国伦理学家。

时,就不是真正的"等分",只是区别为"积极"和"消极"而已,不但质如此,量亦如此——希腊罗马人及东方民族,他们对女性的认识就比我们正确得多,他们给予妇女的地位,也远比我们恰当。女性崇拜主义是基督教和日耳曼民族丰富感情的产物;它也是把感情、本能与意志高举在意志之上的浪漫主义运动的起因,这种愚不可及的女性崇拜,往往使人联想起印度教"圣城"贝拿勒斯的神猿,这只猴子当它知道自己被视为神圣而挂上"禁止杀伤"的招牌时,它便为所欲为地横行起来。女性的横霸与任性似乎尤有过之。

十二

西方诸国所给予女性的地位——尤其所谓"淑女"。实是大错特错。自古以来都是屈居人下的女性,绝不是我们所应尊敬和崇拜的对象,因为她们本身的条件,和男性享受同样的权利不能相衬,更不该享有特权。否则,必发生不可收拾的后果。我们指定给予妇女相当的地位,不但会引起亚洲人民的笑话,古希腊罗马人若泉下有知,也必会嗤笑我们的不智,但愿"淑女"一词从此变成陈迹。若如此,我相信不论在社会或政治上,都将会带来无法计数的利益。

由于"淑女"的存在,使得欧洲绝大部分的女性(身份较低的女人),比东方女性的遭遇更为不幸。此类"淑女"完全没有存在的价值,当然主妇及那些将成为主妇的少女,仍是非需要她们不可,对于后者,我们要好好地教育她们,使她们不再骄傲自大,而变成具有服从的美德和能够适应家族生活。

拜伦说:"古希腊的妇女生活状态,实是一面很好的借镜。男人能够充足地供给她们衣食,使她们不致抛头露面地到社会上去谋生,且能专心致志地照顾家庭。她们都得接受充分的宗教教育,诗与政治理论等书籍不读也无关紧要,只须阅读有关'敬神'及'烹调'的书籍即可。休暇时,或绘画,或跳舞,或抚琴唱歌,偶尔弄些园艺或下田耕作。伊比鲁斯的妇女可以修筑出一条非常漂亮的道路来,我们现在的女人有什么理由不做那些砍枯草、挤牛奶之类的轻便工作?"

　　女性具有服从的天性,在这里我可再提出另一个佐证:年轻的女性本是逍遥自在、独立不羁的(这是违反女人的自然地位),但没多久,就要找个指挥统御自己的男士结合,这就是女人要求的支配者。当她们年轻的时候,支配者是丈夫;年华老大时,则是听取忏悔的僧侣。

(陈晓南　译)

性爱的形而上

我们常可从文人的笔下看到对于性爱的描述。一般戏剧——不论悲剧、喜剧、浪漫的、古典的,或印度剧、欧洲剧等,都是以它为主要题材。同样的,它也是抒情诗和叙事诗的主要内容。如果再把欧洲文明国家数世纪以来所有的小说列入其中,数目就更大得惊人了。这些作品,依它们主要的内容来分析,也不外是详细或简略地描写激情的各种变化而已。其中较成功的作品,还赢得了不朽的声名,如《罗密欧与朱丽叶》《致哀绿绮思》《少年维特之烦恼》等。罗修弗柯①曾将这类激情比之于幽灵鬼魅之说,说它虽然传说纷纭,但毕竟无人目睹过。里希田堡也在他的一篇论文《关于爱情的力量》中,把这激情的现实和自然性加以反驳和否定,这都是很大的错误。因为离开自然的人性或和它相矛盾的话,就好像一幅没有依凭的图画一般——亘古以来,那些杰出文人毫无倦怠所写出来的东西,而那些重复的题材又能为人所津津乐道,引起莫大的兴味,这不会是没来由的。而且,若没有真理,任何艺术的美也将不能存在。波亚诺②说得好:"世上再没有比'真'更美的东西,

---

① 罗修弗柯(1613—1680),法国政治家。
② 波亚诺(Boileau 1636—1711),法国诗人。

唯有'真'才是最可爱的。"

通常,强烈的情绪尚可压抑得住,但在某种特殊情况下,激烈的冲动足以凌驾其他一切的客观环境,排斥一切的顾虑,以一种令人难以置信的力量和忍耐,打破所有的障碍。甚至毫不迟疑地以生命为赌注,来达到满足自己的欲望,如果不能遂此目的,则以身殉之。这虽未必每个人都经验过,但总是经过多少事实所证实出来的,像维特(歌德名著《少年维特之烦恼》之主角)和杰珂坡·奥尔狄斯①一类的情圣,不只是存在于小说中,在欧洲一年中至少出现过六个人,只不过这些人死得无声无息而已。因为他们的烦恼,只有新闻记者或警政机关替他们记述而已。相信读过英、法报纸的人,都可证实,我绝不言过其实。同时,我们也不难想象到,为此激情而入精神病院的,为数必更多,未经报道而殉情自杀的情侣,更不知凡几。但他们既是相互爱恋,至死不渝;既是希望寻觅至高的幸福,享受激情的乐趣,为什么不想办法排除困难,继续求生存呢?为什么只诉诸死亡一途呢?这是很令人困惑,且使我也无法说明的。总之,轻微的激情,或是它的萌芽,任何人每天总可看到,除非行将就木的老人,任谁心胸中也有那点情愫,这是不容抹杀的事实。

由前人的言论来看,性爱事件的实在性和重大性,应是不容任何人怀疑的,所以被文人们引用为主要题材。诸位在怪我多管闲事之前(我是哲学家居然以文学家的常用主题为论题)更应该惊讶:何以历来哲学家竟对这人生的重大要项(即性爱)几乎全未加以观察研究?为什么性爱问题,一直成为哲学领域中未开辟的园

---

① 杰珂坡·奥尔狄斯,意大利作家佛斯哥罗(foscolo 1778—1827)的书信体小说《杰珂坡·奥尔狄斯的最后书简》之主角,也是殉情而死,同属于"维特"系列的小说。

地？截至目前，涉及这个问题最多的哲学家是柏拉图，他的《飨宴》和《翡德鲁斯》两篇文章就是专为此问题而撰写，但他的缺点是，这些内容总不出于神话、寓言的范围，并且，大部分只是关于希腊男子性变态的描写，于事实毫无补益。此外，卢梭在他所写《不平等起源论》一文中，也曾谈到这问题，但并不充分，且有错误。康德在《关于美和崇高的感觉》一文中的第三节，曾就性爱加以解说，他的见解也只及于表面，肤浅得很，加之，缺乏专门常识，所以有些地方难免不正确。还有，普拉德纳尔①在其《人类学》一书第1347页以后，也曾论及这个问题，也没什么看头，毫无可取之处。只有斯宾诺莎所下的定义，充满淳朴的味道，倒有引用的价值。他说："恋爱是伴随外在因素的观念而带来的一种快感。"除此外，再也没有值得我利用和反驳的前辈了。所以这个问题便时时萦绕在我的脑际，列入我的哲学体系的一环。但我的见解，对于那些正被这激情所支配的人们，或者企图把自己丰富的感情，以最崇高的形式表现出来的人们，必将无法邀得他们的赞同，他们一定会认为我的见解太重物质观念，是属于形而下的看法。然而就事实来说，这个见地是形而上的，也是很超绝的，诸位只要想想今天激动了他们，使他们写了情歌或十四行诗的那个对象，如果早出生18年的话，恐怕不会赢得他们的一瞥了。

何以会如此？因为所有的恋爱，不管所呈现的外观是如何的神圣、灵妙，实则它的根底只是存在性本能之中，那是经过公认的、带有特殊使命的性本能。这一点必须牢记勿忘，性爱不仅是在戏剧或小说中表现得多彩多姿，在现实世界中亦复如此，除生命外，它是所有的冲动中力量最强大、活动最旺盛的；它占据人类黄金时

---

① 普拉德纳尔（Platner 1774—1816），德国医学家兼人类学家。

代(青年期)一半的思想和精力;它也是人们努力一生的终极目标;它会妨害最紧要的事件,能使最认真的工作忽然中断,有时,连最伟大的思想家也会受到短暂的迷惑;它会光明正大地闯进政治家的会议室或学者的书房(我们知道衙门的公文卷宗或哲学上的原稿中往往夹入情书、毛发之类的东西)。情爱纠纷可以使人计划出最恶毒的事件来,拆散最贵重的父子和友情关系,以及断绝最强固的羁绊。为了爱情,有时候,连牺牲生命、健康或地位、财富也在所不惜。还有,在某种场合,它会使一向正直的人忽然谎话连篇,使素性忠厚的人变得忘恩负义。就全体来看,它似乎像具有恶意的demon(鬼神)一样,努力使一切混乱、颠倒。使我们不得不问道:"这些喧骚、杂沓的根源是什么?"答案很简单,它的真相只不过是"男人寻找自己的伴侣"而已。但这一件小事,又为什么能在我们重要的工作中,在秩序井然的人生中,带来不绝的搅乱和纠纷呢?我相信那些认真的研究家将会渐次地给我们寻得答案。问题只在这事件实则绝不是如前面所推想的只是一桩小事,应说是绝大的要事,才能和当事者行事的认真和热心完全一致地适应,所有恋爱事件的终极目的,不论是以喜剧演出,或是以悲剧收场,实比人生其他一切的目的更为重要,因此,人们在追求此目的时的态度是非常积极、认真的。因为,由此所决定的是所谓构成"下一代"的大事件。当我们退出人生舞台时,新登场的剧中人就是由这看来琐细、微不足道的恋爱事件,来决定其存在,决定其性质。下一代的存在,以我们的性欲为先决条件,这些人的性质,也是由满足性欲时的对象选择,而完完全全地规定出来,并且,不论哪一点也不可能加以取消或改变。这就是解决问题的关键所在。你若能调查各色各样的恋爱,下自最轻微的好感,上至最激烈的激情,将更能充分理解它的目的,并且也可知道,恋爱程度深浅的差异和选择个性化程度的如何，适成比例。

因此，连目下正在谈恋爱的人都包括在内，都在为人类未来时代的组成而做认真的思虑，由这个组成而绵延至以后无数代子孙的构成。这事件，和其他的事件一样，无所谓个人的幸与不幸，问题只是，将来人类的生存和他们的特殊性质而已，因而，所表现的是高于个人意志的"种族意志"，但在这重要事件之外，恋爱本身更有一种超绝的欢喜和苦痛，或令人感动与崇敬的地方，文学家以此为题材，几千年来不倦不怠地描述那些例证。以趣味而言，任何的题材，大概都无出其右，并且恋爱关系着全体种族的幸与不幸，它和其他只关系个人幸福的事件相比，犹似立体之于平面的关系，所以，没有恋爱故事的戏曲，很难令人发生兴趣，从另一方面来说，因为恋爱具有上述的特性，即使每天以它做题材，也绝对用不完。

意识中的一般性欲表现，若不是针对某一定的异性，那他只是为本身着想而已，离开现象来看，不过是"求生的欲望"（性欲的本能）。但若是性欲的意识，向着特定的某个人，则是"传宗接代的生存意志"。这时的性欲，即使是他自身的主观要求，也巧妙地戴上客观赞美的面具，以此来欺骗意识。因为这是"自然"为了达到它的目的所采取的策略。不管这种赞美看起来是带上如何客观而崇高的色彩，但所有的热恋，唯一所期望的，不外只是产生一个与种族相同之固定性质的个体，这可由一件事实获得确证：恋爱的主要目的，不是爱的交流，而是占有——肉体的享乐。所以，纵是确有纯洁的爱，但若缺乏肉欲的享乐，前者也无法予以弥补或给予慰藉。毋宁说，落到这种境地的人，多半还走向自杀。反之，对某一异性怀有强烈喜爱的人，若得不到爱情的交流，也能以占有肉体的享乐而自甘。这可由所有的强制结婚获得证明，也可由以金钱或物质买来的爱情，甚或是强奸等，供为佐证。恋爱当事者的意识中,即使还没有"产生特定子女"这回事,但实则它也是全体恋爱事件的真正目的,达到此目的方法,不过是陪衬的事情而已。那些敏感、自负的人,尤其目下正陷于恋爱中人,恐怕会笑我的见解太粗野、太现实吧!不管别人如何嗤笑,这是千真万确的事实,我自信绝对没有错误。想想,精确地决定下一代的个体这一件事,不是比他们所夸张的超绝的感情更崇高、更有价值吗?世界上所有名之为"目的"的东西中,还有比它更重大的吗?初谈恋爱时的认真,热恋中的缠绵悱恻,以及恋爱周遭的琐碎事物之所以赋予重要意味,都是在考虑上述目的的存在时才能领略出来,因此,这些现象才能和这重大目的相呼应。也唯有把它当作真正的目的来考虑,为获爱侣所费的繁杂劳苦和努力,才能和事件相应和,因为,这些活动和劳苦,关系着第二代啊!不,这个继起的第二代,在为了性欲的满足而做的准备周到的选择行为中(人们称之为"恋爱"),就已经开始活动了。恋人间爱情的增进,不外是希望产生新个体的"生存的意志"而已。不但如此,在情侣们充满爱慕的眼神相互交接的那一刹那,新生命的火焰已经开始燃烧,像是告诉他们:这个新生命是个很调和并且组成良好的个体。为此,他们有一种热望,感到需要融合为一体,共同生存,这种热望在他们所产生的子女中得到满足,俩人的遗传性质融合归一在子女身上而继续生存。反之,男女间若难以激起情愫,互相憎恶怨恨,所生出的子女,必定也是不健全。

其次,两性之间之所以具有强烈的吸引力,其所表现在种族中的,也不外是"生存的意志"而已,这时的意志,已预见到他们所产生的个体,很适合意志本身的目的和它本质的客观化。这个新个体,意志(即性格)是遗传自父亲,智慧遗传自母亲,而同时兼容两者的体质。但大致来说,姿容方面比较近于父亲,身材大小方面多半接近母亲。这是根据试验动物的变种时所产生的原则，这个法则的主要立论基础是：胎儿的大小依据子宫的大小而定。至于各人特有个性的形成，我们还无法说明，连热恋中的那种特别的痴心和热情，也无法释明——我想两者本质上应该是一体，前者是后者所包含特质的发端。前面已经谈过，男女以憧憬的眼神相会附着的那一瞬间，已经生出新个体的最初萌芽。当然这种萌芽也像一般植物的萌芽，多半被践踏蹂躏，以致不成其形。这时的新个体就是所谓新（柏拉图式）观念，一切观念的因果法则，都是贪婪地捕捉分给他们之间的物质，而流露出非常焦躁的现象，在现象界中上述人类个体的特殊观念，同样也是以最大的贪欲和焦灼来努力实现它自己。这种贪欲和焦躁，就是将来成为"双亲"的恋人之间的激情。这种激情可区分为无数的等级，我们不妨把它的两极端称为"平凡的爱情"及"天上的爱情"。但从它的本质来看，不论任何阶段、任何程度，都是相同的，但若单从"程度"来看，激情越是"个人化"——换言之，被爱者的一切条件和性质，越能适应满足爱者的愿望或要求——则愈能增加力量。然则在这种场合，什么才是最重要的问题？我们再继续深入研究当可明了。吸引异性的首要条件是健康、力和美，也就是说恋爱的本钱是青春，这是因为意志想努力表现出一切个性基底的人类特质的缘故，所谓恋爱三昧，也无出这几个范畴。除此外，还须附带几点特殊的要求，这些个要求为何？我们将再逐一详加说明。总之，有了这些要求之同时，双方均感满意，激情就进行到最高度，在两个个体都觉得相互间非常适合的时候，激情上升到最高度，由此，父亲的意志（即性格）和母亲的智慧，合而为一，新个体于是告成。新个体因为憧憬着同种族所表现的一般的"生存意志"，这种憧憬又能适应意志的宏大性，因而超越了人心的界限，它的动机同样也超越个人智慧的范围，唯其如此,才是真正伟大的激情之魂。其次,在诸多的考虑条件之中,两个个体越能完全相互地适合,相互之间的情热就越强烈。自来,世上从没有条件完全相同的情形,在亿万的男女中,选择的箭头一偏差,影响所产生的子女至巨,所以,他(她)们一定是最能完全相配合的。这两种最相配合的个体相遇的情形非常之少,因之,世上真正缠绵悱恻的恋爱也不多见,但是,这种爱情的可能性在每个人心中都存在着,所以,文学作品描写这类高度的爱,我们都能理解——恋爱时的热情以产生新个体和其性质为中心,在周围盘旋回绕,它的核子也在此中,所以,有教养的青年男女,若心意、性格和精神方向均能一致,是可以建立完全不搀杂性爱的友情的,不仅不混杂性欲,甚至他们也会互相存着某种嫌忌。此中原因,也许是他们之间,对于所生育的子女,具有精神或肉体上不调和的性质。总之,他们若结合,其子女的生存和资质,并不能适合于种族中所表现的"生存的意志"。和此情形相反的,心意、性格、精神的方向等完全相异的男女,由此而产生嫌恶者有之,甚至互怀敌意者亦有之,但仍能产生性爱,因为"性欲"可使当事男女盲目。当然,这种结合,是不会幸福的。

以下,我想进入更根本的探究。一般说来,自利观念是存在一切个性中根深蒂固的性质,因此,如要唤起某个人的活动,最好表示于他有利的目的,此法最能确实奏效。的确,种族相比会死亡的个体,具有更早、更近、更大的权利,个体为了种族的持续或权威,非活动不可或非牺牲不可时,智慧是不能理解该事件的重要性的(智慧只为个体的目的打算),由于如此,个体的意志绝不能适应事件的重要性而活动。故此,这种场合,"自然"就得讲究如下的手段以达到自己的目的。即是"自然"在个体中灌输某种妄想,由这个力量,把局面改变成"本是为了种族的事情,乍想起来好像是为了个体自身"。因之,个体虽认为只是为自己尽力,实则是为种族而尽力。虽是如此,但后者接着马上消失,单只幻想在他们的眼前晃动,作为现实事物的代理。这种妄想就是本能。在大多数的场合,这种本能可视为"种族的感觉",在意志面前伸展出种族的利益。因为这时意志属于个体,受此迷惑,而以"个体的感觉",来知觉种族的感觉所伸展出的东西,因而实际上是追求一般的目的(这里的"一般"指最原始的意义),却使我们以为是追求个体的目的。我们可以动物本能的外在表现做最好的观察蓝本,因为本能是动物最重要的工作。但是,从我们自身的经验可得知,本能的内在途径和所有的内在活动相同。世人常以为,人类几乎已经没有什么本能,唯一剩下的大概只有婴儿吮吸母乳的本能,但事实上,还有一个我们非常明了、非常可确定的复杂的本能。那就是为了性的满足而以认真又微妙的方法任意选择另一个个体的本能。此满足的自身(详细地说,就是以切合个体的要求为基础的肉欲享乐),和对方个体的美丑,没有任何关系,因此,对于美丑所产生的热心的顾虑,以及由此顾虑所产生的其他问题,很明显都不是当事者所应关心的地方(但当事者却总以为是自己关心的所在),应顾虑的是继起的新生命的问题,子女身上尽可能地要能纯粹、严正地保持种族的典型。虽然由于若干生理和精神上的不愉快,使人的形态产生种种繁杂的变种,但绝大部分的纯正的典型,仍可陆续地回复过来,这是由于美的意识指导之下的结果,美的意识一般都占据性欲之前,否则的话,性欲就成为令人作呕的要求了。所以,每个人决定"性"的喜爱和欲求的首要条件,是"最美的个体",换言之,就是最能明晰表现种族特质的个体。第二点要求,是冀图从对方个体上来弥补自己的缺陷,所以,一般人对于与自身缺陷相反的缺点往往认为特别的美,因之身材矮小的男人希望配个高大的女人,金发的欲配黑发等，都是基于这种心理——男人当发现有适合自己心意的女人时，常以眩惑的狂喜拼命追求，认为如能和这女人结合必是无上的幸福，这种狂喜正是种族的感觉，他能清楚地认识所表现的种族特征，而打算将其永远绵延传承下去。种族典型之得以保持，就是这种对美的固执的热爱，因此，这种热爱须以非常大的力量，才能不停地活动着。所以，我们在事先对于建立此爱心的诸种考虑，必要做特别的观察。再说，这场合所引导人的，实以"最完善的种族"为目的的本能，人本身也想追寻比自身更崇高的享乐——实际上，唯有如此，我们才能够说明所有的本能富有教训的理由。总之，就是此时的本能和一般场合一样，个体是为种族的幸福而活动。例如，一只昆虫只为了产卵，要去找寻某种花、果和污物，或者像雌蜂还得找其他昆虫的幼虫，并且在完成这个目的以前，不辞任何辛劳、不惧任何危险地苦心经营，这些都和人类相酷似，人为了性的满足，而非常热心地寻找某一特定的、适合个体资质的女人，为了达到此目的，往往违反一切理性，有的糊里糊涂地结婚了，有的以财产、名誉和生命的代价去获得，或甚至以诱奸或强奸来达成目的。总之往往是牺牲了自身的幸福。冥冥中似乎到处都高呼着："要服从'自然'的意志，即使牺牲个体，也要为种族而尽力。"本来，任何场合下的本能，都要听从某种目的观念而活动，但只有生殖的观念并不如此。"自然"创造本能的时候，不使行为者了解它的目的，也厌烦追究它的目的。所以，通常本能只赋予动物，并且，主要的是赋予理解力最低的最下等动物。但本论文所观察的场合几乎受到限制，连人类也赋予这种本能。当然，人是可以理解目的的，但若没有本能的话，当不至有热心地牺牲个体的幸福而追求此目的的道理。和所有的本能相同，真理也是高于意志之上而活动，为此而采取妄想的形式。隐瞒男人的是放荡的妄想，因此，他们感

性爱的形而上

到如能怀抱中意的女人，是莫大的安慰，进而更确信，专一地追求一个体，然后占有她，必能获得无上的幸福。因此，他自以为是为自身的快乐而花费偌大的辛劳和牺牲，实际上，他的劳苦是为维持正规的典型，或者说，是为赋予他们两人所产生的特定个体的生命而努力。这时候，充分存在着本能的特性，那是完全没有目的观念，也不听从它们行动的特性。被放荡的妄想所驱策的男人，对于诱导自己的唯一目的——生殖事件，事后，反而往往感到嫌忌和阻碍。这在大部分露水鸳鸯式的恋爱中，都可发现。因为本能具有上述的特征，因此，在达到享乐之后，任何一对恋人都可体验到一种莫名其妙的失望，并且会惊讶，他们如此热衷追求的，除性欲的满足外，竟再也得不到什么。因而，觉得性欲对他自己并没有什么益处。这种愿望和人类所有一切愿望的关系，和种族之对于个体相同，一者是无限的，一者是有限的。因为"满足"本来就是为了种族，所以，不能窜进个体的意识中。个体此时由于种族意识的激励，而牺牲奉献一切，埋首于完全不属于自己的目的中。所以，恋爱中人在完成这伟大的工作后，先前既有的妄想，此时完全消失，才发现自己原来是被种族所欺骗的大笨伯。所以，柏拉图说了非常适切的话："肉欲！你欺骗了多少人！"

这些事情从侧面我们可以拿动物的本能和其工作欲作为说明。无疑的，动物也是被禁锢在欺瞒的妄想中，虽然觉得为己身的快乐，实是以最大的热心和克己之念为种族而活动，不信且看，鸟类为营巢，昆虫为产卵而搜寻合适场所与采集食物，那不是为自己食用，而是作将来幼儿之食物。蜜蜂、蚂蚁为营造巧妙的巢，整天埋头在非常复杂的经济中。毫无疑问的，它们是受到妄想的诱导——那种妄想戴着自利目的的面具，实则是为种族尽力。那恐怕是理解我们自身本能的内在奥秘（即主观经过）唯一的方法，但从外在（即客观）可发现，我们是受本能强力支配的动物，尤其在昆虫中，更可得知主观的神经节系统优于客观的脑髓系统。从此事实来推断，因为它们没有客观而正当的理解力引导，所以，神经节系统所及于头脑的作用，都是由纷至沓来的主观和愿望的表象所推动，因而我们更可了解，它们都是被妄想所驱策。一切本能的生理经过，大概都是如此——人类的本能虽然微弱得多，但也有特殊的事例。为了便于说明，我再列举孕妇反常纷乱的食欲为例。这是由于流入胎儿营养的血液偶尔引起的某种特别、或一定的变化，因产生这种变化，而使孕妇忽然热望某种食物，如此，又使她们产生一种妄想。所以，女人又比男人多具一种本能，同时，女人的神经节系统也远比男人发达。不错，人类的本能是比动物少得多，但比较起来，这一点点本能比动物更容易导向错误，这正可说明人类的头脑是非常优越的。本能中指导满足性欲的选择的是"美的意识"，如它倾向同性恋，这就被导入邪途了。苍蝇听凭它的本能，在污秽腐烂物上产卵，亦属同一的范畴。

我们还可以更精细地解剖本能，根据解剖的结果，我们可以确证，性爱本能的根本，完全朝向"新生命（子女）"上。首先，我要列举的事实是，男人在天性上，恋爱时是善变的，女性则倾向不变。男人的爱情在获得满足后，便显著地下降，同时，觉得几乎大多数的女人都比自己的妻子更具有魅力，更能吸引他。总之，男人是渴望变化。而女人的爱情在获得满足的瞬间，开始上升，这是根据"自然"的目的所产生的必然结果。"自然"的原则是维持种族，还有，尽可能大量地增殖。如果男人可以随心所欲地和不同的女人交合，一年中可制造百来个子女；但是，不管女人有多少情夫面首，一年间也仅能生育一个孩子（双胞胎例外），所以，男人经常需求别的女人，而女人只有老老实实地守着丈夫。盖以"自然"创造女性，是为将来的子女保留抚养者与保护者,这是本能,毋须经过思虑。所以,正确的贞操观念,在男人来说是人为的克制,女人则是自然的。不论就客观的结果,或主观的反自然现象来说,女人之通奸比之男人,更难以宽宥。

男女的两情相悦,从客观来看,实际也只是本能的伪装,换言之,不外是努力维护自己"型态"的种族感觉而已。我们很了解它的根由,为得充分的确据起见,我想进入细节逐一缕析。指导我们"相悦"的诸种顾虑条件,值得一谈的琐细项目,即使在哲学著作中,也洋洋大观,不胜枚举,但我们可大致分为三大类:第一是直接关系种族典型(即关于"美")之条件,其二是关于精神性质的条件,最后一项是互相对称的条件,即是对于两个体的偏颇和异常,相互施以必要的订正。以下,我且逐一加以说明。

指导我们选择和爱好的最高原则是"年龄"。大体来说,月经开始至停经这段时间,可视为性爱的适龄期,其中,18至28岁间,允称黄金时代。上述年龄以外的任何女人,无法吸引我们。已停经的女人,还会引起我们嫌恶之感。年轻而不漂亮的女人,多少还是有吸引力,反之,迟暮的美人则否。因此,很明显地,此时潜意识中引导我们行进的目的是"生殖能力的一般"。所以,一切的个体,离开生殖受胎最适当的时期越远,越失去对异性的吸引力。第二项顾虑条件是健康。急性疾病不过是一时的搅扰,慢性疾病或体质恶劣之类,会使我们厌恶却步,因为这类疾病会遗传给子女。第三项顾虑条件是骨骼,这是构成种族之"型"的基础,除老年和疾病外,再没有比不恰当的姿容更令人讨厌的了,不管容貌多美,也无法弥补。反之,若身材匀称,即使容貌丑陋,也具有吸引力。又者,我们对骨骼结构的不调和,感受极敏锐,例如,矮胖、短腿、跛脚的女性,都觉倒胃口,反之,身段特别地美好,则可以补偿其他的缺点,而具有蛊惑男人的魅力。与此有关的是,一般男人喜欢纤细的脚,在审美标准中占相当重的分量。有跗骨和蹠骨的动物中,若论小,无过于人类,这一事实,和人类的得以直立步行有密切的关系,也可说是人之所以为人的主要特征,"人是蹠行动物"。所以,席拉克①也这样说:"女人身材窈窕,又有一双美好的脚,就像银柱脚之中的黄金柱。"牙齿也非常重要,因为它是吸收营养的必要工具,并且又具遗传性。第四条件是肉体适度的丰满,这种状态是预告胎儿营养的充分,所以,瘦骨嶙峋的女人,惹人嫌恶。再说,女人丰满的乳房,对男人也具有非常的魅力。因为它直接关系女性的繁殖作用,告诉男人,她可以给予新生婴儿丰富的营养。但话说回来,太过肥胖的女人,令人嫌忌,因这种体质多半患子宫萎缩症,是不妊的预兆。这情形不必头脑去判断,本能自会告诉我们——最后的条件才是容貌美丑的问题。关于容貌,我们最先观察的是关于骨骼部分,第一印象当以挺俊的鼻子为主,鼻短而塌,一切免谈。自古以来,向上或向下又稍微弯曲的鼻子,不知决定了多少少女一生的命运,这是关系种族之型的大事,实也毋怪其然。对动物来说,由小颚骨所产生的小嘴巴,是人类容貌的特质,是非常重要的。向后凹下的下颚,特别令人憎厌,因为稍微前突的下颚是人类专有的特征。最后要谈的是,美丽的眼睛和前额,这和精神特质发生关联,尤其是关系着由母亲遗传而来的智慧性质。

　　站在女性的观点,详详细细地列举出女人潜意识中所遵奉的选择条件,那当然是我所无法办到的,但大体说来,一般都主张下列几点事项。第一,女性喜欢 30 至 35 岁间的男人。本来,人类美

---

① 席拉克(Jesus Srach),犹太人,纪元前 200 年左右在耶路撒冷以希伯来语编纂道德训集录,后来,他的孙子又把它译为希腊语。

的顶点是青年期，但女人反而喜欢上项年龄的男性，此中道理，是因为引导女人的不是趣味，而是本能，本能告诉她们，那一段年龄是生殖力的顶点。一般说来，女人对男性的美——尤其是颜貌的美，几乎是"视若无睹"，那大概是因为子女的美丑问题，只是关乎母亲的遗传。男人的力和勇气，才是俘虏女人之心的主要条件，因为此二者，才能确示生育健壮的子女和担当子女勇敢的保护人。男性的生理缺陷，或者"型"的破坏等，由于女性自身或许也具有相同的缺点，或者刚好具有消弭其缺陷的优点，总之，女人在生育子女之际，都可将它们排除。男人的缺陷不致遗传给子女。但是，男性所特有的、无法由母亲赋予子女的因子，则是例外。诸如骨骼结构、宽广的肩膀、坚狭的臀部、笔直的脚，力气、勇气或胡须等是。所以，女人往往爱上其貌不扬的男人，但绝不会爱没有男子气概的男性，道理在此，这是为了中和以后所举的缺点，因为那是女人力所未及的地方。

横亘性爱根底的第二类顾虑条件是有关精神性质部分。这点，我们发现了一项事实：女人完全由男人的性格特质（心的特质）所吸引——性格是由父亲所遗传。猎取女人欢心的要素大概是：坚定的意志、决断、勇气，以及亲切、正直等诸性质，反之，智慧上的优异对女性不发生任何直接或本能的力量，因为这些并不是由父亲所遗传。男人缺乏理解力，女人并不在乎，反而认为卓越的精神力和天才是一种变态，将带来不幸的结果。因此，丑陋、愚蠢、粗野的男人往往击败聪慧、有修养且可爱的同性，而独获芳心。又者，出于爱情的结合，精神性质方面也往往完全互异。例如，有的丈夫粗野、硕壮、见识浅薄，而妻子娇柔善感、思维纤细、有修养、有审美观念；或者有的男人是学者、天才，而妻子则是不学无术。

"爱神维纳斯以凶暴的微笑，常爱把不相似的两个形体和心，紧紧地联结在一起",理由是恋爱并不靠理性智慧,而是由性质与它(理智)完全相异的顾虑条件所支配——就是本能所顾虑的诸条件。结婚的目的,不是为夫妻间充满情趣的交谈,而是为制造子女。结婚不是心与心的结合而是身体和身体的结合。所以,女人若是褒奖男人的精神优点,那只是虚假可笑的口实,要不然,就是变态者的夸大其词——男人与之相反,他们本能的爱情,不是由女人的特性特质所决定,像苏格拉底之辈(为数不在少数),其所以发现各自的冉蒂佩①,正基于此理。其他如莎翁、都勒②、拜伦等,情形亦复如是。但是,因为智慧是由母亲所遗传,在这里就发生了作用,并且,比起来,它的影响力还凌驾肉体之美,虽然,肉体之美也很重要,也能发生直接的作用。所以,有的母亲也曾经验或意识到它的作用,而让自己的女儿学习美术或各种语学等,以便于吸引男人,这是以人工的手段来补智慧之不足,其中道理恰和以义乳、义臀来增加女性的魅力相同——但这里所要讨论,并且希望读者诸君谨记勿忘的是,不论任何人在恋爱时,只有从那里才能产生直接和本能的吸引力。有贤明教养的女性,或许会着重男人的才智和精神优点,或者,男人由于理性的熟虑,会试验或观察她们许嫁的性格,但这些都和本篇所论的问题无关,这些事情,在结婚时,可成为"理性选择"的基础,但和我们的论题"激情的恋爱",没有关系。

到此为止,我只单就"绝对的考量条件",就是适合于大众的顾虑条件做观察,以下,我们将谈有关个人的相对条件。这些种类的考察条件是以改良既已显示的种族之"型"的不完全、订正选择者自身"型"之破坏,而还原纯正之典型为目的。因此,这种场合,当

---

① 冉蒂佩(Xanthippe),苏格拉底之妻,无论哪一点,都不足以和苏格拉底相匹配,她是个缺少理性而泼辣的悍妇。
② 都勒(Dürer Albrechi 1471—1528),德国画家与雕刻家。

事者对本身所缺乏的东西发生了偏爱。以这种相对条件为基础的选择,是从个人的资质为出发点,而以个人的资质为目标,故比之上述以"绝对条件"为鹄的诸条件,更确定、更明白,且更具排他性。所以,真正激情的恋爱,大半根源于这种相对的考察条件下;平凡、轻微的爱情源泉则出之于绝对的考量条件中。所以,点燃激烈爱情之火,通常不必要什么美得一无瑕疵的女人。成立真正激情的恋爱是需要某些因素的,我且打个化学比喻,那就像酸和碱之成为中性盐所发生的"中和作用"。这里,主要须有下列几点因素:第一,任何人,在性方面都有其偏缺的,或过于阳刚,或偏向阴柔。试将某人的偏缺与他人比较,就可清楚地发现它的存在,这种偏缺如能从某异性身上得到良好的补偿,就产生中和作用了。为了补充修正新生个体之人类典型(新个体的构成是万事万物的目标)——所以必定需要与自身的偏畸相反的偏畸。根据生理学者所知,不论男女都有无数程度、无数阶段的性偏畸现象,经过这些阶段,男性严重的变成可忌的"Gynander""Hypospadaus"(两性变体的一种)或尿道下裂症,女性则为粗犷爽朗的"Androgyne"(两性变体的一种),这两方面都能达到完全的"Hermaphrodismus"(阴阳体),始终保持中性,因此无法生殖。因而两个体之得以中和,是因为某种程度的男性化性质,适合于某种程度的女性化性质,如此,双方面的偏畸才能相互抵消。所以,最男性化的男人追求最女性化的女人,反之,没有须眉气的男人就找寻刚健的女孩。如此,所有的个体在"性的程度"中寻求自己所合适的对象。此时,两人之间,到底需要何等程度的比例呢?那是由各人的本能来感觉的,而且这也和其他"相对的条件"一样,同是建立培养高度爱情的根基。所以,恋爱中人,虽自称是"彼此心灵的调和",但大多数的场合,这种调和只是作为有关新生子女和其健全问题的核子,再说,这方面也很显明地比调和的问题更重要——心灵的调和，在结婚后不久，往往就一变而形成严重的不调和了。在这里，还掺杂他种的考察条件，这个条件是为了不使个体的弱点、缺陷及"型"的破坏，永远停留在所生子女身上，或者不使之变态生长，所以借助别的个体的力量，来排除这些缺陷。以此事实来论，男人的体质愈瘦弱，愈想找个健硕的配偶，女性方面的要求亦同。但因女人的体力本来就较弱，所以，通常她们都喜欢手大臂粗的壮汉。次于前者的考察条件，是体格的大小问题。不论男女，娇小玲珑的都对高大健壮者特具好感。有些矮小的男人，也许他的父亲长得很魁伟，但遗传自母亲娇小的体型，则对于高大女性的憧憬，更为激烈。因为他相信，从父系的脉管系统，可以供给魁健的血液。高大女性之所以对巨灵汉不感兴趣，是基于避免产生"巨人症"的"自然"意图，女性的本能知道，这样的人种虽可生长，但维生力量太过薄弱。尽管如此，一部分这类女孩，如果为了在社交场合中显得神气，而选择伟丈夫为偶的话，那么，就要由她们的子孙来受此愚行之恶果了。其次，对于肤色的顾虑，也具有决定性的作用。白种人多半喜欢黑色或褐色的配偶，但后二者要求前者的情形比较不多见。这道理是因为金发碧眼的确是亚种——应该说是变态，这就好像原本并没有白鼠和白马一样。欧洲以外的任何地区都没有土生的白种人，连极地的近旁也没有，只有欧洲才有土生的白人，很明显的，白种人本是发源于斯堪的纳维亚。这里，顺便谈谈我个人的意见。本来"白"并不是人类自然的肌肤颜色，我们的祖先原来与印度人一样是黑色或褐色的，所以说，白种人不是从原始自然的怀抱所孕育出来的。通常我们虽把"白种人"，叫得非常顺口，实则"白种人"不是人种，而是退了颜色的人。我们的祖先闯进冰天雪地的北地，由于生活起居的不习惯，而像外来植物一般地求生存，也像这些植物一样,冬天时必要"温室",如此,经过了几千年,人终于退化成白色。四百年前移居到欧洲的吉卜赛人,他们原是印度人种的一支,如今他们的肌肤颜色介于印度人与欧洲人之间。所以,"自然"在性爱事件中也努力回复到原始的黑发、棕眼,但白色的皮肤,仍列居第二"自然"。当然,那也是印度人的褐色化皮肤,并不使我们觉得讨厌。最后要谈的是,不论肉体的任何部分,各个个体总是努力地矫正其缺点和型的损坏,某部分越重要,其所做的努力也越激烈。所以,狮子鼻的人,一见鹰鼻或鹦鹉鼻的人,就感到一种无法言喻的满足。其他亦莫不如是。躯体和四肢的构造过度瘦长的人,只有看到五短身材的异性才以为美。关于气质的考量条件,也走向这种趋势,一般都喜欢和自身相反的气质,但问题在你能否彻底了解对方的气质?在某部分非常完全的人,当然不会追求或爱上同一部分不完全的对象,但比之其他人,更容易不留心这部分,则倒是真的,因为他不必担心这部分会带给子孙不完全。例如,皮肤极白皙的人看到黄色当不至感觉憎厌,但是,黄肤色的人看到那赛雪欺霜的皮肤,则往往觉得美如天仙。男人爱上极丑陋的女孩(虽不多见),那是因为上面所述的,两性适合的程度已取得适度的调和,女性的变态事项全体,也是发生在由相反的条件而互相中和的情形下。这种场合的恋情有高度的习惯。

我们对女人的品头论足,对中意女人的慎重批评,在女人中的东挑西选,对未婚妻的敏锐观察,不论哪一方面都准备得周周到到,务求不至受骗,以及对重要部分过于不足的重视(女人之对于男人亦同)——凡此种种,完全和目的的重大性相呼应。因为新生子女的大权全操在你的手上,他们一辈子都要带着和父母相同的特质。例如,女人虽只稍稍驼背,她的子女也很容易患伛偻症,其他所有的场合,也有类似的情形。有关这些事情的意识,当然是不存在的，相反的，大家还以为如此繁复困难的选择，是为了己身的乐欲呢！（乐欲在此场合实际一点也没关系。）但这种以本身体质为前提的选择，恰与种族的利益相吻合，他们无意识中所努力的是尽可能保持纯粹的种族典型。在这里，个体的行动，虽然自己毫无所觉，实际是接受一种高于他自身之上的种族命令而活动——初会面的两位年轻异性，彼此下意识中所做的深刻观察，或者所投射的直欲深入肺腑的探究眼神，以及对容貌和身体各部分的细心观察等等，这一切的一切，都有某种特别的缘故存在，那就是关于由他们两人所产生的个体，和其性质组成的种族守神的冥想，由此冥想的结果，来决定相互中意的程度及相互需求的强度。这种相互需求的心理，上升到顶峰之后，由于发现到以前所未曾注意到的某种事情而突然消失。如此这般，凡是有生殖能力的动物都有种族守神，它的职司是关于未来种族的冥想。丘比特（爱之神）不停地奔波活动，不断地深思熟虑所从事的大事业，也不外是未来种族的构成。只是一时性质的个体事件，比之种族和丘比特的工作的重要性，就显得非常低微、贫乏。因此，丘比特任何时刻都想不客气地牺牲他的属下，因为丘比特和个体间的关系，一如不死之物对于会灭亡的东西；个体的利害与丘比特的利害比率，犹似有限之对无限。因此，丘比特根本无暇顾及个体幸与不幸的问题，他只自觉自己任重道远，所以，不管战争如何地骚扰，生活如何地混杂，或者瘟疫如何地盛行，都以超然的态度来执行自己的职务，同时为彻底完成自己的工作，甚至也闯进寺庙教堂禅房的隐遁生活中。

从尽可能完全再现种族的典型这一点来看，何以两个体的结合，一方可以弥补对方？又何以后者是排斥一切而独要求前者？这些问题的关键我们已在前节中证明过，由这里我们也可知道，两性恋情的程度，是随着当事人的个体化而越增进，在这种情势下，会引起显著的激情,此激情只针对一个对象,由于对象专———就是由于接受种族的特别命令而表现——因而随即带来一种崇高可贵的色彩。否则,我们可以断言,只有性欲的念头是野蛮、卑鄙的。因为那没有任何的个体化,漫无目标地滥施爱情,完全不顾及质的问题,只是在量方面努力于种族的维持。但是,性爱的个体化和所带来的恋情,上升到最高程度,如果没有满足此恋情的话,则世界一切的珍宝和生命都将丧失其价值。此时,这种激情将会以其他愿望所未曾有的激动来达成其所愿,因此,他可以毫不踌躇地奉献任何牺牲。但如果怎么也无法遂其所愿,则因而陷于疯狂或自杀殉情的也颇不乏人。造成这种过剩激情的症结,潜意识中,除了备有上述的诸项考察顾虑条件之外,一定还有其他的原因存在。这些原因也和前述诸条项一样,不是直接摆明在我们的眼前的。所以,我们只得做这样的假定:就是这种场合,不但是体质,男方的意志和女方的智慧,也都取得特别良好的配合,种族的守神所看准、中意的某个完全一定的个体,就只在他们两人身上才能产生出来。但是,这个理由是存在于物自体的本质中,而不是我们的思虑所能企及。更严格地说,那是此时的"生存的意志",在这一对夫妻所生的特定个体中,要求自己能够客观化。意志本身所有的这种形而上的欲求,在滔滔人海中,除活动在即将当双亲的心中外,再也没有它的活动范围。因此,未来双亲之心被此冲动所捕捉,这时他们一方面想追求形而上的目的(换言之,是存在实际事物以外的),一方面追求自己所冀望的东西。所以,最初可能出世的未来个体,是从万物起源的冲动而产生。唯有此冲动,在现象界中,未来的双亲才能无视周遭的万事万物,而表现崇高的激情。恋爱中的男性,由于这种无与伦比的迷妄力量,但求一亲芳泽,但求与彼女同衾共枕,产生一种纵使抛弃世上所有的财富也在所不惜的心理。但对男人来说,热望和某女人同衾,实际上也和与其他任何女人共枕并无太大的差别,不外是肉体结合和生育,除此外再无收获。这种强烈的激情和其他的激情相同,也可从中发现连当事者都感惊奇的事实,它在享乐完了之同时,立刻消失不见。又者,此激情也可由女性的不妊(据胡飞兰德①说,妇女不孕,十之九都是由偶然的体质缺陷所产生),不能达成形而上的目的而消失。当此之时,上述的目的,也像每天被几千几万人践踏的萌芽一样,将会遭遇枯萎的厄运。这些萌芽,实际上也很努力地想在生存中表现形而上的生命原则,无奈总是无法达成目的。对"生存的意志"来说,空间、时间和物质的范围是无限的,所以,它只得打开僵局,另图发展,借以安慰。

帕拉西尔苏斯②虽然不曾讨论过这些问题,而我的思想路线也和他完全不同,但这里所陈述的意见,也许和他的有点儿相似。因为他在随笔中,曾写下几句值得注意的话,他说:"世上有的人是由神的意思而结合。例如大卫王(David)和乌利雅斯之妻③就是其例。这虽和正式合法的结婚相抵触——但若不这样,就无法产生所罗门(Solomon)。因此,巴德瑞芭虽成淫荡之女,但那是神为了所罗门,而联结他们两人的关系。"

爱情的憧憬,也可采取许多的变化形式来表达,这是自古以来文学家所努力的目标,但他们的描写还不够细致入微,不,连给予此对象满足的处理都做不到。如所周知,这种憧憬包含两类,一是

---

① 胡飞兰德(Hufelund 1762—1809),德国医学家。
② 帕拉西尔苏斯(Theophrastus Paracelsus 1494—1541),德国化学家,兼通医学,并研究神学。
③ 乌利雅斯,为大卫王手下大将,大卫王先唆使其与妻巴德瑞芭离婚,复又谋杀之,娶巴氏为妻。

占有某特定的女人和联结无限幸福的观念;另一是,如若不能得到某女人则联结不可言状的悲痛。爱情的憧憬和悲痛,并不是从存在一时的个体欲望所发生,而是种族灵魂的叹息。种族看到自己目的的得失情形,而发出深深的叹息。唯有种族才有无限的生命,所以它才有无限的愿望、无限的满足和无穷的悲痛。但此时,必灭的个体——人,被禁锢在狭窄的胸中,所以,我们只看到这小小的心胸似乎涨得几乎破裂,或者胸中充满无限的欢愉、无限的悲伤。因此,这也无怪他们找不出适当的词汇来表达这些情形。所以,它成了所有崇高的恋爱文学材料。因而,这些文学,超脱一切尘俗的境域,而上升到一种高超的境界。这是佩脱拉克抒情诗集的主题,也是"维特"或杰可伯·奥尔狄等小说的题材。这些现象,我们除了做这样的看法外,实在很难理解,也无法说明,因为若论精神上的优点(一般所说的客观实在的优秀),女人实在不值得我们那样热爱、那样尊重,同时,正如佩脱拉克作品中所描写的情形一样,男人往往也不能十分精确地了解女人。唯有种族的灵魂,才能在一瞥之下看穿某男人具有如何的价值,以及男人是否存有种族的目的。又者,最大的激情,通常也在初相见时发生。莎翁说得好:"恋爱中人,哪一个不是在一见之下钟情的?"

关于这点,亚勒曼①风行250年的名小说《亚尔法拉施的无赖汉古兹曼之传记》(Vida del Picaro Guzman de Alfarache)中有一段话,也值得注目。他说:"为了爱情,不必费太多的时间,花太多的心思去考虑和选择,只须在最初的一瞬间,某种适应和一致能互相迎合即可,就是通常所谓的'心电感应'。在这方面,人们习惯于被星辰的特别影响所驱策。"所以,自己的恋人为情敌所夺取,或

---

① 亚勒曼(Mateo Aleman 1547—1610),西班牙小说家。

者是由于死亡而消失，对于正在热恋中的人来说，哀伤悲恸无过于此。因为这种损失是无法估计的，不但关系他个人，连带他永远的本性，即种族的生命也受到侵害，那是接受种族的特殊意志和委托而出生于现世。基于此理，把爱人让给别人，实是所有牺牲中的最大牺牲——英雄虽是不耻一切的哀叹，唯独对恋爱的叹息不引为耻，因为这时悲泣的不是英雄本人，而是种族。卡尔德隆①的剧作《伟大的琪诺毕亚》②第二幕中，德修斯曾对琪诺毕亚这样说："你是真爱我？呵！我多么荣幸，这样，我可放弃成千成万的胜利，回到你的身边。"这个事例所显示的是，表现性爱（即关于种族）的利害问题，它一在自己眼前展现明确的利益，便立刻击退前此以来所有的一切利害，诸如名誉观念等。个体的利益虽然重要，但在某种意义上，种族的利益更远胜于前者，所以造成了前述的现象。因之，名誉、义务、诚实等精神，虽足以抗拒所有的诱惑或死亡的威胁，但在种族的利益下，也只有降服而已。同时，在这种场合，人们的私生活方面秉从良心的命令去做的也最少见。连一向正直、讲义气的人，此时也往往昧着良心，我们不难发现，当激烈的爱（即种族的利益）捕捉住他们的时候，连通奸的事情也公然毫无忌惮地进行着。不独如此，这时他们还自觉，自己的行动是为种族的利益，比起只是为个人利益的行动，其具有更高的权利，因而能心平气和地干那"不可为"的大事。关于这一点，尚福尔③的几句话说得好，他说："热恋时的男女，不管有任何分开他们的打扰（例如丈夫或父母亲），也不拘法律和习惯如何，仍旧照样自然地相爱。我常想，这大概是由于神权使他们相互结合吧！"对于这一点表示愤慨的人，

---

① 卡尔德隆（Calderon 1600—1681），西班牙戏曲家。
② 琪诺毕亚（Zenobia），古代 Palmyran 之女王，曾侵略叙利亚。
③ 尚福尔（Chamfort 1741—1794），法国作家，悲观主义者。

不妨先去翻翻《圣经》。救世主对通奸的女人显然也采取宽大的态度——《十日谈》①的绝大部分,就是根据此见地而写的,种族的守神在他那高高的宝座上,对着被踩在自己脚底下的个人权利或利益,发出轻蔑的嘲笑——阶级、贫富的悬殊等,反对热恋中人结合的时候,种族的守神同样也可轻而易举地予以排除,而宣告那些是毫无价值、毫无意义的东西。盖以种族的守神是存在于无限的世代中,一方面追求自己的目的,一方面把这些人的种种顾忌或古板的教条,都像吹稻壳一样地吹掉。基于这深远的理由,不管任何危险,只要那是有关恋爱的激情目的,也欣然接受,连平素都很害臊胆怯的人,在这个当儿,也变得勇敢起来。在戏剧或小说中,当我们看到,为了恋爱事件(即种族利益)而战的年轻人,击败只以个体幸福为念的老人时,总会发出欢喜的同感。这正如种族比个体更重要的道理一样,相爱者双方的努力,比任何反对他们的努力更重要、更崇高、更正当。因而,几乎所有喜剧的主题,都是描写反对人们的个人利害,因而出现以破坏这些人的幸福为目的的种族守神。通常就是由所谓"文学的正义"来贯彻种族的目的,使观众获得满足,因为观众也感觉出种族的目的比个人更深远重大。因此,在喜剧的终了,观众都希望看到相爱者戴上胜利的荣冠,带着欣喜的心情回家。因为相爱的人们都有由胜利的结合而建立自己幸福的妄想,观众的想法亦同。但实际上,恋人们的下场则是牺牲自己的幸福,回到用意深远的种族意志老人的怀抱,为种族的幸福服务。在极少数变格的喜剧中,企图颠倒它,努力地描写牺牲种族的目的而贯彻个人的幸福,然而,这种场合,观众和种族守神同样都有痛苦

---

① 《十日谈》(*Decameron*),中世纪意大利作家薄伽丘(Boccaccio 1313—1375)的名著。

的感受,这种结尾,强固的个体利益并不能使人安慰。就我所知有两三本著名的小说,是属于这类作品,如《十六岁的女王》或《理性的结婚》等是。将恋爱事件处理为悲剧的作品中,大抵种族的目的都归于乌有,所以做道具的相爱者也随之灭亡。例如,《罗密欧与朱丽叶》《坦库列德》《伦加尔洛斯》《威廉斯坦》《美西娜的新娘》都属之。

人在恋爱的时候,往往呈现出滑稽的或悲剧的现象,那是因为当事者已被种族之灵所占领、所支配,已不复是他原来的面目了,所以他的行动和一般个体完全不相配合。恋情进了更深一层,人的思想不但非常诗化和带着崇高的色彩,而且也具有超绝的、超自然的倾向。因为被赋予这种倾向,所以,整个人看起来完全脱离人类本来的、形而下的目的。原来,由于个人受到种族之灵的鼓舞,知道种族远比个体事件重大,如今又受种族的特别依托,而以制造完全个性化,且有一定构成的子孙的无限存续为目的。最初的这种构成,使他摇身一变为"父亲",他的爱人成了"母亲",这一切完全都是特定的。带有这种超绝的重要价值参与事件活动的感觉,使陷于情海中人,显得不同流俗,在他们非常形而下的愿望中,也穿上超自然的衣服。为此,即使最平凡的人物,其恋爱也变成了生活中最富有诗味的插曲。这种场合,恋爱事件往往带有喜剧的色彩——被种族客观化的意志命令,表现在恋人的意识中时,由于发现可以和爱侣结合而戴上预想无限幸福的面具。达到恋情的最高度时,这种幻想迸发灿烂的光辉,如果不能圆满地达成此恋情,恋人顿感人生索然寡味,毫无乐趣,连生命也丧失所有的魅力。因此,对人生的嫌恶,战胜对死的恐怖,往往导致自发地缩短生命。这类人的意志,如不是被引进种族意志的漩涡中,也是种族意志绝对压倒个人意志。所以,他们若不能在前者的资格中活动,也拒绝在后者的情形下苟活。这时候的个体,当作集中于某对象的种族意志无限憧憬的容器,未免太过脆弱。所以,"自然"为了挽救人的性命,便在这种绝望状态的意识上蒙上所谓"疯狂"的面纱,否则,势必发生自杀或殉情的惨剧——社会上各种不同年龄的男女,都经常发生这类现象,很可以证明上述解说的真实性。

话又说回来,并非不能达成的恋爱,才招致悲剧的结局,既遂的恋情,收场不幸的恐怕比幸福的还多。这是因为激情所要求的往往和当事者个人的幸福发生剧烈的冲突,和他所有的事情都不能一致,破坏了他由这些事情所建立的生活计划,并且,恋爱不但往往和外部的事情相矛盾,连和恋爱者自身的个性也相矛盾,因为离开性的关系来观察恋爱对象,甚至也有憎厌、轻蔑、嫌恶的感觉。但是由于种族的意志远较个体意志强烈,所以,恋爱中人对于自己嫌忌的性质,闭着眼睛,毫不理会,一心只求与对方永远结合。恋爱的幻想就是如此地使人盲目,但种族的意志在完成任务之后,这种妄想便立刻消失,而遗下了讨厌的终生包袱(指妻孥)。我们往往可发现一个非常理智又优秀的男人,却和唠叨的女人或悍妇结为夫妇,我们常感奇怪,"为什么这些男人竟做这样的选择?"上述的说明,可给大家满意的答复。因此,古希腊罗马人常说,爱神(Amor)的表现是盲目的,不但如此,陷入情网的男人,虽明知意中人的气质或性格上,都有难以忍耐之处,将会使他将来的生涯痛苦,但却又毫不畏缩退却。

> 你的胸中是否有罪?
> 我不想去探寻,也毫无所觉。
> 不管你是如何,
> 我只知道爱你。

盖以他所追求的不是自己的事情,而是关于第三者——将来的新生命,但因妄想包围着他们,使得他们自以为是追求自己的目的。不论任何场合,这种不追求个人私利的行为,都是伟大的标记,所以,激烈的恋情也能赋予崇高的色彩,所以能成为文学所讴歌的题材。最后再谈到,性爱也有对其对象非常憎恶和势不两立的现象,柏拉图把这种情形比拟成狼对于羊的恋爱。这种状态完全是一厢情愿的,尽管男方爱得如醉如痴,如何地尽力,如何地恳求,对方也充耳不闻。这就产生莎翁所说"我爱你,也恨你"(《辛白林》第三幕第五景)的情形。

这种又爱又恨的心理,往往造成杀人继而自杀的局势,这种事件,我们每年都可从报纸发现许多例子。歌德说得好:"被拒之恋,如置身地狱之火中,我不知道是否还有比这更严重的情形?"

恋爱中的男人,对于对方的冷酷态度,或者以他的苦恼作为自己(女人)快乐的虚荣心,称之为"残酷",实际一点也不夸张。因为,彼时他已被类似昆虫本能的冲动所支配,这种冲动毫不理会所有理性所列举的理由,无视周遭的事事物物,只知绝对地追求自己的目的,毫不放松,更不会放弃。因为恋爱的热情未得到满足,脚上像拖着沉重的铁块,在人生旅途上踽踽独行,在寂寥的森林中,长吁短叹的,绝不止佩脱拉克一人,只是在这烦恼之同时,又具备文才的只有佩脱拉克而已。歌德的美妙诗句"人为烦恼所苦时,神便赐予他表达的力量",正是佩脱拉克的写照。

实际上,种族的守神和个人的守神无时无地不在战争,前者是后者的迫害者,是仇敌,它为了贯彻自己的目的,时时刻刻都在准备破坏个人的幸福,有时连人民全体的幸福也变成它的牺牲品,莎翁《亨利六世》第三部第三幕的二、三场中,就可看到这种事例。造成此事实的基础,是因为我们本质的根蒂在种族中,所以,种族具有优先活动的权利,我们的祖先,很早就发觉出这个道理,把种族守神丘比特予以人格化,虽然他的容貌是天真无邪的,但却是残酷的、充满敌意的、吹毛求疵的恶神,也是专制的、反复无常的鬼神(Doimon),同时又是诸神和人类的主人。

希腊俗谚说得好:"爱神(Eros)①啊!你是统治诸神和人类的暴君!"

带着杀人的弓箭、盲目以及身附翅膀,这是丘比特的特征。翅膀是象征恋爱的不定无常,但这里的不定,通常是在满足恋情后引起幻灭感觉之同时,才表现出来。

恋爱的激情是依赖着一种幻想,这种幻想能使只对种族有价值的事也显得有利于个人。所以,造化的欺骗,在种族的目的达成后,便消失不见。个体被种族之灵所遗弃后,又恢复原来的狭隘和贫弱,回顾过往,才知道费了偌大的气力,经过长期勇猛努力的代价,除了性的满足外,竟无任何收获!而且,和预期相反的,个体并不比以前幸福,于是对此不免感到惊愕。所以,Theseus 遗弃 Ariadne② 一点也不足为怪。如果佩脱拉克的热情曾得到满足,他的诗歌也该像产卵后的母鸟一样,戛然而止,沉寂无闻了。

这篇《性爱的形而上》对于目前正卷入激情欲海中之人,可能非常的不中听。一般人总认为恋爱结婚是基于理智的选择,但"理智"两个字实不足以解释那五花八门、千变万化的男女恋爱和结婚的现象。古代喜剧作家也说:"爱情本身是不规则、不分类的,我们自然也无法分门别类地来处理它。"

---

① 希腊的 Eros 即罗马的 Amor,司恋爱之神。
② Theseus 是阿迭卡王子,于克里特岛得王女 Ariadne 之助,杀死牛头人身之怪物(Minotaur)。其后,和她结婚但最后又遗弃她。

恋爱的结婚是为种族的利益,而不是为个人。当然,这情形当事者是懵然不知的,总以为是追求自己的幸福,其真正目的在于两人可能产出的新个体上,他们由这目的而结合,尔后,再尽可能努力地取得步调的和谐。激恋的本质是本能的妄想,但其他方面也还有很多完全相异的因素存在。如前所说,这种妄想必定会消失,接着其他方面的因素断然显现,因而恋爱的结婚,通常结局都是不幸的。西班牙有一句谚语说:"为爱情而结婚的人,必定生活于悲哀中。"因为婚姻本来就是一种维持种族的安排,只要生殖目的一旦达成了,造化便不再惦念婴儿的双亲是否"永浴爱河",或只有一日之欢。由双方家长安排的、以实利为目的的所谓"便利婚姻",反而往往比爱情的结合幸福些,因为此种婚姻,都顾虑到种种因素条件,不管这些条件何其繁多,至少它总带上现实的色彩,并且它不会自己消失。再说,它总是以结婚当事人的幸福为目标,所以,这样的结合毫无疑问是幸福的。但对于第二代则不利。面临婚姻抉择的男子,为金钱而不顾自己之所好和满足,他是为个体而生存,不是为种族,这种表现是违反真理,违背"自然"的原则的,所以,易于引起他人的轻蔑。相反的,为了爱情,不顾父母的劝告而毅然结婚的女人,在某种意义上是值得赞扬的。因为当她的父母以自私的利己心来劝告时,她却抉择了最重要的原则,并且遵循了造化的精神(应说是种族的精神)——照以上所述来看,当结婚时,似乎是鱼与熊掌无法兼得,一定得牺牲个体或种族中的一方?是的,事实上也确是如此。盖以"热情"和"便利"携手并进的情形极为罕有。大多数人在肉体、道德或智慧方面都有可悯的状态,但结婚不是由普通单纯的选择或爱好所发生,而是由所有的外在顾虑而决定,所谓"偶然的结合",也有其中某部分的原因。至于便利婚姻,也可以在讲究实利之余,顾虑到某种程度的"喜爱",这就是所谓和种族守神的妥协。如所周知,幸福的婚姻并不多,这是因为结婚的本质,不在现时人们的幸福,而是为未出世的子女着想。但激烈的性爱中也有真正白首偕老,互得慰藉的,这是从完全不同的根源所产生出的感情,就是还得附以"性向一致"为基础的友情。这种友情大抵在性爱获得满足、消失之后才表现出来。通常是这样的:起初为了新生命而成立性爱的诸条件——在肉体、道德、智慧方面相补相适的各种性质——在这两人之间的气质或精神上又能保持相互补充的关系,由是而产生心情的调和。

这里所论爱的形而上,和我的全部形而上具有精密的联络,而且,后者可为前者的注释。我且以下述几句话作为总括。

为满足性欲而做的选择,是准备得很周全的,并且要经过许多阶段,才能上升到激烈的恋爱。前面我已经谈过,这个选择,事实上是人类参与构成下一代的活动。在《意志与观念世界》前面几章中,可确证出这项重大的参与活动有两点真理,其一是人的本质是不会消灭的,它永存于次一时代的种族中,因为那种活泼、热心的参与,不是从省察和企图所发出,而是从人类本性最深奥的特质和冲动所产生,如果人会完全死灭,或者只是以和他完全相异的典型或以完全不同的种族来接续他,这样的话,我相信这种参与不致那样牢固地存在,也不能给人们发生那样大的影响力。其二是人的本质(物自体)大多存于种族中,而不在个人,因为关于种族特殊构成的关心,是以恋爱事件为根底,不论就任何人,唯有此关心,他才有超越意志的崇高表现,此事成与否,对于感情的触觉特别敏锐,所以,我们可以把它称之为"特殊的感情事件"。这方面的利害若表现得强烈且明确,他就完全忽视其他一切,必要时还被充当为牺牲品。由此,足可证明,种族远比个体重大,我们是直接生存于种族中,而不是为个体。然则,恋爱中男人,不堪秋波一瞥,竟至完全放弃自己,为心爱的女人不惜奉献任何牺牲,这到底是什么缘故呢?无他,那是为了索求女人不灭的部分,因为其他的任何要求,总归会破灭。热烈、痴心地追求一个女人,就是对于"我们本质的核子难以打破"和"我们的本质是永存于种族中"的直接证明。如果以为种族永存是件芝麻小事,或者毫不介意,那就大错特错了。这种错误的产生,是因为他这样想:所谓种族的永续,虽然和我们相近似,但并不是任何方面都和我们相同,而且也是生存于我们所不能知的后代。这种想法,只是从外部的认识出发,只看到我们的直觉所能了解的种族外貌,不是从内在本质着眼。实际,唯有此内在的本质,才是我们的意识核子的根底,比意识更能发生直接的作用,它脱离了实体个体化的原则,而存在于一切个体之中——不论是并存或续存——与个体合而为一,这就是生活的意志,切实地要求生命和永续。所以,这是避免死亡的命运,不受死亡攻击的唯一办法。但那时的状态并不比现在为佳。因而,人在生存中,个体的现象就是不断的烦恼和努力。如何解脱我们的烦恼和努力?唯有赖"生存意志"的否定,由此,个体的意志脱离种族的树干,在种族中停止生存。那时候的情形又将是个什么样子呢?到底有没有"生存的意志"?这些问题只有任人自由解说了,因为我们还找不到构成这概念的材料。佛教把生存意志的否定,称之为"涅槃"(指根绝人生各种欲望所达到的一种至高快乐境界),这也是人类一切的认识力永远不能达到的境地。

现在,如果我们注视混杂的人生,就会发现人们尽是为穷困和不幸所烦,再不就是充满无穷尽的欲求。为了防止各色各样的烦恼,虽然每人都尽了全力,但除了只能保持这烦恼个体的片刻存在外,再也不敢有其他的期望。然而,在这纷乱无意义的人生中,我们仍看见情侣们彼此思慕的眼光——不过,他们的眼色,却为何总是显得那么隐秘、那么畏惧旁人、那么偷偷摸摸的？这是因为他们原是叛徒,他们使所有即将结束的穷困和悲惨又故意地传续下去。他们仍然沿袭祖先的做法,又揭开了另一场人生的戏幕。

(陈晓南 译)

论人生的不同阶段

伏尔泰说过非常漂亮的一句话：

> 谁不具有他的时代之精神，
> 将会经历他的时代之所有不幸。

纵观我们的全部生命，我们所具有的唯有现在，除此无他。唯一的例外在人生开始的时候，我们眼前展现出一片宏伟的未来；而到人生结束时，我们所看到的是一漫长的过去。那么，这一点是确信无疑的：我们的气质（虽然不能说我们的整个性格）经历了相当大的嬗变，而在此变化中，现在总是呈现出不同的色调。

我在《作为意志和表象的世界》这部代表作中，曾说明过为什么在童年，我们更多地像认知的存在，而不是意志的存在。其原因在于，我们的童年时，较长想入非非，欲望也有限，因而最不易被意志所撩动。如此，我们真实本性的绝大部分都被认知所占据。我们在智慧上，虽然还未成熟，但同要到 7 岁左右才定型的大脑一样，其发展是相当早的。它在生存的整个世界中不倦地寻求滋补，而这个世界那时还年轻、新鲜，万物皆放射出天真烂漫之气息，其结果，遂使得我们在童年岁月，宛如一首无尽延伸的诗。因为诗歌作为艺术之灵杰，其根本性质，就在于在万物的个体性中领悟到柏拉图式的理念,换言之,领悟到对整个族类究竟至极因而共同分享的东西。唯此,万物皆著理念之光,一物见出万物之粹巧。我们在童年的漫游中,没有任何清楚的目的,却悄悄地关注着生活本身之根本性展露的事件和场景,观照着生活的基本形态和形式。我们像斯宾诺莎所说的那样,"以永恒的神圣视野"去看物、看人。我们越是年轻,就越会发现特定事物中表现出的整体类型和家族。随着年龄的增长,这一点日趋衰微。这也说明为什么事物在我们年轻时给我们产生的印象,与我们老年时获得的印象是如此天壤之别。

我们世界观的坚实根基及其深浅,皆是童年之时确定的。这种世界观在后来可能会更加精致和完善,但根本改变是不可能的。结果,童年世界观之特性在于纯粹客观进而充满诗意;此世界观之维系在于此时的意志尚未呼唤出它的全部能量,小孩与其说是意志的存在,毋宁说是一个认知的存在。因此,在许多孩子的眼中,都可以看到严肃的、沉冥的神光,这一点,拉斐尔曾得心应手地运用在他的绘画,尤其是表现在《西斯庭圣母》这一幅的小天使身上。正是由于这个原因,童年时光是如此的美妙,以致每当追忆起来时,人人眼中都总伴有一种渴念之情。

我们的价值,无论是道德方面,还是智慧方面,都不是由外部得来的,而是出自我们深藏着的自我本性。裴斯泰洛齐①的教育学不可能把一个天生的笨伯变为一个思想家,决不会!他生为笨伯,他必有笨伯的一死。由此看来,对外部世界作直观感受式的深刻把握,还可以解释为何我们童年的环境和经历,会给我们的记忆留下如此坚实的印象。所以,我们完全沉浸在周围的环境中,没有

---

① 裴斯泰洛齐(1746—1827):瑞士著名教育家。

任何东西能使我们三心二意;我们把我们眼前的一切事物都看作仿佛是这类事物的唯一代表,甚至唯一存在的东西。后来,当我们逐渐认识到原来有许多对象存在这一事实后,我们就失去了童年的勇气和耐心。所以,若回想一下我在《作为意志和表象的世界》的第三十章的解释,即认为所有事物的客观性存在(即纯粹是以我们的表象或心理图像的存在)是令人欢愉的,而其主观性存在(即包含着咄咄意志的存在)是失落于痛苦和悲惨的,那么,我们就可以把以下这句话作为这种情况的简单明了的概括了:从看(to see)的角度说,万事万物皆令人欢愉;而从有(to be,或存在)的角度说,万事万物皆令人发怵。由上述论说得知,以童心观物,实为从看之角度,或表象和客观性角度体察事物;而不是从存在或意志角度认知事物。由于我们尚不知道事物之主观或可怖的方面,而客观性方面又是事物之令人欢愉的方面,那么,青春时的智慧把那些由艺术或现实向它提供的所有东西,都看作是如此丰富多彩、可亲可爱的存在。在对它们的遐想中,这些东西既然看起来是那样的美丽动人,那么,其存在也许就更加令人销魂了!因此,在这种智慧面前的世界宛如伊甸园,这是我们所有人都得以降生的淳朴乐园。更晚一些,就由此产生了一种向往现实生活的冲动,一种去有所作为、吃苦耐劳的冥冥之想,由此把我们推入现实世界的水深火热之中。此时,我们逐渐认识到事物的另一面,即存在的那一面,意志的那一面;这一面,使我们每走一步,都心惊胆战。这个时候,我们逐渐看破人生,达到了大彻大悟。当这种大彻大悟成熟时,人们会说:"幻想的年岁已一去不复返了。"这种大彻大悟还会加剧,臻于完美。所以,可以这样说:童年生活宛如由远处遥看剧场布景,而老年之人生则是坐在前排的某个座位上看同一个剧场布景。

现在,我们再来看看前半生生活的其余部分——青年时光。该时光,虽然比人生的后半部分有许多优势,但使它躁动不安或说阻扼它幸福的东西也是存在的。这就是,其不顾一切地追寻幸福,是因为这个时期的年轻人都坚信这样一个假设:在其生命中幸福是必然会得到的。由此,便产生了无穷无尽的自欺欺人式的希望,当然也还有失望、不满。我们梦幻之中的那些模模糊糊的欺人的幸福图景,以变幻莫测的形式,漂浮在我们脑海之中,我们徒劳地寻找着这些幻象的原型。同样,当年轻力盛之际,我们通常都不满自己的地位和环境(无论这些地位和环境究竟怎样),这是因为,我们把那些处处皆令人沮丧和空洞乏味的人生惨象归于这些地位和环境。我们启迪青年,花长时间引导他们,所应获得的结果,应当是在他们头脑中根除这样一个大谬不然的观念:世界为他们准备了很多东西以待赏赐。不过,当我们与生活打交道时,由于看的是虚构图景而不是现实事实,所以情形恰恰相反。在我们青春之光辉的朝霞中,虚构的诗意作品为我们勾勒了炫目场景,使我们春心荡漾,急切地想把这幅场景化为现实,急切地想攀摘彩虹。年轻人,总爱以一本趣味小说的形式去憧憬自己的人生历程。由此,也就生发了无尽的失望和悲伤。因为,使这些幻象图景富有魅力之处,正在于它们是想象的,而不是真实的;因而,我们应当在直观地感受它们时,保持平和和自足的纯粹认知的心绪。要把这些东西化为现实,意味着让咄咄意志席卷一切,这不可避免地要带来痛苦。

所以,如果说人生前半部分的根本特点在于不知满足地追求幸福,那么,其后半生则充满着不幸之惶恐。因为在后半生,我们多多少少都愈发明了这一认识:所有幸福皆为虚无缥缈之物,而所有苦难则为实实在在的东西。因而,我们毕竟都变得谨小慎微,所渴望的仅仅是少一点痛苦和那种不再被人打扰的境遇,而不是快乐。在青春时节,当门铃响后,我立即会精神抖擞,充满喜悦,因为我想:"现在,也许来了。"然而在晚年,同样的情形,我立即会出现惶恐之态,我会认为:"这家伙真来了。"那些成绩卓著和天赋甚高的人,他们在此不同于尘世中的芸芸众生。因而,依照他们的才干,鹤立于众生之中,对人世,他们会产生两种截然对立的情感。在青春时节,他们大都具有被尘世抛弃的感受;而在老年,他们又具有摆脱尘世的感受。前半生是不幸福的,这是因为我们尚不熟悉这世界;而后半生是幸福的。这就建立在我们对这个世界了若指掌的基础之上。结果,人的后半生,宛如音乐之后半部分,包容的冲动、推进较少,而缓解、憩息更多。一般来说,这是因为年轻时,我们总以为世界中有大宗的幸福和快乐,只是获得它们要花一些气力罢了;而在老年,我们却反而认为世界中其实一无所得,因而对此事保持着完全平静的心绪,陶乐于过得去的眼下生活,甚至在那些零星琐碎的小事中也能感到乐趣。

　　成年人从其生活经验中获取的东西,即他所具有的不同于少年或青年看待世界的那种方式,首先是一种坦诚直率,或不著偏见。此时,他把事情看得非常简单,一是一,二是二;而对少年和青年人来说,现实的世界,却被那些由他们自己造就的胡思乱想、遗传偏见、奇怪念头所伪装或歪曲。经验为我们做的第一件事,就是使我们摆脱梦幻、遐想、谬见这些乘我们年轻而入的东西。保证青年人摆脱这些东西的困扰,无疑是最好的(虽然仅仅是否定的)教育方式;但这是非常困难的。为达此目的,应把孩童的眼界尽可能限制在一个狭小的范围。而且,在这个范围中,只准那些清晰、正确的观念出现。唯有孩童正确地领悟这个领域中的任何事物后,才可以逐渐拓展他的视野。这同样适用于青春期。这种方法还特别要求，不要让他们读小说，而是用一些适当的传记去替代，诸如富兰克林和其他人的传记。

当我们年轻的时候，总是想象那些杰出人物和伟大事件会在我们的人生中，伴随密集的鼓点和嘹亮的号角登场亮相；而在老年，当我们回首平生，发现他们都关门闭户静静地睡着，没有人注意他们。

人过 40 之后，任何人都很难摆脱愤世嫉俗这个毛病。这是自然而然的事。人们都乐于从自己的性格出发去涉及他人的性格，因而就逐渐会变得失望起来。他看到，人不如己，而且不仅在思维或激情任何一方面，甚至在两个方面都远远落在自己后面。所以，他有意不同他人有任何来往。一般来说，人们会变得不是喜爱孤独，就是仇恨孤独，以此作为自己的伴侣；以致达到这样的程度：顾影自怜，认为自己身上一切都是过人之处。

我们青春时代的活力和欢笑，部分是出于这样的事实：我们刚登上人生的峰巅，并不知道那边山脚下横亘的死神。然而当我们跨过山巅后，我们就看到了我们原只是道听途说的死神的真实面目。与此同时，我们跃跃欲试的神情顿时消退，这使得我们的精神突然消沉。此时，悲凉忧戚的严肃认真感遂压倒了青春时节丰富多彩的快悦，而且还慢慢显露在我们的面庞上。我们在青春时节，视生命为无尽的长河，因此大手大脚地消磨时光；可是，我们越变得苍老，却越经济地使用时间。因为在晚年，每一天时光的消逝，在人们身上产生的感受，同一个一步步迈向断头台的死囚的感受几乎一样。

从青年人的角度看，生活是一个无穷无尽的遥远未来；从老年人的角度看，生活却宛如一个非常短暂的往昔。一个人必须要等到老年和活到相当长的年岁，才可能看出生活是多么的短暂。在我们的青春时节,时间迈着非常缓慢的步履;因此,我们生命的第一个四分之一阶段,不仅是最幸福的,而且也是最漫长的,所以它留下了那样多的难忘记忆。假如我们要人追忆往事,那么,任何人在此期间可叙说的东西,比下两个阶段都要多得多。这一段生活,就像时令之春季,日子本身在根本上就变得令人难熬的漫长。

当生活临近结束时,我们并不知道这到底会发生什么。不过,为什么在老年我们会发现所经历之生活是如此的短促呢?因为,此时,我们对这段生活的记忆非常之少,因而显得时光之短罢了。于是,我们忘掉了许多无关紧要的事,尤其是我们所经历的不幸,剩下来的东西当然就为数不多了。此时,我们活得越长,则会更少考虑那些曾在我们看来是举足轻重、富有价值的事件。时光往往不留痕迹地消逝掉。就像航船离岸越远,岸上之物便越发变小,越难区分和辨认一样,我们的过去时光及其事件、活动,随着我们年岁增长也复如是。

在青春年少时,我们具有完整的意识;而在年老时,我们实际上只具有一半意识。我们越变老,我们就越是减少意识的程度而活着。事物在我们眼前穿过,却不会产生任何印象,就像一件艺术作品被看过千百次后没有产生任何效果。我们做我们不得不做之事,过后,又不知道我们所做的究竟是些什么。此时,由于生活本身越来越变得无意识,当社会冲向意识完全消逝的那个终点时,这个过程会越发加快。由于长时间养成的接受同一对象的习惯,智慧就会变得如此筋疲力尽,任何事件的过往所产生的效果会越来越小。由此看来,此时的日子越来越没有意思,而且会越发短促。孩子们的一小时比老人的一整日都长。因此,老人的时光,像一个下滑的圆球一样,是做加速运动的。

我们越年轻,就越容易感到无聊。儿童总是需要不停地玩耍,无论是游戏和干活都行。如果不让他们这样，他们就会陷入可怕的无聊。青年人也复如是。随年龄增长，无聊日趋减少。在老年人那儿，时光短促、光阴似箭；在这种时光的飞逝中，大多数情形下，无聊都会消逝。我们一生"最好时光"即是在老态龙钟之日到来之时，因为，老人那里虽然情感的折磨平息了，但人生之重负却远较青年为甚。

在青年时代，直观式的感受占压倒优势；而在老年，反省之思索占优势。因此，青春是诗歌丰收的季节，而老年则更适宜哲学上的收获。同样，在实际领域，我们青年人是由直观感受到的和体察到的东西所决定；而在老年，是由思维中的东西所决定。

人生的前40年适于著书立说，而后30年宜写些评论。

惊奇的是，只有到我们生命的尾声，我们才真正听到和领悟我们自身、我们的真正目的和目标，尤其是我们同世界和他人的关系。

在老年，我们更会避免不幸；而在青年，我们却只有忍受它。青年是一个不安的年岁，而老年则是一个休整的时节。

人越老，对人世之事则看得越轻。

倘我们为老年，我们无疑面临着死神；倘我们是年轻人，我们占有着生活。问题在于：两者之中，何者更可怕？而且，生活从整体上看，并不是那种过去比未来美好的东西。《旧约·传道书》中说："死亡之日比出生之日更美好。"想长命百岁，无论如何都是一种浅薄的念头。有一句西班牙谚语说得好：任何人活得越长，经历的邪恶便越多。

（李小兵　译）

禁　欲

禁 欲 的 礼 赞

当个体化原理的马雅①面纱高举在一个人的眼前时,此人即无"人我"之别,对于别人的痛苦亦如自己的痛苦一样寄予关心,他不但会尽自己的最大力量协助别人,并且,为解救大多数人甚至可以牺牲一己。循此以进,若一个人认识最内在的真正自我,他必然愿意以一身承担生存以及全世界的痛苦。对他而言,一切灾难痛苦并不是旁人的事,他不会眼睁睁看着他人苦恼而无动于衷,只要他间接得知——不,只要认为别人有苦恼的可能,对他的精神就会产生相同的作用。因为他已洞察个体化原理,所以对一切都有息息相关的感觉,不像被利己心所束缚的人,眼中只有自己的幸与不幸;他能认识全体并把握其本质;他更看穿一切都是不停地流转,人生是苦恼和纷争的连续,人类只是继续着毫无意义的努力。他所看到的只有:苦恼的人类、受痛苦摆布的动物和没落的世界。这一切,是那么切近地逼在他眼前,这种人如何会肯定不断被意志行为所操纵而生存?如何会常被这种生存所束缚、会受它太深的

---

①　马雅(Maya)迷妄。奥义书曰:"现世界非真我、非事物之本性,现世界完全是迷妄之幻梦。"

桎梏呢？

被利己心所俘虏的人，只认识个别的事物，只了解它们与自己的关系，而且它们还是出奇翻新的，经常成为欲望的动机。反之，若认识整体的事像及其本质的人，则可为镇静一切欲望开拓一条途径，将意志摆脱，进而达到以自由意志为基础的谛念、谛观和完全无意志的境地。当然，被马雅之面纱所隐蔽的人，本身或许亦曾遭遇深刻的苦恼，或者曾接触他人的痛苦，而感觉到生存的无意义和痛苦，此时他们也许希望永久而彻底断绝一切欲望，折断欲望的根源，封闭流入痛苦的门扉，使自己纯化净化。然而尽管他们这样努力，仍然很难避免受偶然和迷妄所诱惑，诸种动机复使意志重新活动。所以，他们永远无法解脱，即使他们是生存在痛苦之中，但偶然和迷妄时时利用机会展现各种期待，使你觉得现状并非理想的，享乐和幸福正向你招手，于是他们再度堕入它的圈套中，又戴上新的手铐脚镣。所以，耶稣说："富者之进天国难于锚索之穿针孔。"

到处都是凉爽的场地，但我们却是生存在必须不停地跳跃疾走的由灼热的煤炭所圈成的圆周线上。被迷妄所惑的人，只要偶尔在眼前或立足之处发现到凉快的地方，便可得到慰藉，于是继续绕着圆周跑下去。但洞察个体化原理、认识物自体本质——亦即认识其整体的人，并不因此而满意，他一眼便看穿全场的形势，因而迅即离开圆周线上，摆脱意志，并否定反映于本身现象中的存在，其最明显的表现就是从修德转移至禁欲，亦即他已不能满足于"爱别人如爱自己""为他人摩顶放踵"的仁心，而是对于求生意志的现象以及充满苦恼的世界本质产生嫌恶。具体地说，他已停止对物质的需欲，时刻警惕着不使意志执着于某种事物，在心中确立对任何事均持漠不关心的态度。例如，一个健壮的人，必然通过肉体的生殖器表现性欲。但洞察个体化原理的人则已否定了意志，他谴责自己的肉体、揭穿它的把戏，因此，不论任何情况下都不追求性欲的满足。这是禁欲（或否定求生意志）的第一个步骤。禁欲借此而超越个人的生存，进而否认意志的肯定，他的意志现象遂不再出现，连最微弱的动物性亦皆消失。这正如完全没有光线的话，亦无明暗之境一般，随着认识的完全消灭，自然而然其他世界亦消逝于乌有，盖因既无主观，当无客观之理。

走笔至此，我想起吠陀经中的一节："正如饥饿的孩子们拥向母亲的怀抱一般，世上的一切存在皆为等待圣者的出现而做牺牲。"这里的牺牲，即一般所谓的断念。安格勒·西雷修斯[①]一首题名《把一切献给神》的小诗，也是在表示这种思想，诗云：

> 人啊！世上的一切都爱着你，
> 你的周围人山人海。
> 一切，迎向你奔去，
> 俾能接近神。

叶克哈特[②]在他的著作中亦有相同的阐述，他说："耶稣说：'当我飞升离开地面时，将吸引万人前来归我。'（约翰福音第十二章三十二节），耶稣与我俱可确证它的真实性。故说，善良的人可把一切东西的本来面目带到神的身边。一个物质对于另一者必有它的用途，例如，草之于牛、水之于鱼、天空之于鸟、森林之于动物，皆各有其用，由此事实显示，所有被造物都是为人类而造的，进而可说，被造物是为善良的人而创造，他将把其他被造物带到神的身

---

① 安格勒·西雷修斯（Angelus Silesius 1621—1677），德国宗教诗人。
② 叶克哈特（Meister Eckehart 1260—1327），德国神秘主义最主要的代表者。

边。"叶克哈特言下之意好像在说,即使动物亦可得救。同时,这一段话,亦可为圣经较难解的地方(罗马书第八章二十——二十四节)做注解。

[译者按] 罗马书第八章二十一——二十四节,其内容如下:"因为被造物亦希望从破灭的束缚解放出来,而享受神的子民的自由荣耀。我们知道被造物一直是辛劳痛苦的,但怀着圣灵最初之果实的我们,心灵在呻吟之余,仍盼望授予子民的身份——即身体的得赎。我们因这个希望而得救。但那不是肉眼可见的盼望,眼睛所能见,何必再盼望呢!"

佛教的表现亦复如此,例如,尚未成为菩萨前的释迦,在动身离开父王的城堡,向荒野出发前,他跨上马鞍,对着马说:"你本生于斯,长于斯,将来亦可能死于斯。但我现在必须停止你载物拖车的工作,请你驮我离开此地。当我获得正法时(成为佛陀时),绝不忘记你的大功。"

禁欲的进阶

一个人虽能达到禁欲的境地,但他毕竟具备精力充沛的肉体,既有具体化的意志现象,就难免经常感到有被牵引进某种欲望的蠢动。因此,为避免使欲望的满足或生存的快适再度煽动意志,挑起自我意识的嫌恶和抗拒,他便须不断虐待意志,使禁欲不属偶然发生的事,其本身即为一种目的。此时,他对自己想做的事,绝不去沾手;反之,对于非己所愿之事——即使除虐待意志外实际毫无目的的事,亦强迫自己去完成,如此,从意识压抑自己的欲望,进而,为了否定本身现象的意志,纵使别人否定他的意志——即加之于他的不正当举动,亦不加抵抗。不管是出于偶然或出于恶意,凡是从外界所降临他身上的痛苦，一律表示欢迎；既已不肯定意志，不管是侮辱、羞辱或危害，均欢迎它们加盟意志现象的敌对阵容，认为是绝佳的磨砺机会而欣然承受。他由这些痛苦和耻辱，而培养成忍人所不能忍的耐心和柔和的态度，从此情欲的火焰不再在体内燃烧，怒火也无法点燃，完全以不修饰外表的善来消灭恶。进一步又以同样的手法虐待意志客观化的肉体，因为肉体是意志表现的一面镜子，通常身体健壮必会促使意志产生新活动，使它更形强化，所以，他们不供给身体太多的营养，只借不绝的痛苦和缺乏逐渐挫其锐气，甚至以绝食和苦行的方法，使意志趋于死灭。他们很了解意志是使自己和世界痛苦的根源，因而对它憎恶，最后终于消除意志现象，不久死亡亦随之来临。因为他们原已否定了自身，要除去支撑住身体的最后一点残留物，并非难事，所以禁欲者完全欢迎并欣然接受死亡的降临。但与一般人有所差异的是，不仅他们的现象与死亡同时告终，其本质亦告消除。这种本质通过现象好不容易才得保持的虚幻存在，最后终于脱离那脆弱的连击，与死者同时消失于世上。

圣 者 们

一般的世界史，对于最能阐明我们的观点——否定意志的代表性人物的生涯，均持沉默的态度，因为世界史的题材，性质完全与此不同——不，应该说完全对立。综观其内容，不外在说明无数个体的求生意志现象，并加以肯定之。这些留名青史的人物，不管是以心机权术而取得优势，或利用群众施展其暴力，抑为命运人格化的"偶然"发挥所致，但在我们眼前展现的却是，任何的努力终归枉然，结局仍是一场空。所以，作为一个哲学家，不必徒然追求在时间中流逝的诸现象，而应努力于探究诸种行为的道德意义，从这里才能获得衡量重大事项的唯一尺度。我们也不必顾忌平凡庸俗的大多数人的意见,而勇敢地昭告世人:世上最伟大、最重要而且意义最深的现象,并非"世界的征服者",而是"世界的克服者"。唯有世界的克服者,才能放弃那充满整个世界、无时无刻蠢蠢欲动的求生意志,学会否定的认识,平静地度其一生;唯有世界的克服者,始能表现其意志的自由,因而他们的言语行动才显得与世俗格格不入。基于上述几点,所以一般记载圣者们的生活记录,虽然写得很拙劣,其中还掺杂着迷信或荒诞不经的故事,但对一个哲学家而言,这些素材实有其深刻的意味,它远比普鲁塔克①、里维斯②等史家,更能告诉我们更多、更重要的事情。

基督教的道德观

在欧洲,与人们最切近的当推基督教,如所周知,它的道德观即是从最高度的人类爱,引导向禁欲。禁欲,在使徒们所写的文字里开始萌芽,到后来更有完全的发展和明确的显现。使徒们告诉人们,要爱邻人如爱自己,要以爱和善行回报憎,要忍耐、温和,对一切侮辱均无抵抗地忍受;为压制情欲,要人们只摄取一点营养,如此才能完全抵抗情欲。这几点就是意志的否定和禁欲的最初阶段。在福音书中,自我的否定即可称为接受了十字架(参阅《马太福音》第十六、二十四、二十五章,《马可福音》第八、三十四、三十五章及《路迦福音》第九、十四、二十三、二十四、二十六、二十七章)。循此方向逐渐发展,而产生"赎罪者""隐者""僧团"等诸名称。以他们本身言之,那确是神圣、纯粹的,但对大多数人而言,却极不适

---

① 普鲁塔克(Plutarch 50—120),希腊作家,著有《希腊、罗马伟人传》等书。
② 里维斯(Livius 前59—后17),罗马史家。

当,所以也就难免朝伪善和令人憎厌的一面发展:因为最佳的立意如被滥用,那就要成为最恶的事情了。当基督教达于最盛期时,上述禁欲的萌芽,在诸圣者和神秘家们的著作中,开满灿烂的花朵,他们主张以最纯粹的爱心及基于自由意志的完全禁欲,来消灭自己的意志,而获致真正的平静,进而忘却自我、沉潜于神的直观中。基督教的这种精神,尤以在叶克哈特的著作《德国的神学》中表现得最为完整和强烈,路德曾为这本书写一篇前言,他说,有关神、基督和人的事情,除《圣经》和圣・奥古斯都①之外,这本书使他获益最多。这里所写的规则和教条,完全是以内在最深处的信念为基础,而阐释求生意志的否定表现。此外,托勒②所撰《学习基督的清贫生活》及《心灵深处》两书,一般评价虽较前者略差一筹,亦是颇值玩味的卓越著作。——依我看来,这些基督教神秘家与新约圣经的教条,其间的关系就如同酒精与葡萄酒一般,或者说,新约是隔物视物,而神秘派的著作则是毫无遮蔽,可以看得一清二楚。更可说一者是直接灵感,另一者是间接灵感,一为大神秘另一为小神秘的差别而已。

印度人的道德观

虽然我们对印度文献的涉猎很有限,所得的知识并不完整,但就现在我们所能了解的是,印度人的道德观在《吠陀经》《圣诗》(Purana)、神话、格言、生活规范及诸诗人的作品和圣者传记中,均有极鲜明的表现,并且显出它的多样性。他们的道德观告诉人们要遵守的信条是:完全否定对自己的爱,而去爱你的邻人;不

---

① 圣・奥古斯都(St.Augustinus 354—430),初期基督教最大的教父,神学著述颇丰。
② 托勒(Johann Tauler 1300—1361),德国神秘主义派宗教家。

独是对人,还要爱所有的生物;要尽自己的所有去帮助别人;要以无限的忍耐心对待加害于你的人;不论处在任何残酷的境遇下,都要以善和爱还报于恶;要以自由意志为基础,欣然接受和忍受一切耻辱;以及禁杀生、戒荤食等。此外,若想迈向真正圣者的境域,还须坚守童贞、抛弃一切肉欲;为便于沉思默想,须抛弃财产、与家属隔离、居住于与世隔绝的环境中;然后根据自由意志,逐渐加予自己痛苦、虐待意志。最后而有绝食、献身鳄鱼、活埋自己、从喜马拉雅山神岩纵身跳下、被载神像的车子碾压等等,基于自由意志的死亡。这些宗教习俗的起源,至少可追溯到四千多年前。时至今日,虽然在某些种族已有相当的变质,但仍可看到他们实施某种极端的形式时,依然保有其旧貌。(1840年12月3日《泰晤士报》载,东印度某地区在Jaggernaut神像出巡时,有十一个印度人投身于车轮下,当场被碾毙。)

虽然付出这等惨酷的牺牲,但这种风俗却能在几百万人的民族间行之数千年,可见并非一时兴起糊里糊涂做出来的,其根源必在于人类的本性。兼之,当我们阅读基督教与印度教的圣者或赎罪者的传记时,便能发觉两者竟有惊人的一致;尽管他们的教义、风俗或环境都有根本的差异,然而两者的努力方向和内在生活却完全相同,两者所接受的规则亦相类似。他们所以宁愿放弃世俗的满足,而从追求完全的清贫中获得一种慰藉,显然他们很了解,通常意志必须不断注入新的营养,并且勘破那些东西至终必将破灭。此外,佛教规则亦劝修行者不应有住家财产之累,甚至为避免使修行者对树产生感情或喜爱,还要他们不可长时间栖息于同一棵树下。吠檀多(Vedanya)教派更主张:对达于完成之境域者而言,外在活动与宗教行为是属于多余的。这也和基督教神秘派的见解不谋而合。总之,虽然时代不同、民族互异,却有那么多的共同点，这种见解和行为，绝不是如一般乐观主义者所认为的系基于思想的扭曲所产生，而是那甚少形诸表面的人类最优异的本质性格所表现的。

心灵的喜悦境界

欲望愈强烈、愈贪求我欲之满足的人，他所感到的痛苦也就更多更深，因为欲望经常附在他身上不断地啃噬他，使他的心灵充满苦恼，如此积久成习后，一旦欲望的对象全部消失，他几乎便以看别人的痛苦为乐了。反之，一个彻底否定求生意志的人，从外表看起来，他的确是贫穷、一无所有、既无欢乐亦无生趣的人，但心灵则是一片清澄，充满宁静和喜悦。他们不会被不安的生存冲动或欢天喜地的事情所驱策，因为这些都是强烈痛苦的先导；他们不贪图生之快乐，因为，喜悦过后往往接续苦恼的状态。他们所达到的这种心灵真正的明朗及平静，绝不会被任何人所干扰妨碍。对于这种境界，我们内心中的善良精神，将立刻可以发现那是比一切成就更卓越的东西，而毅然叫出："勇敢地迈向贤者吧！"当我们亲眼看到、或脑中浮现这种境界时，必不由得兴起无限的憧憬，并进一步使我们深切感到，浮世欲望的满足，正如抛给乞丐的施舍，维持他活过今天，却也延长了他的苦难到明日。反之，禁欲则是世袭的领地，领主永远不必为这些事情忧虑。

圣人的心灵挣扎

肉体既是意志的客体化形式、或具象化的意志，所以只要肉体生存着，即有求生意志的存在，它时时燃起熊熊的烈火，努力地在现实中显露它的姿态。因之，圣者们那种平静愉悦的生活，乃是不断克服意志而产生的成果。所以我们不难想象出来，在结成这种果实的土壤里,必须不断地与求生意志战斗,因为世上任谁也不可能获得永恒的平静。因之,一本描写圣者内在生活的历史,也就是他们心灵挣扎和获得恩宠的过程史。这里所谓的恩宠,即指使一切冲动失其效力、而赋予深刻安宁,以打开通向自由之门的认识方法。我们可以看出,一旦达到否定意志的人,他必须倾其全力保持这种成果,以各种方式削弱经常蠢蠢欲动的意志力,或寄托于禁欲,或为赎罪而度严苛的生活、甚而刻意追求不愉快的事情。他们既知解脱的价值,所以时时刻刻警戒惕厉,以保持这一份得来不易的宁静,即使稍尝没有罪恶的快乐,或者虚荣心略微蠢动,亦感良心的严厉呵责。因此,最后连这人类欲望中活动最激烈、最难以消灭,也是最愚蠢的欲求——虚荣心,亦告消失。我们可以说,狭义的禁欲,就是为虐待意志而不断地寻求不愉快的事情,为折磨自己而拒绝快乐,甘愿过着赎罪的生活;也就是故意地破坏意志。

痛苦的解脱

除为保持否定意志的成果,而实行禁欲之外,另有一条途径亦可达到意志的否定,那就是默认命运所决定的痛苦。并且一般都是非属前者那种认识的痛苦,而是因自己切身的体验,有时是因接近死亡,而进入完全断念的境地。大多数人都循着这种途径达到意志的否定,因为毕竟只有少数人才能洞察个体化原理,这些人仅须通过认识,即可学会毫无瑕疵的善,对任何人均怀着爱心,把世界的痛苦当作自己的痛苦,从而达致意志的否定。然而,有的虽已接近这种境界,却大都处于生活舒适的状态,此时,如若受到别人赞扬,一时兴起,又会怀着某种希望,企图求得意志的满足。一言以蔽之,快乐经常成为意志否定的障碍,再度诱惑他走向意志的肯定。故说,一切诱惑都是恶魔的化身。所以,一般人在自己未尝无比的痛苦之前，在意志未否定自己之前，必须先毁坏意志，由渐而进地经过各种痛苦的阶段。在一番激烈抗争之余，当濒临绝望之际，倏然返回自我的人，即可认清自己和世界，进而改变自己的所有本质，超越自身和一切的痛苦，进入无比崇高、平静、幸福的境域。他可以欣然抛弃过去以最大激动去追求的东西，也可以安详地接受死亡。这种境界，是从痛苦的火焰突然爆出意志否定的银花，此即谓之解脱。即使一个禀性恶劣的人，有时亦可从某种惨酷的教训，而臻于这种净化的境地。他们就像突然间改头换面一般，完全变成另外一个人，因而，他对于从前自己所犯的种种恶行，也不会使良心陷于不安，却乐意以死来赎回过去的罪孽，因为此时他们已把意志现象视为面目可憎的东西，而以欣慰的眼光看它的末日——就我所知，最能表现因巨大不幸而得到解救、从绝望中而带来意志的否定之诗歌，当推歌德的心血结晶《浮士德》中有关格烈特汉的苦难遭遇。这个故事在说明，一个人不仅可从自由意志的探求而认识世界的痛苦，亦可因自己切身的过度痛苦经验，而获得解脱。的确，这位被我欲所驱策的主角，最后终于达致完全勘破的境界。

（陈晓南　译）

死　亡

　　死亡是给予哲学灵感的守护神和它的美神，苏格拉底所以说哲学的定义是"死亡的准备"，即是为此。诚然，如果没有死亡的问题，恐怕哲学也就不成其为哲学了。

　　动物的生存不知有死亡，每个动物，只意识着自己的无限，直接享受种族的完全不灭。至于人类，因为具备理性，由是必然产生对死亡的恐惧。但一般而言，自然界中不论任何灾祸都有它的治疗法，至少有它的补偿。由于对死亡的认识所带来的反省致使人类获得形而上的见解，并由此得到一种慰藉，反观动物则无此必要，亦无此能力。所有的宗教和哲学体系，主要即为针对这种目的而发，以帮助人们培养反省的理性，作为对死亡观念的解毒剂。各种宗教和哲学达到这种目的的程度，虽然千差万别互有不同，然而，它们的确远较其他方面更能给予人平静面对死亡的力量。婆罗门教或佛教认为：一切生灭，与认识的本体无关。此即所谓"梵"。他们并教导人们以"梵"观察自己。就此点而言，实比一般解释"人是从无而生""在出生之后始而为有"的西方思想高明得多。因而，在印度可发现安详就死和轻视死亡的人，这在欧洲人的眼中简直是难以理解的事。因为欧洲人太早就把一些根据薄弱的概念强迫灌输进人们脑中，致使人们永远无法接受更正确合适的概念,这实在是很危险的事。其结果,就像现在(1844年)英吉利某些社会主义的堕落者和德意志新黑格尔派学生对一切的否定,陷入绝对形而下的见解,高喊:"吃罢！喝罢！死后什么也享受不到了！"也许他们就是因为这点才被称为兽欲主义吧！

然而,由于死亡的种种教训,却使一般人——至少欧洲人,徘徊于死亡是"绝对性破灭"和"完全不灭"的两种对立见解间。这两者都有错误,但我们也很难找出合乎中庸之道的见解,因此,莫若让它们自行消灭,另寻更高明的见地吧！

我们先从实际的经验谈起。首先,我们不能否定下列的事实:自然的意识,不仅使人对个人的死亡产生莫大的恐惧,而且,对家族之死亦哀恸逾恒。而后者显然并非由于本身的损失,而是出于同情心,为死者的遭遇大不幸而悲哀。在这种场合下,如果不流几滴眼泪表示一些悲叹之情,就要被指责为铁石心肠不近人情。基于此,若复仇之心达到极点,所能加诸敌人的最大灾祸,就是把敌人置于死地。人类的见解虽因时代场所的不同,经常有所变迁,唯独"自然的声音",却不拘任何角落,始终不变。从上述看来,自然之声显然在表示"死亡是最大的灾祸",即亦死亡意味着毁灭,以及生存的无价值。死亡的恐惧实际是超然独立于一切认识之上的；动物虽不了解死亡是怎么回事,但对它仍有着本能的恐惧。所有的生物都带着这种恐惧离开世界。这是动物的天性,正如它们为自我的保存,时时怀着顾虑一般,对本身的破灭亦常生恐惧。因此当动物遭遇切身的危险时,不但对其本身,连其子女亦加以小心翼翼地守护,不仅为了逃避痛苦,亦为对死亡的恐惧。动物为何要逃窜、颤抖、隐匿？无非动物的生存意志使它们力图延迟死亡而已。人类的天性亦同,死亡是威胁人类的最大灾祸；我们最大的恐惧来自对死的忧虑；最能吸引我们关心的是他人生命的危险；而我们所看到的最可怕的场面则是执行死刑。但我要特别强调，人类所表现的对生命的无限执着，并非由认识力和理智所产生；它们反将认为眷恋生存是最愚蠢不过的事，因为生命的客观价值是非常不确定的——最少它会使人怀疑存在究竟是否比非存在好。经验和理智必定会告诉我们，后者实胜于前者。若打开坟墓，试问问那些死者还想否重返人世，相信他们必定会摇头拒绝。从柏拉图对话录的《自辩》（Apology）篇中，可以看出苏格拉底亦有类此见解，即连笑口常开的伏尔泰也不得不说道："生固可喜，但'无'亦佳。"又说："我不知道永恒的生命在何处，但现在的生命却是最恶劣的玩笑。"并且，人生在世，只是短短几十年，比之他不生存的无限时间，几乎可说等于零。因此，若稍加反省，为这短暂的时间而太过忧愁，为自己或他人的生命濒临危险而大感恐惧，或创作一些把主题放在死亡的恐怖、使人感到惶恐悚惧的悲剧，实在是莫大的愚蠢。

　　人类对于生命的强烈执着是盲目而不合理的。这种强烈的执着充其量只在说明，求生意志就是我们的全部本质。因之，对意志而言，不管生命如何痛苦、如何短暂、如何不确实，总把它当作至高无上的瑰宝；同时，也说明了意志本身原本就是盲目、没有认识力的——反之，认识力却可暴露生命的无价值，而反抗对生命的执着，进而克服对死亡的恐惧。所以通常当认识力获胜、得以泰然自若地迎接死神时，那些人就可以被我们推崇为伟大高尚的人，反之，若认识力在与盲目求生意志的对抗中败下阵来，而一心一意眷恋着生命，对于死亡的逼近极力抵抗，最后终以绝望的心情迎接死亡，则我们对这样的人必表轻蔑。（但后者这类人，也只不过是表现着自我和自然根源中的本质而已。）在这里，我们不禁要提出疑问：为什么对于生命有无限执着的人，以及尽一切方法延长寿命的人，反而被大家卑视轻贱呢？还有，如果生命真是大慈大悲的诸神所赠予的礼物,我们应衷心感谢的话,为什么所有宗教皆认为眷恋生命与宗教有所抵触?为什么轻视生命反而被认为伟大高尚?总之,从以上这些考察,我们可以获得以下四点结论:(一)求生意志是人类最内在的本质。(二)意志本身没有认识力,它是盲目的。(三)认识是无关本来意志的附带原理。(四)在认识与意志的战斗中,我们一般偏于前者,赞扬认识的胜利。

既然"死亡""非存在"如此令人恐惧,那么,按理对于"尚未存在"的事情,人们也该会有恐惧之心。因为,死后的非存在和生前的非存在,应该不会有所差别,我们在未出生前,不知已经经过多少世代,但我们绝不会对它悲伤,那么,死后的非存在,又有什么值得悲伤的?我们的生存,不过是漫长无涯的生存中之一刹那的间奏而已,死后和生前并无不同,因此实在大可不必为此感觉痛苦难耐。若说对于生存的渴望,是因"现在的生存非常愉快"而产生,但正如前面所述,事实并不尽然。一般说来,经验越多,反而对非存在的失乐园怀有更多憧憬。还有,在所谓灵魂不灭的希望中,我们不也是常常企盼着所谓"更好的世界"吗?凡此种种,皆足可证明"现世"并没有多美好。话虽如此,世人却很热烈于谈论有关我们死后的状态问题,一般书籍论述、家常闲话触及这方面的,可说比谈生前状态问题还要多出几千倍。这两者虽然都是我们的切身问题,谈论原无可厚非,但若过分偏于一端,则难免钻入牛角尖。不幸,几乎所有的世人都犯这毛病。其实,这两者是可以互相推证的,解答其一,亦可查究其另一。现在,我们权且站在纯粹经验的立场,假定我过去全然不曾存在,如此,我们亦可进而推论。在我不存在时的无限时间,必是处于非常习惯而愉快的状态;那么对于我们死后不存在的无限时间,亦可引以为慰。因为死后的无限时间和未出生前的无限时间,并没有两样,毫无值得恐惧之处。同时,证明死后继续存在(例如"轮回")的一切,同样也可适用于生前,可以证明生前的存在。印度人或佛教徒,对于这点,即有着脉络一贯的解释。但,正如上面所述,人既已不存在,一切与我们生存无关的时间,无论是过去或未来,对我们而言,都不重要,为它悲伤,实在毫无来由。

反之,若把这些时间性的观察,完全置之度外,认为非存在是灾祸,其本身也是不合理的。因为一切所谓的善善恶恶,都是对生存的预想,连意识亦如此。但意识在生命结束之同时,便告停止,在睡眠或晕倒的状态下也同样停息。因之之故,我们很可知道若没有意识,也就根本不会有灾祸了。总之,灾祸的发生是一瞬间的事情。伊壁鸠鲁从这种见地作出他研究死亡问题的结论,他说:"死是与我们无关的事情。"并加注释说:因为我们存在时死亡不会降临,等到死神光临时,我们就又不存在了。即使丧失些什么,也不算是灾祸。因此,不存在和业已不存在的两者即应视为相同,无须惦挂在心。因而,以认识的立场来看,绝不致产生恐惧死亡的理由。再者因意识中有着认识作用,所以对意识而言,死亡亦非灾祸;实际说来,一切生物对于死亡的恐惧和嫌恶,纯粹都是从盲目的意志产生,那是因为生物有求生意志,这种意志的全本质有着需求生命和生存的冲动。此时的意志,因受"时间"形式的限制,始终将本身与现象视为同一,它误以为"死亡"是自己的终结,因而尽其全力以抵抗之。至于意志实际上是否有非恐惧死亡不可的理由,我将在后文再详细分析。

生命,不论对任何人来说都没什么特别值得珍惜的,我们所以那样畏惧死亡,并不是由于生命的终结,毋宁是因为有机体的破灭。因为,实际上有机体就是以身体作为意志的表现,但我们只有在病痛和衰老的灾祸中,才能感觉到这种破灭。反之,对主观而言，死亡仅是脑髓停止活动、意识消失的一刹那间而已，继之而来的所有波及有机体诸器官停止活动的情形，究其实不过是死后附带的现象。因而，若从主观来看，死亡仅与意识有着关联。意识的消失究竟是怎么回事呢？这点我们可以由沉睡的状态，做某种程度的判断。有过晕倒经验的人，更可有深刻的了解。大体言之，晕倒的过程，并不是逐步而来，亦非以梦为媒介的。在意识还清醒时，首先是视力消失，接着迅即陷入完全无意识的状态，这时的感觉绝不会不愉快。的确，如果把睡眠比喻为死亡的兄弟，那么晕倒就是死亡的孪生兄弟。"横死"或"暴毙"想来也不会痛苦，因为受重伤时，通常最初都没感觉，过一阵后，发现伤口才开始有疼痛的感觉。以此推测，若是立即致命的重伤，当意识还没发现到它时，业已一命呜呼了。当然，若受伤久久以后才致死，那就和一般重病没有两样。其他，如因溺水、瓦斯中毒、自缢等，足以使意识瞬即消失的，都没有痛苦。最后，谈到自然死亡，因衰老而溘然长逝的死亡，通常那是在不知不觉间生命徐徐消逝的。因为人一到老年，对于情热和欲望的感受，逐渐减低，以至消失，可说已没有足以刺激其感情的东西；想象力渐次衰弱，一切心像模模糊糊，所有印象消逝得无影无踪，事事俱丧失其意义，总之一切皆已褪色，只觉岁月匆匆飞逝。老人的蹒跚脚步，或蹲在角隅休息的身子，不过是他昔日的影子、他的幽灵而已，这里面又还有什么值得死亡去破坏的东西呢？就这样，有一天，终于长睡不醒、像梦幻一般——那种梦，就是哈姆雷特在他的独白中所寻觅的梦境。想想，我们现在正是在做那种梦啊！

  还有一点必须附带说明的。生活机能的维持虽也有着某种形而上的根据，但那不是不须努力的。有机体每晚皆对它屈服，脑髓作用因而为之停顿下来，各种分泌、呼吸、脉搏及热能之产生等也因而减低。就此看来，若是生活机能完全停止的话，推动它的那股力量，大概一定会感到不可思议的安心。自然死亡者的面孔大都显出满足安详的表情，或许就是因此之故。总之，在临死的刹那，大致和噩梦觉醒时的那一瞬间相类似。

从以上的结论，可知不管死亡如何令人恐惧，其实它本身并不是灾祸，甚至我们往往还可在死神海因（Hain）身上找到你所渴望的东西。当生存或自己的努力遭遇到难以克服的障碍，或为不治之症和难以消解的忧愁所烦恼时，大自然就是现成的最后避难所，它早已为我们敞开，让我们回归自然的怀抱中。生存，就像是大自然颁予的"财产委任状"，造化在适当的时机引诱我们从自然的怀抱投向生存状态，但仍随时欢迎我们回去。当然，那也是经过肉体或道德方面的一番战斗之后，才有这种行动。大凡人就是这样轻率而欢天喜地地来到这烦恼多、乐趣少的生存中，然后，又拼命挣扎着想回到原来的场所。印度人为他们的死神雅玛塑成两种面孔，一种是令人毛骨悚然的恐怖脸庞，另一种则是神色愉快的脸孔。何以若此？这可以从我以上所做的观察中，获得某种程度的说明。

我们仍从经验的立场，以观察尸体作为说明，如所周知，尸体已停止知觉、感受性、血液循环、恢复作用等现象。虽然我一直无法查明，这些现象为什么会停止，如何停止等问题，但我们可以推断，从前推动人体活动的那一股力量，如今业已离去。那股力量究竟是什么？若说它是意识——即一般理性所谓的"灵魂"的话，显然是不当且错误的。因为以我向来的看法而言，意识与其说是有机体生命的原因，毋宁说还是它的所产物，是其结果的表现物。总之，意识会因年龄的不同，而有所差异；因健康情形、睡眠、觉醒、晕倒等等不同的状态，而呈或强或弱的现象。故说它不是有机体生命的原因,而是其结果的表现,通常它只限于有机体存在时才能发生作用,一旦有机体死亡,它的作用也随之停止。我又发现,意识的完全错乱(即疯狂),虽会伴随着诸种活动力的低下或衰弱,使生命陷于危险的境域,然而他(精神错乱的人)的感受性和肌肉力量却反而增强;只要没有其他原因加诸他身上,他的寿命不但不会缩短,反而会延长。其次,我又发现到个体性是一切有机体的特性,同时它也是意识的特性。我虽然完全不了解这种个体性,但至少知道自然界的个别现象都是由一种普遍性的力量在无数相同的现象中推动着。再者,我们也不能因为如今有机体的生命已停止了,就据以推测此前推动它活动的那股力量也归于乌有。那就像纺车虽已停止不动,但我们却不能因此推测纺织女郎亦已死亡一样。它也像钟摆再度回复它的重心,然后静止一样。乍看虽已停止活动,但不能认为重力已消失;重力依然在无数的现象中活动着。诚然,或许有人会反对我以上的比喻,认为在这种场合下,重力并没有能力停止这个钟摆的活动,只是我们肉眼看不到而已(钟摆仍永远在摆动之中)。有这种主张的人,不妨回头观察一下电闪气,当放电之后,电气实际上已停止其活动。我所以引用此例,不过是想表示即使最下等的自然力中,也有永远性和普遍性。我们切不可被那些短暂无常的现象所迷惑,更不必以为生命已停止,赋予生命的原理即已根绝,而认定死亡是人类完全的破灭。虽说现在已没有人有那么强劲的腕力能拉起三千年前奥德修斯①的那把弓,但一个有正确理解力的人,总不致认为那一把弓强劲的活动力已完全根绝。由此推论,当可知,以前使那业已消灭的生命活动的那一股力量,与如今欣欣向荣的生命中活动的力量是相同的,这种思

---

① 奥德修斯(Odysseus),荷马史诗《奥德赛》的主角。

想,才比较切近真理。不错,我们的确知道,被因果的连锁所束缚的东西,是会破灭的,因为那仅是状态和形式而已。但另有两种东西与这些因果变化无关,一为物质,另一为自然力,这两者都是一切变化的前提。至少,我们若要做深一层的探究,认识一下赋予我们生命的基本因素到底是何物,必须在最初把它假设为自然力,同时还要假设它和形式、状态的变化完全无关。这些形式或状态,由于原因和结果的束缚,而时有改变,唯其如此,它们亦须受存在的生成和消灭因素所支配。从这一点,也足可证明我们的真正本质是不灭的。当然只凭这些,还不能证明我们死后生命的存续与否,更不能期待从上述证明中得到些什么慰藉。虽则如此,但这点往往很重要,连认为死亡是绝对的破灭而产生恐惧的人,也无法对之轻视;生命最深奥的基本因素是不会被死亡所拘束的。

　　物质亦同于自然力,并未参与因果所引导的无间断的状态变化,它以绝对的固执性,保证人类的不灭性,因此,即使一般愚夫蠢妇,脑海中亦有本身不灭的信念。或许有人要说:"哪里!物质如尘灰,怎么可说固守着物质的自然状态,就可当作人类本质不灭的证据?"错了!你们知否这些尘灰是何物?知道它们是由什么制造而成?你们在轻蔑它之前,对这些应该要有所了解。如今,那些被当作尘灰或躺在那里的物质,如溶解于水中立刻变为发出金属光辉的结晶体,如施以动电气的压力,甚至可发生电光。不仅如此,物质可自行变成动物或植物,从那神秘的怀抱中发生生命——因为人类的肤浅而时刻担心着不知是否会消失的那种生命。但是,以这样的物质当作永恒,是否太无谓呢?并不,我敢下断言,唯有物质的这种固执性,纵使不过是比喻,甚至不过是影绘,却正可证明我们真正本质的不灭性。只有这些纯粹无形的物质——不是知觉所能感触到的,才正可作为思考永恒性事物的经验界基础。这些物质是物自体(即意志)的直接反映,同时,它们以时间不灭性的姿态再现意志真正的永恒性。

我们已曾述及,自然之声是毫不虚伪的。但诸位切不可将上述见解与"物质不灭"相提并论。一般从逻辑所产生的论点,虽不致有绝对的错误,但大抵是片面不完全的,例如,伊壁鸠鲁的彻底唯物论以及与之相反的柏格莱①的绝对观念论,皆为极端片面的见解。这些学说固有"真"的一面,但必须附带某些特定的条件,才能显现出它的真理。若从更高的立场去观察,则可发现它仅是相对的真理,甚至是错误百出的,所以,唯有站在最高的立场,才能获致绝对的真理。我上述的见解,应是极不成熟的,但从古老的唯物论中所主张的物质(或谓影像)不灭,已显现出人类真正本质的不灭性;再从更高一层的绝对物理学立场,亦可显现出自然力的普遍性和永恒性——生命力亦为一种自然力。因此,上述不成熟的见解,实际也含蕴着生物不会由于死亡而蒙受绝对性破灭的主张,而认为生物是在全自然之中或者与全自然共同存续。

现在我们且换个角度,试观察死亡与全体自然究竟有何关系。以下,我们仍以经验的根据来讨论这个问题。

无可否认的,生死的决定应是最令人紧张、关心、恐惧的一场豪赌,因为在我们眼中看来,它关乎一切的一切。但永远坦率正直、绝不虚伪的自然,以及圣婆伽梵歌②中的毗瑟孥,却向我们表示:个体的生死根本无足轻重,不管动物或人类,它只把他们的生命委之于极琐细的偶然、毫无介入之意。看吧,只要我们的脚步在无意识中稍不留意,就可决定昆虫的生死;蜗牛不论如何防御、逃

---

① 柏格莱(Berkeley 1788—1824),英国哲学家,一生皆任圣职。
② 圣婆伽梵歌(Bhagavad—Gita),系由长叙事诗《玛哈布拉达》第六卷的第二十五章至四十三章的700句诗所构成。

避、或施展隐匿、欺骗的手段,任何人都可轻而易举地将它捕获;再看看在张开的网中悠游浮沉的鱼,欲逃无门,无法做逃走的打算;还有,在老鹰头顶上飞翔的鸟,在草丛中被狼所看准的羊,它们都毫无戒心地漫步着,竟不知威胁自己生存的危险已迫在眼前。就这样,自然非但把这些构造巧妙得难以形容的有机体委之于强烈的贪欲,并且毫不容情地将它们委之于极盲目的偶然,或愚者的反复无常、或小孩子的恶作剧。自然极明显地表示——它以简洁的神谕口吻说出,并未多加注释——这些个体的破灭与它毫无关联,既无意义,亦不值怜惜。并且,在这种场合,原因或结果都不是重要的问题。但万物之母所以一任其子民处于无数恐惧危险的境遇中,丝毫不加保护,乃是因它知道他们虽毁灭,但仍可安全回到自然的怀抱中;它们的死不过是一种游戏而已。自然之对待人类亦与动物相同,它的话也可应用在人类身上,个人的生死对于自然根本不成其为问题,因为我们本身亦等于自然。仔细想想,我们的确应该同意自然的话,同样不必以生死为念。附带必须说明的一点是,自然所以对个体生命漠不关心,是因为这种现象的破灭丝毫不影响其真正的本质。

但是,更进一步言之,正如现在所观察的一般,生死问题不仅是被极细微的偶然所左右,并且一般有机体的存在亦是短暂无常的,不论动物或人类也许今天诞生明天就消灭,出生和死亡迅速地交替着。但另一方面,那些远为低级的无机物却有非常漫长的生命,尤其是绝对性无形式的物质(无生物),连我们的先天性都可看出它们无限长的存续。——造物何以厚彼而薄此?我相信它本来的意旨是这样的:这种秩序只是表面的现象,这种不断的生灭只是相对性的,绝不会波及事物的根底;不仅如此,一切事物真实的内在本质,虽是我们肉眼所看不到的神秘东西,但它向我们保证:

其本质绝不会因生灭而有所影响。至于谈到这些是如何发生的，我们既看不到，当然也无从理解，因而只有把它当作是一种戏法。因为，最不完全、最低级的无机物，都可不受任何事态的影响继续存在，然而具有最完全、最复杂，巧妙得无由解答的组织的生物，却经常除旧更新，短时间后必归于乌有，而把自己的场所让给从无而进入生存之中的新同类。显而易见，这是很不合理的现象，它绝不可能是事物的真实秩序，它所秘而不宣之处一定很多；说得确实一点，那是由于我们的智慧被限制之故。

总之，我们必须要能了解，生与死、个体的存在与非存在，两者虽是对立的，但那仅是相对性的，更非自然之心声。它所以使我们造成错觉，皆因自然实在无法表现事物的本质和世界的真正秩序。绕道大弯说了一大堆，相信诸位心里必定会涌起我刚才所述的那种直接而直观的信念了。当然，如果他是个平庸至极的人，他的精神力和动物的智慧无大差别，只限于能认识个体的话，则属例外。反之，只要有稍高的能力，可以看出个体之中的普遍相，亦即可以看出其理念的人，便该有某种程度的那种信心。而且，这种信心是直接的，因而也不会有差错。实际上，那些以为死亡是本身的破灭而过分恐惧的人，多半只是一些观念狭隘的人；至于极优秀卓越的人，便可完全免除这种恐惧心。柏拉图把他的哲学基础放在观念论的认识上（即在个体中看出他们的普遍相），这是很正确的。然而，我刚才所述的那种直接从自然的理解所产生的信念，在《吠陀(Veda)经》奥义书(Upanischad)①作者心胸中，却是根深蒂固得出乎常人所想象之外。因为从他们所说的无数言词中，能把那种信念强烈地迫近到我们胸中来，令人不得不以为他们的精神所以

---

① 《吠陀经》是婆罗门教的圣典。奥义书是其中的哲学论著。

能直接受到这种启发，是因为这些贤哲在时间上比较接近人类的根源，能够明显地理解深刻的事物本质。印度那种阴郁神秘的自然背景，对于他们的理解，的确是有所助益。但是，我们也可以从康德的伟大精神所形成的彻底反省中，达到和他们相同的结果。反省告诉我们，那迅速流转而为我们的智力所能理解的现象界，并非事物的真相，也不是事物的终极本质，而不过是它的现象而已。若再进一层说明的话，那不过是因为智慧原本就是由意志赋予动机，亦即，当意志追逐它的琐碎目的时，指定智慧要为它服务而已。

我们再客观地观察自然现象——假若我现在想杀死一只动物，不管是狗、鸟、青蛙或昆虫，这时，它们大概万万想不到，它们的生命原动力会在我的恶作剧或不慎的行为下归于乌有。反之，在所有的瞬间中，以无限多样的姿态，满溢着自然力和生命欲而诞生的数百万种动物，它们也绝对想不到在生殖行为之前，是完全无有的，它们是从无中创造出新生命。再说，一个动物从我的眼帘消失，它将往何处去？不知道。另一个动物出现，它又是从何而来？我也不知道。这两个具备着相同性质、相同性格和体型的动物，唯一不同的只是物质，它们把这些物质不断地丢弃，而产生新的生命，乃在使其自身的生命更新。就此看来，已消失的东西和代之而起的生命，其本质应该完全相同，只不过稍微有了变化，生存形式稍微更新而已，因此，我们不妨说死亡之于种族，不过犹如睡眠之于个人而已——这种假定是很合理的。

不论在哪里都无例外，自然的纯粹象征是圆形，因为圆形是循环的图式。这实是自然界中最普遍的形式，上自天体的运行，下至有机体的生生死死，万物之中的所行所为，只有由于这种图式，在时间和其内容不断的流动中，才可能产生一种现实存在，即眼前的自然。

我们不妨观察一下秋天时昆虫的小宇宙,有的为了漫长的冬眠,预先准备自己的床铺;有的变成蛹以度过冬天,到春天时,才觉醒自己业已返老还童、已是安全之身才作起茧来;更有许多昆虫像被死神的手腕抱住似地休息,只为了他日从它们的卵中产生新的种子,专心一意仔仔细细地整顿适合卵生存的场所。这些都是自然的伟大不朽的法则,它告诉我们,死亡和睡眠之间根本上并无任何区别,对于生命并无任何危害。昆虫预备巢穴或营筑自己的小房子,在哪里产卵,把翌年春天即将出世的幼虫的食物安排妥当,然后,静待死亡的来临。这正如人们在前一天晚上为翌晨所要用的衣物或食物而张罗、而忧虑、或是准备,然后,才能安心地就寝一般。同时,昆虫的秋死春生,也和人类的就寝和起床一样,如果这种秋死春生和它的自体或真正本质不同的话,那么它根本就不会发生。

我们做这样的观察之后,再回到我们本身和我们的种族,若瞻望遥远的未来,人们脑中难免升起:此后将有数百万的个人以异样的风俗习惯而表现,他们究竟从何而来?他们如今又是在哪里——难道有一种巨大无比的"虚无",隐匿着那些后代人?也许这真是唯一的答案——如果你无视本质问题的话。但你所恐惧的虚无深渊究竟在哪里?至此,你应该恍悟,万物都有它的本质。以树木为例,那是树木内部有着神秘的发芽力,这种力量通过胚芽,每一代都完全相同,尽管树叶生生灭灭,它仍继续存在。所以说:"人间世代,犹如树木的交替。"现在在我周围嗡嗡作响的苍蝇,夜晚进入睡眠,明天还嗡嗡飞旋,或者,晚上死去,但等到春天它的卵又会生出另一只苍蝇。苍蝇在早上可再现,到春天仍会再现,冬天和夜晚之对于苍蝇又有何区别?布达哈所著生理学一书中这样写道:"尼基曾连续作六天的观察,他发现在浸剂中的滴虫类,上午十时以前还看不到,十二时以后就发现它们在水中乱动乱窜了。而一到夜晚它们便死亡,但到第二天清晨它们又产生新的一代了。"

就这样,万物只有一瞬间的逗留,又匆匆走向死亡。植物和昆虫在夏天结束它们的生涯,动物和人类则在若干年后死亡。死亡始终不倦怠、不松懈地进行它的破坏。尽管如此,万物似又毫无所损,照常地生存着,仿佛不灭般存在于各自的场所。植物经常一片绿油油,百花竞妍;昆虫嗡嗡作响;动物和人类不拘任何时候永远朝气蓬勃;已经久不结实的樱桃,一到夏天又鲜红圆润地呈现在我们眼前。有的民族虽然不时改变它的名称,但仍以不灭的个体延续着,不仅如此,历史虽是经常叙说不同的故事,但通常它的行动和苦恼则是相同的。总之,历史有如万花筒,每当回转时,都让我们看到了新的形状,而实则不论何时,我们所看到的都是相同的东西。因此,这样的生灭并不影响事物的真正本质,同时,这种本质的存续与生灭毫无瓜葛,因而它是不灭的。生存和一切的欲望,在现实中无间断而无限地涌现着,因之,从蚊子以至大象,在一切动物中,即使我们随意抽取一段时间来观察,它们皆保持着一定的数量,虽然它们已经过几千次的更新,虽然它们不知道在自己之前生存或在后来生存的同类,但出现的永远是相同之物。种族长存,只有它是不灭的,而个体也意识到它和自己为同一之物而快乐地生存着。求生的意志表现在无限的现在中,因为"无限的现在",乃是种族生命的形式。因而种族是不会衰老、永远年轻的。死亡之于种族,犹如个体的睡眠,或者是眼睛的一瞬。印度诸神化身为人的姿态时,即知悉个中的奥秘。一到夜晚世界似乎已消灭,实则却一瞬也不停止它的存在。同理,人类和动物看起来似是由于死亡而告消灭,但其真正的本质仍不间断地延续着;出生与死亡,迅快地交替着,而意志永远的客观化——即本质不变的理念,却像出现在瀑布上的彩虹一般,是确立不动的。这是时间性的不朽。为此,死亡和消灭经过数千年后,一切皆已消失净尽,但自然所表现的内在本质,仍丝毫无损。所以,我们经常快活地叫着:"不管海枯石烂,我们永不分离。"

对于这个游戏,应该把那些曾衷心说道"此生已不虚度"的人除外。但对此我们不准备详加叙述,这里只特别提醒读者一件事情:出生的痛苦和死亡的难挨,这两者本是求生意志本身为走向客观化及通往生存的不变条件;只有在这两个条件之下,我们的本质本身才能不参与时间的经过或种族的死灭,而存在于永远的"现在"中,享受求生意志的肯定果实。

"现在"的基础,不论就其内容或材料而言,通过所有的时间,本来是相同的。我们所以不能直接认识这种同一性,正是因为时间限制了我们的智慧形式。使我们对未来到的事情产生错觉,须待到来时,才能察觉这种错觉,我们的智慧的本质形式,所以会有这种错觉,乃是因为它并不是为理解事物的本质而生,它只要能理解动机即可。

归纳以上的观察,诸位或许已能理解被目为异端邪说的伊里亚学派①所说"无所谓生灭,全体并未变动"的真正意义了。"巴门尼底斯和梅利索斯之所以否定生灭,是因为他们深信万物是不动的。"同时,普鲁塔克为我们保存的恩匹多克里斯②的优美语句,也很明显地说出了这些现象:"认为存在的东西是由生至灭、以至归

---

① 伊里亚学派,出生于意大利维拉地方,或在该地教授的古代诸哲学家。如:巴门尼底斯(Parmenides 前 540—前 470)、克塞诺法纳(Xenophon 前 430—前 354)、梅利索斯等为其中之代表者。他们主张存在的唯一不变,反对海拉克利图斯(Herakleitos)一派的哲学家。

② 恩匹多克里斯(Empedokles 前 495? —前 435?),希腊哲学家。

于零的人,是个欠缺深沉思虑的愚者。一个贤者,绝不会在我们短暂的生存期间——此称之为生命——为善善恶恶所烦恼。更不会以为我们在生前和死后皆属乌有。"

此外,狄德罗①在《宿命论者杰克》"Jacques le fataliste"一书中,有一节常为人所疏忽的文字,在这里大有一记的价值。"一座广大的城堡入口处写着:我不属于任何人,而属于全世界,你在进入这里之前、在这里之际、离开此地之后,都在我的怀抱中。"

诚然,人类由"生殖"凭空而来,基于此义,"死亡"也不妨说是归于乌有。但若能真正体会这种"虚无",也算颇饶兴味了。因为这种经验性的"无"绝不是绝对性的"无"。换言之,只须具备普通的洞察力,便足以理解:这种"无"不论在任何意义下,都不是真正的一无所有。或者,只从经验也可以看出,那是双亲的所有性质再现于子女身上,也就是"击败了死亡"。

尽管永远无止的时间洪流掠夺了它的全部内容,存在于现实的却始终是确固不动而永远相同的东西,就此而言,我们若能以纯客观的态度来观察生命的直接进行,将可很清楚地看出:在所谓时间的车轮中心,有个"永远的现在"。若是有人能与天地同寿得以一眼观察到人类的全盘经过,他将可看到,出生和死亡只是一种不间断的摆动,两者轮流交替,而不是陆续从"无"产生新个体,然后归之于"无"。种族永远是实在的东西,它正如我们眼中所看到的火花在轮中的迅速旋转、弹簧在三角形中的迅速摆动、棉花在纺锤中的摆动一般,出生和死亡只是它的摆动而已。

一般人对于我们的本质不灭这一真理的否认,并非根据经验,而是来自偏见,此最足以妨碍我们认识人类本质不灭之说。所以,

---

① 狄德罗(Diderot 1713—1784),法国启蒙期哲学家,《百科辞典》编辑者。

我们要断然舍弃偏见，遵循自然的指引，去追求真理。首先，我们先观察所有幼小的动物，认识那决不会衰老的种族生存。不论任何个体，都只有短暂的青春，但种族却永远显得年轻，永远新鲜，令你觉得世界宛如在今天才形成似的。试想想看，今年春天的蓓蕾，与天地始创那年春天的蓓蕾不是完全相同吗？同时，你能相信，这些事实是由：这期间世界发生过数百万次从"无"创造出的奇迹，以及相同次数的绝对性毁灭，那种同一因素所引导的吗？如果我郑重其事地断言说，现在在庭院里游戏的猫，和300年前在那里跳跃嬉游的猫，是相同的一只，的确会被认定是疯子；但若坚信今天的猫和300年前猫，根本上完全相异，那就更像疯子了。诸位不妨仔细认真地观察任何一种高等脊椎动物，当可看出，这些动物的理念（种族）的永恒性，是表现于个体的有限性之中。亦即，只有通过个体，种族这一个集合名词才有意义。就某种意义言之，在时空之中所表现的个别存在，当然是真实的，但"实在性"是隶属于理念，只有它才是事物不变的形式；基于此，个别的存在只是在彰显全体的"实在性"而已。柏拉图深悉于此，所以，理念成为他的根本思想、他的哲学中心。对这一点必须要有所理解，才有深入一般哲学的能力。

哗哗飞溅的瀑布，像闪电一般迅速地转变，但横架于飞瀑之间的彩虹，却始终确固不动。同样，一切的理念——亦即一切动物的种族，亦无视于个体不间断地转变。求生意志原本扎根于斯、表现于斯，所以，对意志而言，真正重要的只是理念（种族）的存续，生物的生生死死，正像飞溅的瀑布，而理念的形态，正如横架飞瀑之上牢固不动的彩虹。是以，柏拉图看出，只有理念（种族）才是真正的存在，个体只是不断地生灭。唯其能深深意识到本身的不灭，不管动物或人类，才能平心静气、心安理得地面对不知何时降临的个体毁灭,所以,两眼之中,呈现着不受死灭的影响及其侵犯的种族的安详。若说人类会具有这种安详的话,该不是由于不明确而易变的教条吧!正如以上所述,我们不论观察任何动物,都可了解死亡并不妨碍"生命核心"——意志的发现;这或许是因为一切动物都蕴藏某种难以测度的神秘吧!诸位且试观察你所饲养的狗,它们活得多么安详!多么有生气!这只狗的先世,必已经历数千只狗的死亡,但这几千只狗的死,并不影响狗的理念,它的理念,亦不因它们的死,而有丝毫的紊乱。所以,这只狗就像不知有末日来临似的,生气蓬勃地生存着,它的两眼,散发出不灭的真理——即原型的光辉。那么,数千年以来死亡的是什么呢?那不是狗,狗仍然丝毫无损地呈现在眼前,死去的仅是它的影子;出现在被时间所束缚的我们的认识中的,不过是它的影像而已。我们怎可相信,时时都生存着、填满一切时间的东西,竟会消灭呢?当然,这些事情亦可由经验方面来说明,也就是说死亡若是个体的毁灭的话,一个由生殖产生的个体便会代之而生。

康德以他主观的见解,认为时间的形成先于我们的理解,所以不属于物自体,此虽带消极性,却也是一项伟大的真理。如今,我再以客观的方法,努力寻求以显示它积极的一面。要之,物自体只有和时间结合,借之才能显示出来它无关乎生灭;再者,如果时间的生灭现象,没有永恒性的核心的话,恐怕也无从周而复始、生生灭灭了。永恒性是不以任何直观为基础的概念,它意味着超越时间的生存。但正如普罗提诺斯①所说,"时间是永恒性的复制品",时间只是永恒性的影像。同理,我们的生存也只是本质的影像。因为时间是我们认识的一种形式,所以这个本质一定存在于永恒

---

① 普罗提诺斯(Plotinos 204—270),希腊哲学家。

之中，但也由于这个形式，我们才认为我们的本质及一切事物的本质是无常的、有限的、会破灭的。

作为物自体的意志，最充分的客观化是其各阶段中的（柏拉图式的）理念。然而，本质的诸种理念，只有在特别优惠的条件下（即无上智慧的观照中），才偶尔呈现。反之，对于个体的认识而言，在时间之中，理念是采取种族的形式而表现。理念在时间之洪流中变成对全种族的观照。因之，种族是物自体（即求生意志）最直接的客观化，一切动物以及人类最内在的本质，乃是在于种族中。求生意志强烈活动的根源也在于种族中，而绝不是在个体内。相反的，直接的意识则只存在于个体中，故而，个体总以为自己与种族相异。为此，我们才会恐惧死亡。求生意志所表现关系于个体的是饥饿和死亡的忧虑；关系于子孙的则是，性欲以及对于子孙的舐犊之情。同时，造化并未具有个体所特有的妄想，它只密切注意种族的维持，对个体的破灭，则表冷淡。因为对造化而言，个体仅为手段，种族才是目的。为此，造化所加之于个体的恩赐，只是尽量求其节约；加之于种族的，则为大量浪费，其间差距极为显著。我们且举后者的例子，如树木、鱼、虾、白蚁等每一个体年年均可产生数百万以上的胚种，而对于它们自身的力量或器官，则往往不甚周全，只有经过不断努力，才勉强能维持它的生存，因此，某些动物一旦残废或衰老，通常只有饿死一途。有时，如果在缺少了一种器官的场合下，又将如何呢？如果可以节约的话，有的会成变态，有的甚至免掉该器官，例如，许多幼虫没有眼睛，就是为此。那些可怜的动物，在树叶中摸索着，因为没有触角，在触到物体之前，四分之三的身体总是在空中晃来晃去的，经常连身侧的食物也错过了。然而，这就是自然界的节约法则。我们很可以在"大自然从不制造任何无益或多余的东西"的语句下，另加一句："大自然从不浪费任何东西。"与此相同的自然倾向,亦表现在以下诸点:个体的年龄如越适合生殖,则他的自然治愈力越强,创伤和疾病较易康复,这种治愈力随着生殖力的衰弱而减退;生殖力消失后,则极微弱。因为,在自然的眼中看来,此时的个体已毫无用处了。

试一瞥从水螅以至人类的各阶段生物,以及伴随它们的意识等级,我们诚然可发现这可惊的金字塔,由于个体不断地死亡,的确是在动摇着,但由于生殖的维系,通过无限的时间,种族仍可持续不坠。所以,正如前面所说明,虽然客观的种族表现着不灭,但其主观仅是生物的自我意识而已。再者,它们的生存极短暂,且不断地遭遇破坏,但每当此际,它们就似乎以不可解的方法,再从无中生出有来,生出新的个体。

追根究底,一切客观性的东西(即外在的存续)不外是主观性(即内在)的不灭表现,同时,前者若不是借自于后者,必将一无所有。其中道理至为明显,因为客观性必须借助于主观性的表现,才能存在;主观性是本质,而客观性是现象。以上秩序绝不能颠倒错置,因为一切事物的根源,必是为了事物的本身,且必定存在于主观性的东西中,而不存在于客观性的东西中,亦即不是为他物、不存在于他者的意识中。因而,哲学的出发点,是本质性、必然性、主观性,亦即观念性的东西。反之,若从客观性的东西出发,则流于唯物论了!

我们常会涌起这样的感觉:一切实在的根源,在于我们的内部中。换言之,凡人都有着"本质不灭"的意识,这种不会因死亡而破坏的深刻信念,也可由人们在临死时无法避免的良心自责证明出;任何人的心灵深处无不具备它。这种信念完全是以我们的根源性和永恒性的意识为基础的。所以,斯宾诺莎说过这么一句话:"我们能感觉和经验着我们是永恒的。"总之,凡是有理性的人,只要不认为本身是起源,而能超越时间去思索,就会了解自己是不灭的。反之,认为自己是从无中产生出来的人,势必也要以为自己会再回到乌有中去。

有几句古代格言,实可作为生物不灭说最确实的根据。"万物并不是从无中所产生,同时,也不是复归于乌有。"所以,巴拉塞斯①曾说过一句很适切的话:"我们的灵魂是从某物所产生,因此不会回归于乌有——就因为它是从某物所产生的!"他已隐约指出真实的根据。但对于那些认为人类的出生是"绝对"起点的人而言,就无法不认为死亡是人类绝对的终结了。盖此两者,意味相同。因此只有认为自己非"出生"的人,才会认为自己不死。所谓出生,若按其本质及含义言之,实亦包括死亡,那是向两个方向伸出的同一条线。如果,前者是从真正的无所发生,那么后者也是真正的灭亡。但实际上,唯其我们的真正本质是永恒的,我们才可以承认它的不灭;因而所谓不灭,并不是时间性的。如果假定人类乃是从无中所产生,当然也只有假定死亡是它绝对的终结了。这一种观点,和《旧约》所持的理论完全相符。因为,万物是从无中所创出来的理论,与不灭说大相径庭。《新约》的基督教也有不灭说,但它的精神是属于印度化的,也许它的起源也来自印度,而以埃及为媒介注入基督教中。但是那种印度的智慧,虽接上迦南之地的犹太枝干,但与不灭说并不调和。这正如意志自由论之不调和于意志决定论一样。

不是根本的、独创性的东西,或者,不是由同一块木料所做成的家具,它总是显得有点别扭。——反之,婆罗门教或佛教的论点

---

① 巴拉塞斯(Theophrastus Paracelsus 1493—1541),瑞士文艺复兴期的医学家、科学家,并精擅占星术、炼金术等。

就能够与不灭说前后衔接，脉络一贯。他们认为，死后的存续也连带着生前的生存，生物是为偿还前世的罪孽而有生命。在哥鲁·布尔克的《印度哲学史》中的一节曾谓："毗耶婆①虽认为婆伽梵派的一部分稍涉异端，但他所强调反对的是，如果灵魂是'产生'出来的话——亦即有'开始'的话，那就非永远的了。"乌布哈姆在《佛教教义》中更有如下的叙述："堕于阿鼻地狱者，是受最重惩罚的人，因为他们不信任佛陀的证言，而皈依'一切生物始于母胎，而止于死亡'的异端教义。"

把自己的生存解释为偶然现象的人，当然不免对因死亡而丧失生存，感到无比的恐惧；反之，若能洞察大体的人，尚可了解其中心有某种根源的必然性，而不相信我们的生存只限于短暂的一刹那。试想，在我们"实存"的过去，既已经过无限的时间，发生无限的变化，在我们的背后，亦横亘着无限的时间，以此推测，我们不能不说，我们实是生存于所有的时间中——现在、过去和未来。因为，若"时间"的力量能引导我们的"实存"走向破灭，我们应早已破灭。我们更可说，"实存"是一种固有的本质，一旦形成这种状态，即永远屹立不坠，不受破坏。它正如阳光，虽在黑夜消失，或偶受云雨、暴风的遮挡；但黑夜过去，阳光复现，云破雨霁，阳光仍普照大地，它是永恒的，不可能归之于乌有。所以，基督教告诉人们"万物复归"，印度人认为由于梵天不断地反复而创造世界，希腊哲学家亦有类似的说法。这些教训都可显示出存在与非存在的巨大秘密，即它在客观方面构成无限的时间，主观方面形成一个"点"——不能分割、经常现存的现在。康德的不灭说中亦曾明白地说明：

---

① 毗耶婆，本为"编辑者"之意，后来成为印度的专有名词，各种经典皆托为毗耶婆所作。

时间是观念性的,物自体才是唯一的实在性。但有谁能了解此中的道理呢?

如果我们能够站在更高的立场——亦即"出生"并非我们生存的开始,当可升起这样的信念:必有某种东西非死亡所能破坏的。但那并不是个体,个体只在表现种族的一种差别相,它借着生殖而产生,具有父母的性质,故属于有限的东西。因之,个体不复记忆生前的生存,死后也无法带去今生的生存记忆。然各人的自我仍留存于意识之中,"自我"常存着与个体性结合的欲望,更希望能与自己的生存永远结合在一起,故当个体性不存在时,即感意气消沉。因为,意识具有这样的特性,所以,要求死后的无限存续的人,恐怕只有牺牲生前无限的过去,才可望获得了。盖以他对生前的生存既然毫无记忆,那么在他的意识中,意识是与出生同时开始的,故必以为他本为乌有,而由出生带来他的生存。这一来,就得以生前无限的时间去买取死后的无限生存了。所以,我们必须把意识的生存,当作另一回事,方能不介意死亡的问题。

我们的本质可区分为"认识"和"意欲"两部分,明乎此,即可了解"我"实际是很暧昧的词汇。有人认为:"死亡是'我'的完全终止。"有的见解则较达观:"正如'我'只是无限世界中的一小点,'我'的个人现象亦为'我'的真正本质的极微小部分。"仔细探究,"我"实际是意识中的死角,因它正如网膜上视神经所穿入的盲点一般,并无感光作用;亦如我们的眼睛,能够看到一切,唯独看不到自己。此正与产生认识力的脑髓作用完全相应,我们的认识能力完全外向,其目的仅在保存自我,亦即为搜寻食物、捕获猎物而活动。因此,各人所知悉的,只有表现于外在直观中的本身个体而已。反之,如果他了解透彻的话,反而会对这副臭皮囊付之以冷笑,甚至舍弃自己的个体性:"即使丧失这个个体性,与我又有何碍？因为我的本质中仍可产生无数个个体性。"

退一步说，个体性果真能无限地延长下去，人也势必会感到过分单调而厌腻；为避免于此，他反倒希望早些归于乌有。试看，大多数人——不，一切的人类，不论置身任何状态皆不能得到幸福，如果免除了穷困、痛苦、苦恼，随即陷入倦息无聊；如果为预防倦息，则势必痛苦、苦恼丛生。两者交互出现。因而，人类若仅处于"更好的世界"是不够的，除非本身发生根本的变化——即中止现在的生存。光只置身于另一个世界中，而在这个世界，人的本质毫无变化，结果还是相同的。

客观物必须依存主观物，其结局亦以此为基础。"生命之梦"以人体器官为组织，以智慧为形式，不断地编织下去，等到人的全体根本组织消灭时，梦，终于觉醒了。真正的做梦，醒来时，人还是存在着；而担心死亡后一切皆将终止的人，却犹如没有梦的人而还强要他做梦一样。

个人意识由于死亡而终止，然而，又是什么使他还能燃起对永恒生命的热爱呢？他所希求的究竟是什么呢？细察人类意识活动的大部分内容，不，几乎是全部内容，可以知道，那不外是由于他对世界的怜悯和对自我的执着（或者为了别人，或者为了自己）；他的目的无非为了求得活得"不虚此生"而已——所以，古人往往在死者的墓碑上刻着"无愧此生"或"愉快安息"的字样，其中实有无比深刻的含意。

那些为了自我的执着（为了一己的欢乐）的人且不谈；为了对世界的怜悯的人，则是与世间的"来世责罚"或"精神不朽"相关联的，他们希望在死后获得赐福或获得永远的尊敬。而这乃正是以"德行"为手段、以"利己主义"为目的的一种作法（它的本质还是自私的）。然而也正由于这种做法，人类的仁爱精神——例如对敌人的宽恕、冒险救难的行为以及不为人知的善行等——才得以永久维系不坠。

其实,所谓"开始""终止"或"永存",其意义纯系借自时间而得,是以时间为前提才能通用的概念。但时间并不能带来绝对的生存,亦非存在的方法,它只是用以认识我们及其他事物之生存的一种认识形式。因之,"停止""永存"等概念唯有在这种认识力的范畴——即呈现于现象界中的事物——才能适用,而非关乎事物的本质。

经验的认识固然明白显示着:"死亡"是时间性生存的终止。然而仍然必须知道一切经验的认识以及所有卷入生灭过程的物质,实际仅是现象而已,它们并非物自体。那么,对于死后究竟能否存续的问题,应该作何解答呢?我们只有这样说:"生前若不曾存在的话,死后也不会存在;反之,若某些东西非'出生'所能制造出来的话,死亡亦无法加以破坏。"

斯宾诺莎说得对:"我们可以感觉或经验到'永恒'。"试看我们对最遥远的儿时记忆是何等新鲜!任何人必曾有过这样的感觉:我们本身中必有某种绝对不灭、不能破灭、不会衰老、不会与时俱逝、永远执一不变的东西。但那到底是什么呢?恐怕任谁也无法明确指出。但显而易见,那并不是意识;意识隶属于有机体,它与有机体同时消灭;亦非肉体,肉体是意志的产物或影像,也是属于现象之一。如此逐步搜求,我们或可依稀找出答案,它应是那居于意识之上,为意识与肉体共同基础的意志。意识与死亡同时消失,但产生及维持意识的物质,并未消失;生命虽已逝去,但表现于其中的生命原理,并未消失。它就是永恒不灭的意志,人类一切形而上的、不灭的、永恒的东西,皆存在于意志之中。

在现象界中,由于认识形式的限制——即由于"个体化原理"

之时、空的分隔——人类的个体看来是必会趋于破灭的,然而实际上却不断地有其他新个体代之而起;种族的不灭,即为个体不灭的象征。因为对生存的本质(意志)而言,个体与种族之间并无任何区别,而是一体的两面。

在此,我必须特别强调:现象与本质二者是无从比较的,换言之,表象世界的法则完全不适用于物自体(意志)的法则,甚至可说两者根本对立。兹以死亡的反面——动物存在的发生(生殖行为)为例,略加说明,读者或可了然于怀。生殖行为是意志最直接和最大的满足,但它只是盲目行动之下的肉欲工作,在通过了意志的自我意识下,轻易地形成有机体。然而,表象世界的有机体,构造却极尽巧妙、极端复杂和无比精密。按理,造物者应该尽其可能地去照顾和监护这些个体,但事实正好相反,它却是漫不经心地任其委之于破坏之手。从以上的对照,我们不难了解现象与物自体间的差异所在,进而可以察知,我们真正的本质,并不因死亡而有所破坏。

我在本文开头即曾说明,我们对于生命的眷恋——不,应该是对死亡的恐惧——并非从认识产生,而是直接根源于意志,这是没有认识力的盲目求生意志。正如我们的肉欲完全是基于幻想的冲动,而被诱进生存的圈套中一样,对死亡的恐惧亦纯属幻想的恐惧。意志之所以恐惧死亡,是因为肉眼所见,意志本质仅表现于个体的现象,因此,那正如我们在镜中的影像一般,镜子破碎,影像即告消失,而使意志产生它与现象同时消灭的错觉——所以,尽管哲学家们从认识的立场找出许多适切的理由,反复说明:"死亡并无任何危害。"但仍无济于事,因为它是盲目的意志。

意志是永恒不灭的,所有的宗教和哲学,只赐予善良的意志(善心)酬报——在"永恒的世界中"。而对其他——如卓越的智慧等,却从未有过类似的承诺。

  附带说明,形成我们本质的意志,其性质很单纯,它只有意欲而无认识;反之,认识的主体——智慧,则是意志客观化所产生的附属现象。因为,意志知道自己的无力和盲目,根据自然的意旨,智慧的产生,是为了协助意志,以作为它的引导者和守护者。认识必须依附于有机体的肉体,有机体又以肉体为基础,所以,在某种意义下,有机体也许可以解释为"意志与智慧的结合"。智慧虽是意志的产物,但它与意志却站在对立及旁观者的地位;不过,它所认识的只是在某一段时间中之经验的、片断的、属于连续性刺激和行动中的意志而已。动物的意志亦可获得智慧,然而它的作用更小,仅在追求自己的目的时,作为照明之用——本质之为物,对智慧而言,始终是一个谜,因为它所看到的只是个体不断的产生和破灭,它永远不能了解本质的超越时间性。不过,我们也许可以这么说:对于死亡的恐惧,或多或少是缘于个体的意志不愿脱离原来的智慧。

  绝大部分的死亡恐惧不外是基于"自我已消灭,而世界依然存在"的错误幻觉所致。这实是一种很可笑的心理,世界的伴随意志,原如影之附身一般,世界唯有在这个主体的表象中才能存在,这个世界的真正主人就是意志,它赋予了一切生物的生存,它是无所不在的。如今,这世界的主人却因个体化原理所形成的妄想所困扰而绝望,以为自己行将死灭,踏入永远乌有的深渊,宁非可笑至极?事实上,正确的答案应是:"世界虽消灭,而自我的内在核心却永远长存。"

  只要意志不实行否定,我们死后仍存留着另一完全不同的生存。死亡之于物自体(意志),犹如个体之于睡眠,意志由于这种"死亡的睡眠",而获得其别的智慧和新的意识;于是,这个新的智慧和意识以新鲜生物的姿态再度登场——反之，如果记忆和个体性永远存留于同一意志中的话，意志将感到非常难耐，因为它只有无穷无尽地继续着相同的行动和苦恼。

但我们的智慧因受时间形式的限制，并不了解物自体的问题，因此，上述情况就被宗教解释为"轮回"。现在，我们如果再引出"性格（意志）遗传自父亲，智慧遗传自母亲"的论点，加以参证的话，即可了然所谓"轮回"实与我上述的见解，非常吻合。亦即人类的意志虽具有各自的个体性，但在死亡之后，借着生殖而从母亲获得新的智慧，由是遂脱离原来的个体性，成为新存在。这个存在业已不复记忆前世的生存，因为记忆能力的根源——智慧，属于一种形式，是会消失的。故此，这种状况，与其名之为"轮回"，不如说"再生"较为贴切。根据哈地（Hardy, Robert Spence）的《佛教手引》及柯宾（Koppen）的《佛教纲要》等书的记载，皆说明佛教的教义与上述的见解原是一致的，但对大部分佛教徒而言，因为这种教义太过深奥难解，故而以较浅易单纯的轮回说取代之。

此外，从经验的根据，亦可证实这种再生，换言之，新生物的诞生与活力消失的死亡之间，实有着极密切的关系。据舒努雷《碗疫史》中所述，14世纪时，鼠疫症曾一度流行于世界各地，死者无以胜数，使世界人口大为减少，但嗣后即呈现异乎寻常的多产现象，而且双胞胎非常多。还有，据说，此时期所降生的孩童，竟无一人长着完全的齿列，这岂非是很不可思议的事情？又，德国医学家卡斯培（Casper）曾撰有《关于人类寿命》一书，该书作如下两点结论：① 出生数对于寿命和死亡率有着决定性的影响。② 出生率与死亡率往往相一致，即按相同的比率增减。这是作者从许多国家和地区搜集许多例证后所确立的原则，其精确性想来应无可置疑。虽然，某个个体自己业已死亡，多产的是与自己毫不相关的另一对夫妇,但其间因果实不可说只是形而下的关系。这件事说明了,每一个体皆含着"不灭之芽",经过"死亡"后再被赎取回来;于是产生新生命,这就是它的本质。如果能沟通出两者之间(不灭之芽与新生命)桥梁的话,也许,生物生死之谜即可迎刃而解。

如所周知,"轮回"是婆罗门教和佛教的中心教义,实际上它的起源极古老,也在很早就取得大多数人的信仰。大概除犹太教及它的两个分支外,几乎所有的宗教,皆有轮回之说。基督教主张,人们在赎回他的完全人格后,即可在可以自我认识的另一世界中相会。而其他宗教则认为这种相会在现世已进行着——只是我们无法分辨。也就是说,借着轮回或再生的生命循环,在来生时,我们仍可和我们的亲戚朋友共同生活:不论是伙伴抑或敌人,在来生时我们与他们仍具有类似的关系和感情。当然,这时的再认,只是一种朦胧的预感,而非明晰的意识。

轮回的信仰,实际可说是基于人类自然的信念所产生,它深植于世界各角落的一般民众和贤者的脑海中。绝大多数亚洲人自己不在话下,同时它也为埃及和希腊人所信奉。希腊哲学家Nemesius 曾说:"一般希腊人皆信灵魂不灭之说,亦即灵魂可以从一个人的身体移注到另一人之中。"此外,如北欧、印第安族、黑人及澳大利亚,亦有此一信仰的痕迹可寻。它又是督伊德(Druide)教派的基础;印度境内的一支回教,亦信仰轮回,因而禁止一切肉食。此外,一般异教——如 Simvn 派、Gnosis 派、Basillides 派、Marcion 派、Valentinus 派、Mani 派等,轮回之信仰均极根深蒂固。毕达哥拉斯、柏拉图等大哲,更将它纳入他们的学术体系中。里希田堡(Lichtenderg)在《自传》中也说道:"我始终丢不开'我在出生前即已有过死亡'的思想。"休姆(Hume)在《灵魂不灭论》中亦特别强调:"在这种学说中,轮回是哲学唯一值得倾听的东西。"只有犹太教和它的两个支派持相反的意见，因为他们认为人类是从"无"中创造出来的。虽然他们凭着火和剑，在欧洲及亚洲的部分地区驱逐了这足以慰藉人类的古老信仰，但它究竟能持续到何时呢？从宗教史看来，我们实不难判定它的命运。

死亡，也许可以解释为："求生意志中的利己心在自然的进行中所受到的大惩戒。"或者是："对人类生存的一种课罚。"就后者言之，死神将说道：你们是不正当行为（指生殖）的产物，应是根本的错误，所以应该消灭。因此死神借"死亡"辛苦地解开由生殖欲望所作的结，让意志尝受打击，以彰神。就前者而言，意志中的利己心，总妄想着自己是存在于一个个体中，一切的实体只局限于自己。因此，死亡便以暴力破坏此一个体，使意志在失望之余唤醒它的迷误。其实，意志的本质是永远不灭的，个体的损失仅是表面的损失而已，以后它仍将继续存在于其他的个体中。所以，一个最善良的人，"自他"的区别最小，也不会把"他人"当作绝对非我的人；反之，恶人对"人我"之区别则甚大，且是绝对性的。死亡之是否被视为人类的破灭，其程度的多寡，可依此区别而定。

如果能够善用机会的话，"死亡"实是意志的一大转机，因为在生存中的人类意志并不是自由的，一个人的行为是以性格为基础，而性格是不会改变的，故其所行所为完全隶属于必然性。如果他继续生存的话，只有反复相同的行为，而各自的记忆中必定存留着若干的不满。所以，他必须舍弃现在的一切，然后再从本质之芽萌生新的东西。因此，死亡就是意志挣脱原有的羁绊和重获自由的时候。吠陀常言："解开心灵之结，则一切疑惑俱除，其'业'亦失。"死亡是从褊狭的个体性解脱出来的瞬间，而使真正根源性的自由得以再度显现。基于此义，此一瞬间也许可以视之为"回复原状"。很多死者之颜面——尤其善人——所以呈现安详、平和之态，其故或即在此。看破此中玄机的人,更可欣然、自发地迎接死亡,舍弃或否定求生意志。因为他们了解,我们的肉身只是一具臭皮囊而已;在他们眼中看来,我们的生存即是"空"。佛教信仰将此境界称之为"涅槃",或称"寂灭"。

(陈晓南　译)

论思考

一

不管任何藏书丰富的图书馆,假如不加整顿杂乱无章的话,它给予我们的利益,还不如那些规模小藏书少但整理得条理井然、分类清楚的图书馆。同理,不管你胸罗如何的渊博,如若不能反复思维咀嚼消化的话,它的价值远逊于那些所知不多但能予以深思熟虑的知识。何以言之?因为我们若要将所学得的知识消化吸收,变为己有,并且能够充分应用发挥的话,就必须经过思考的过程,把自己的知识在诸方面相结合,或是把你的真理和其他的真理互相比较,当然,我们所能"深思熟虑"的东西,范围狭窄得很,它只局限于我们所熟知的事情,所以,我们必须不断地求上进,不断地学习。

二

读书或学习,我们可以随心所欲,爱读什么就读什么,爱学什么就学什么,但这里的所谓"思考",可就不是这回事了,它像在风中煽火一般,必须始终不断地煽动,才能维持火焰不熄;思考时,必须要对思考的对象发生"兴趣",不断地刺激它,并且要持之久远不可懈怠。思考兴趣发生的原因可分为两类:一是纯粹客观性的,一是主观性的。后者是在有关自我的事件时引发了思考的兴趣；前者是对宇宙万物发生兴趣，这一类人之所以思考，就如同我们的呼吸一般，纯属生理的自然现象，当然，这类人并不多见，连一般的所谓学者，真正在思考的，为数也少得可怜。

三

思考和读书在精神上的作用，可说是大异其趣，其距离之大，恐令人难以置信。本来人类的头脑就有着个别的差异，有的人喜爱读书，有的人迷于沉思，再加上前述的距离，使得这原有的差异越发扩大起来。读书的时候，精神的一切活动全为书本所支配，随书本之喜而喜，随书本之忧而忧，此正如把印章盖在封蜡上一样，其喜怒哀乐的情绪，原不属于自己的精神所有。思考时则不然，在思考的瞬间，精神和外界完全隔绝，随着自己的思考而活动，它不像读书，被别人特定的思想所控制，而是按照当事者的禀性和当时的心情，供应一些资料和情绪而已。所以，一天到晚沉浸于书中的人，他的精神弹力便要消失殆尽了，这就和长时期被重物所压的弹簧一般，它的弹力必定会消失的。你如果想做个没有个性、没有思想的动物，去当个"蛀书虫"确是不二法门。大概说来，一般"博闻多识"的人，大半都无较佳的才慧，他们的著作所以不能成功的道理，正是因为一味死读的关系。这类人正如波普①所云："只是想做个读者，不想当作者。"

所谓"学者"是指那些成天研究书本的人；思想家、发明家、天才以及其他人类的"恩人"，则是直接去读"宇宙万物"。

严格说来，有他本身根本思想的人，才有真理和生命，为什么

---

① 波普（Pope 1688—1741），英国诗人，拟古主义之领袖。

呢？因为我们只有具有自己的根本思想,才能真正彻底地理解,从书中阅读别人的思想,只是捡拾他人的牙慧或残渣而已。

四

经阅读后所了解的思想,好像考古学家从化石来推断上古植物一样,是各凭所据;从自己心中所涌出的思想,则犹似面对着盛开的花朵来研究植物一般,科学而客观。

读书不过是自己思考的代用物而已。我们只可以把书本当作"引绳",阅读时依赖他人把自己的思想导向某方面。但话说回来,有很多书籍非但无益,而且还会引导我们走向邪路,如果轻易被它们诱惑的话,我们势必陷入深渊歧途不可。所以,我们心中要有个"守护神",靠他来指点迷津,引向正道。这个守护神,只有能够正确思考的人才有之。就是说,唯有能自由而正当思索的人,才可发现精神上的康庄大道。所以,我们最好在思想的源泉停滞之时,才去读书。思想源流的停滞,连最好的头脑也经常有此现象。不如此,而手不释卷地孜孜勤读,把自己的思想放逐到僻静的角落,这对思想的圣灵实是罪过。这类人正如一些不得要领的学画者,成天看着干枯的植物标本,或铜版雕刻的风景,而把大自然的景物置于脑后一样。

五

思考的人往往会发现一种现象:他搜索枯肠、绞尽脑汁,经长时间研究所获得的真理或见解,闲来不经意地翻开书本来看,原来这些论调,别人早已发掘到了。泄气?失望?大可不必。这个真理或见解是经过你自己的思考而获得的,其价值自非寻常可比。唯是如此,才更能证明该种真理或见解的正确性,它的理论才更能为大众所理解、所接受,如是,你成了该真理的一员生力军,这个真理也成了人类思想体系的一支。并且,它不像一般读来的理论,只是浮光掠影而已,它在你的脑海中已根深蒂固,永远不会消逝。

六

自己思索的人,他的意见以后可能被举为权威的例证。这时候的"权威"和一般书籍哲学家所据以为"权威"的情形不同。前者的意见和他自身有着强而有力的连接;后者不过是搜集整理归纳别人的意见。它就好像是用一些不知名的材料所做成的自动木偶一样,而前者与之相比,则是个活脱脱的生人,因为它是从外界在"思考之心"种下胚胎,经过受胎、妊娠、分娩等过程而产生出来的。

靠着学习得来的真理,就好像人造的假手、假脚、假齿或蜡制鼻子及利用移植术的皮肤等,附着在人的身体器官上——它们是不具有逼真性的。而自己所思索得来的真理,则好像自然的身体四肢,确确实实属于自己所有。哲学家和一般学者的最大分野在此。由是之故,他们在精神上的收获也大异其趣。哲学家有如一个画师以正确的光影、适当的比例、调和的色彩,画出一幅动人的杰作。而学者呢?他只是把各种色料加以系统地排列而已,它酷似一个大的调色板,既无变化也不调和,更没有丝毫意味。

七

读书是意味着利用别人的头脑来取代自己的头脑。自己思考出来的东西,尽管它不见得是严密紧凑,但总是个有脉络可寻的总体,我们可赖它向某种体系开展,比起看书吸收他人的思想,可说是利多害少。为什么呢?因为后者的思想是从各种形形色色的精神而得来,属于别人的体系、别人的色彩。它不能像自己思考的人,已把自己的知识、个性、见解等融合成一个总体,他的脑子里三教九流、诸子百家的思想纷然杂陈,显得混乱不堪,这种思想的过度拥挤状态,攫夺了一个人的正确观察力,也使人失去了主见,并且很可能导致精神秩序的紊乱,这种现象,我们几乎在所有的学者身上都可发现。所以,在健全的理解力和正当的批判力等方面来说,这类人远不如那些所学无几的人。后者虽说是胸无点墨,但靠着经验、阅历以及零碎的阅读,把所学得的一点知识,和自己的思想融合,或在自己的思想下臣服,所以他们有主见,有判断力。其实,学术性的思想家做法也不外是如此,只不过他们的尺度较大,比较有深度而已。思想家们因为要用到许多知识,所以非多读不可,但他们精神力极强固,能把所有的东西克服或同化,融进他们的思想体系内。因之,他们的识见虽是规模愈来愈大,但已做有机的关联,全部隶属在他们的思想总体系之下了。这种场合,这些思想家的固有思想,就如同风琴的低音主调,任何时刻都支配一切,绝对不会被其他音调所压制。而那些知识上的大杂烩的头脑中,好似一支曲子渗进很多杂音,它的基本调仍久久找寻不出来。

  以读书终其一生的人,他的知识完全是从书本汲取而得,他们有如阅读了许多山水、游记之类的书籍,对于某地或某国的有关知识虽可粗枝大叶地说出来,但是甲地和乙地是如何地联络?人文、物产、习俗又是如何等等,则说不上来。反之,以思考终其一生的人,就像土生土长的父老,一打开话匣子便能把本地事事物物的来龙去脉,以及各种事实或传说和事物的总体关系等,如数家珍般地道出来。

八

  一般的"书籍哲学家",如同历史的研究者;自己思考的人,犹似事实的目击者。后者,不论对任何事情都是靠他切身的经验,直接领会理解而来,绝不会人云亦云。所以,思想家在根本上是一致的,只是因立足点不同而互有差异。但他们都是把握客观的原则,如果事件本身不使立足点发生任何变化的话,他们的见解则毫无不同。我们往往可体验到:某些自觉太过标新立异的议论,踌躇再三才把它公之于大众,到了后来,在古圣先贤的书籍中,赫然发现也有同样的见解,因而感到一种欣喜的惊愕。书籍哲学家与此相反,他们所讨论的不外是,甲的说法如何,乙则是如何的看法,而丙又怎样地提出商榷,然后才努力地做些批评、比较的工作。这样的追求事物的真理。他们很像写批评的历史著述家。例如,研究莱布尼兹①在某时期的短暂间是否有斯宾诺莎派思想的存在?供给这些好事者的材料就是赫尔巴特②的《道德及自然法的解剖和说明》及《关于自由的书简》。做这类工作时,必要遍翻典籍,他们所下的苦功,恐怕任谁也会吃惊吧!反之,如果眼中只有事件,只要稍加思索,则立可达到目的。但话说回来,坐而读也有它的好处,只要功夫深,总可达到你的目的,用思索的方法则否。思想和人一样,不是任何人都可让你随叫随到的,要看人家高兴不高兴,乐意不乐意。某种事情的思索,如一切的外在机缘和内在气氛都很调和,它自然地就涌出来。唯有如此,思想绝不是他们本来就有的东西。关于这点,我们可在思考有关自己利害得失的场合得到说明。当我们决定关于个人的利害事件时,常常刻意地选个适当的时间和场所,静坐沉思,仔细地分析其理由或原因,再推究其后果……总之是无所不思,无所不想,但到最后,还是没有个决定。

---

① 莱布尼兹(Leibniz 1646—1716),德国哲学家、自然科学家、数学家。
② 赫尔巴特(Herbart 1776—1841),德国哲学家、教育家。

为什么呢？那是因为事不关己，关己则乱，这种场合，我们对于该事件的考察，往往不能安定，而转向其他事物方面去；加之，对此事件的嫌恶，也构成一个原因。所以，此时，我们万不可勉强自己去思考，应等待让思考的气氛自然涌上来。此气氛，往往会唐突而且重复地到来。不同的时间、不同的情境，给予事件的见解也完全不同。如此这般，各种思想徐徐而来，到最后就是所谓"决心的成熟"。成熟思想的路径为什么如此繁复呢？这是因为思考过程大都呈"分割"的状态，因此，以前所经验过的事事物物，逐渐出现在眼前，并且事物也逐渐明朗化，了解也更深刻，如此便能耐着心去思想，当初的嫌忌也因而消失了——理论方面的思考亦复如此，也是一定要等待良好时间的到来，再说，任你再好的头脑，并不是所有的时间都是适于思考的。因此，我们最好能利用思索以外的时间来读书。读书，正如上面所述，它是思考的代用物，而且，此中还有许许多多别人替我们想出来的，和我们不同的方法，可以供给我们精神材料。读书的性质是如此，所以我们不必要读太多的书，如若不然，精神习惯于代用物，将会忘却事物的本身；总是踏着人家既经开拓的道路，而忘却行走自己的思考道路。再说，因为经常耽于书卷中，眼睛就脱离了现实世界，而思考的机缘和气氛，由书本所启发的次数远不如现实世界多，因为现实世界和眼前的事物，具有其原始性和力，是思考精神的最佳对象；最容易促使此精神活动。

九

从这事实来看，说我们可从著述中鉴别出谁是思想家，谁是书籍哲学家，实是一点也不奇怪。很明显的，前者是真挚的、直接的、原始的，所有的思想和表现都具有独立的特征；后者与此相反，他们只是拾人牙慧,是承袭他人的概念,就像把人家盖过的图章再盖一次一样,既乏力量,也模糊不清,而且,他们的文体是由传统的陈词滥调和流行语句组织而成的,这情形,恰似因为自己的国家不能铸造货币,而以他国的货币通货的国家一般。

经验和读书一样,不能替代思考。纯粹的经验和思考间的关系,如同食物之于消化。如果"经验"自夸地说,由于它的发现,才能促进人智的发展,这就像嘴巴自夸身体的存续完全由于它的工作一样的可笑。

具有真正能力的头脑,他们的"确实"和"明晰"实在是常人所不能及,这类人的头脑,时时刻刻都有一种确实明晰的表达欲望——不论以诗、以散文、或以音乐。普通凡人则否,据此我们可立刻辨识作者头脑的能与不能。

十

第一流作家的精神特征是,他们的一切判断都是直接的。他们所产生出来的作品,也都是自己思索的结果,发表之后,不论在任何场合,谁也都能认定是第一流的东西。因而他们在精神领域中,如同诸侯一样是直属于帝国,其他的作家只是站在陪臣的位置。

因此,真正思索的人,在精神王国中,等于一国的君主,具有至高无上的权威,他的判断如同君主的圣谕,他的话就是权威——君主是不接受他人的命令,也不认识其他的权威。反之,局守于世俗流行的诸种意见的凡俗作家,像默从法律和命令的平民一样。

有些人每每爱引用权威者的词句,来争论某事件,以取代自己贫乏的理解和见识。笔战中引出他们的东西,便像取得莫大的靠山似的，雀跃莫名。这种原因的形成，想来大概是受到塞内加①所说"与其批判，不如信任"这句话的影响。因为论战之际必要有防身和攻击的武器，这类人既无思考力，又乏批判力，所以只好引用权威之言（这也是基于对权威者的尊敬），以为找到最好的护身符，振振有词地据之而辩，发出胜利的呼声。

十一

现实的世界中，不管能举出多少理由，来证明我们是过得如何幸福，如何愉快，但事实上，我们只是在重力的影响下活动而已，战胜了它，才有幸福可言。但在思想的世界中，只有精神，没有肉体，也没有重力的法则，更不会为穷困所苦。所以，有优美丰饶心灵的人，在灵思来临的一刹那间所得到的启示，其乐趣绝非俗世所能比拟。

思想浮现在眼前，如同你的恋人就在跟前一样，你绝不会对恋人冷淡，我们也绝不会忘记此思想。如果它们远离你而去，从心中消失时，则又是如何呢？即使最美好的思想，如果不及时把它写下，恐怕就此一去不回头，想找也找不到了。恋人也如此，如果不与之结缡的话，也有离我们而去的危险。

对于爱思考的人来说，此世界实不乏有价值的思想，但这些思想中，能够产生反跳或反射作用力量的，也就是说，此思想著述成书后能引起读者共鸣的，却不多见。

---

① 塞内加（Seneca 约公元前 4—65），古罗马"斯多葛"派哲学家、政治家、剧作家，为皇储尼禄之师。

十二

　　起初,人们思考那些真正有价值的东西,只是为自己着想——原来,思想家可分成两类,一种是专为自己而思想,另一种是为他人而思想。前者称为"自我思想家",只有这类人才能认真地思考事情,所以他们才是真正的哲人,实际上,他们一生的快乐和幸福,也是在思想之中;后者可称为"诡辩派",他们渴望人家称他们是"思想家",他们的幸福不是在本身中,而是在他人的喜好中。换言之,他们只是热衷于投世俗之所好。另外还有一种人介乎两者之间,我们要看他全部的做法,才能判定他是属于哪一类。里希田堡①是第一类的典型;黑格尔很明显的是属于第二类。

　　生存问题——这个暧昧的、多苦的、须臾的、梦幻般的问题,一认真讨究,恐怕所有的工作都得搁下了。实际上,除极少数的几个人外,一般人对这个问题都没有丝毫感悟,甚至是尽量避开它,觉得与其讨论此问题,不若把这些心思用在和自己有切身关系的事情上。或者,仅取俗世哲学的一体系,来满足大众——想到这点,说"人是思考的生物",实很可疑,所谓"思考",也有了多种不同的解释。再往后,对于人类的无思想,或愚蠢,也不会特别地引以为奇了——普通人智慧的视野,当然比动物来得广阔(动物是不能意识过去和将来,只存在于"现在"中),但并不如一般人所想象的那般深远。

　　如果世界充满着真正思考的人,我想,大概不会容许有那么多形形色色的噪声吧!然而,社会的每一个角落却充斥着令人心惊

---

① 里希田堡(1744—1814),德国物理学家、哲学家。

肉跳和毫无目的的噪声（见《关于噪声》）。造物者在创造人的时候，果能尽如我们之所愿，实在不应该给我们安上耳朵，或者，至少能像蝙蝠一样地在我们耳里装置上空气不能通过的"覆皮"（这点，我实在非常羡慕蝙蝠）。但人类不过也是和其他动物同样的可怜。上苍造人的时候，早已算定只要具有足以维持生存的力量就够了。因此，不论昼夜，不管有没有人咨询，人的耳朵始终是开着的，那是为了便于向我们报告"迫害者的接近"。

（陈晓南　译）

读书与书籍

一

　　愚昧无知如伴随着富豪巨贾,更加贬低了其人的身价。穷人忙于操作,无暇读书,无暇思想,无知是不足为怪的。富人则不然,我们常见其中的无知者,恣情纵欲,醉生梦死,类似禽兽。他们本可做极有价值的事情,可惜不能善用其财富和闲暇。

二

　　我们读书时,是别人在代替我们思想,我们只不过重复他思想活动的过程而已,犹如儿童启蒙习字时,用笔按照教师以铅笔所写的笔画依样画葫芦一般。我们的思想活动在读书时被免除了一大部分。因此,我们暂不自行思索而拿书来读时,会觉得很轻松,然而在读书时,我们的头脑实际上成为别人思想的运动场了。所以,读书更多,或整天沉浸于读书的人,虽然可借以休养精神,但他的思维能力必将渐次丧失,此犹如时常骑马的人步行能力必定较差,道理相同。有许多学者就是这样,因读书太多而变得愚蠢。经常读书,有一点闲空就看书,这种做法比常做手工更会使精神麻痹,因为在做手工时还可以沉湎于自己的思想中。我们知道,一条弹簧如久受外物的压迫,会失去弹性,我们的精神也是一样,如常受别人思想的压力,也会失去其弹性。又如,食物虽能滋养身体,但若吃得过多,则反而伤胃乃至全身;我们的"精神食粮"如太多,也是无益而有害的。读书越多,留存在脑中的东西越少,两者适成反比,读书多,他的脑海就像一块密密麻麻、重重叠叠、涂抹再涂抹的黑板一样。读书而不加以思考,决不会有心得,即使稍有印象,也浅薄而不生根,大抵在不久后又会淡忘丧失。以人的身体而论,我们所吃的东西只有五十分之一能被吸收,其余的东西,则因呼吸、蒸发等作用而消耗掉。精神方面的营养亦同。

况且被记录在纸上的思想,不过是像在沙上行走者的足迹而已,我们也许能看到他所走过的路径;如果我们想要知道他在路上看见些什么,则必须用我们自己的眼睛。

三

作家们各有其所专擅,例如雄辩、豪放、简洁、优雅、轻快、诙谐、精辟、纯朴、文采绚丽、表现大胆等,然而,这些特点,并不是读他们的作品就可学得来的。如果我们自己天生就有着这些优点,也许可因读书而受到启发,发现自己的天赋。看别人的榜样而予以妥善地应用,然后我们才能也有类似的优点。这样的读书可教导我们如何发挥自己的天赋,也可借以培养写作能力,但必须以自己有这些禀赋为先决条件。否则,我们读书只能学得陈词滥调,别无利益,充其量只不过是个浅薄的模仿者而已。

四

如同地层依次保存着古代的生物一样,图书馆的书架上也保存着历代的各种古书。后者和前者一样,在当时也许曾洛阳纸贵,传诵一时,而现已犹如化石,了无生气,只有那些"文学的"考古学家在鉴赏而已。

五

据希罗多德(Herodotus,希腊史家)说,薛西斯(Xerxes,波斯国王)眼看着自己的百万雄师,想到百年之后竟没有一个人能幸免黄土一抔的厄运,感慨之余,不禁泫然欲泣。我们再联想起书局出版社那么厚的图书目录中,如果也预想到10年之后,这许多书籍将没有一本还为人所阅读时,岂不也要令人兴起泫然欲泣的感觉?

六

文学的情形和人生毫无不同,不论任何角落,都可看到无数卑贱的人,像苍蝇似的充斥各处,为害社会。在文学中,也有无数的坏书,像蓬勃滋生的野草,伤害五谷,使它们枯死。他们原是为贪图金钱、营求官职而写作,却使读者浪费时间、金钱和精神,使人们不能读好书,做高尚的事情。因此,它们不但无益,而且为害甚大。大抵来说,目前十分之九的书籍是专以骗钱为目的的。为了这种目的,作者、评论家和出版商,不惜同流合污,朋比为奸。

许多文人,非常可恶又狡猾,他们不愿他人企求高尚的趣味和真正的修养,而集中笔触很巧妙地引诱人来读时髦的新书,以期在交际场中有谈话的资料。如斯宾德连①、布维(Bulwer)及尤金·舒②等人都很能投机,而名噪一时。这种为赚取稿费的作品,无时无地都存在着,并且数量很多。这些书的读者真是可怜极了,他们以为读那些平庸作家的新作品是他们的义务,因此而不读古今中

---

① 斯宾德连(Spindlen 1579—1688),德国小说家。
② 尤金·舒(Eugen Sue 1804—1857),法国小说家。

外的少数杰出作家的名著,仅仅知道他们的名姓而已——尤其那些每日出版的通俗刊物更是狡猾,能使人浪费宝贵的时光,以致无暇读真正有益于修养的作品。

因此,我们读书之前应谨记"决不滥读"的原则,不滥读有方法可循,就是不论何时凡为大多数读者所欢迎的书,切勿贸然拿来读。例如正享盛名,或者在一年中发行了数版的书籍都是,不管它属于政治或宗教性质的,还是小说或诗歌。你要知道,凡为愚者所写作的人是常会受大众欢迎的。不如把宝贵的时间专读伟人的已有定评的名著,只有这些书才是开卷有益的。

不读坏书,没有人会责难你;好书读得多,也不会引起非议。坏书有如毒药,足以伤害心神——因为一般人通常只读新出版的书,而无暇阅读前贤的睿智作品,所以连作者也仅停滞在流行思想的小范围中,我们的时代就这样在自己所设的泥泞中越陷越深了。

七

有许多书,专门介绍或评论古代的大思想家,一般人喜欢读这些书,却不读那些思想家的原著。这是因为他们只顾赶时髦,其余的一概不理会;又因为"物以类聚"的道理,他们觉得现今庸人的浅薄无聊的话,比大人物的思想更容易理解,是以古代名作难以入目。

我很幸运,在童年时就读到了施勒格尔①的美妙警句,以后也常奉为圭臬。

> 你要常读古书,读古人的原著;
> 今人论述他们的话,没有多大意义。

---

① 施勒格尔(Schlegel 1767—1845),德国作家。

平凡的人，好像都是一个模型铸成的，太类似了！他们在同时期所发生的思想几乎完全一样，他们的意见也是那么庸俗。他们宁愿让大思想家的名著摆在书架上，但那些平庸文人所写的毫无价值的书，只要是新出版的，便争先恐后地阅读。太愚蠢了！

　　平凡的作者所写的东西，像苍蝇似的每天产生出来，一般人只因为它们是油墨未干的新书而爱读之，真是愚不可及的事情。这些东西，在数年之后必遭淘汰，其实，在产生的当天就应当被遗弃才对，它只可作为后世的人谈笑的资料。

　　无论什么时代，都有两种不同的文艺，似乎各不相悖地并行着。一种是真实的，另一种只不过是貌似的东西。前者成为不朽的文艺，作者纯粹为文学而写作，他们的进行是严肃而静默的，然而非常缓慢。在欧洲一世纪中所产生的作品不过半打。另一类作者，文章是他们的衣食父母，但它们却能狂奔疾驰，受旁观者的欢呼鼓噪，每年送出无数的作品于市场上。但在数年之后，不免令人产生疑问：它们在哪里呢？它们以前那煊赫的声誉在哪里呢？因此，我们可称后者为流动性的文艺，前者为持久性的文艺。

八

　　买书又有读书的时间，这是最好的现象，但是一般人往往是买而不读，读而不精。

　　要求读书的人记住他所读过的一切东西，犹似要求吃东西的人，把他所吃过的东西都保存着一样。在身体方面，人靠所吃的东西而生活；在精神方面，人靠所读的东西而生活，因此变成他现在的样子。但是身体只能吸收同性质的东西，同样的道理，任何读书人也仅能记住他所感兴趣的东西，也就是适合于他的思想体系，或他的目的物。任何人当然都有他的目的，然而很少人有类似思想体系的东西,没有思想体系的人,无论对什么事都不会有客观的兴趣,因此,这类人读书必定是徒然无功,毫无心得。

Repetitio est Mater Studioun(温习乃研究之母)。任何重要的书都要立即再读一遍,一则因再读时更能了解其所述各种事情之间的联系,知道其末尾,才能彻底理解其开端;再则因为读第二次时,在各处都会有与读第一次时不同的情调和心境,因此,所得的印象也就不同,此犹如在不同的照明中看一件东西一般。

作品是作者精神活动的精华,如果作者是一个非常伟大的人物,那么他的作品常比他的生活还有更丰富的内容,或者大体也能代替他的生活,或远超过它。平庸作家的著作,也可能是有益和有趣的,因为那也是他的精神活动的精华,是他一切思想和研究的成果。但他的生活际遇并不一定能使我们满意。因此,这类作家的作品,我们也不妨一读。何况,高级的精神文化,往往会使我们渐渐达到另一种境地,从此可不必再依赖他人以寻求乐趣,书中自有无穷之乐。

没有别的事情能比读古人的名著更能给我们精神上的快乐。我们一拿起一本这样的古书来,即使只读半小时,也会觉得无比的轻松、愉快、清净、超逸,仿佛汲饮清冽的泉水似的舒适。这原因,大概一则是由于古代语言之优美,再则是因为作者的伟大和眼光之深远,其作品虽历数千年,仍无损其价值,我知道目前要学习古代语言已日渐困难,这种学习,如果一旦停止,当然会有一种新文艺兴起,其内容是以前未曾有过的野蛮、浅薄和无价值。德语的情况更是如此。现在的德语还保留有古代的若干优点,但很不幸,却有许多无聊作家正在热心而有计划地予以滥用,使它渐渐成为贫乏、残废,或竟成为莫名其妙的语言。

文学界有两种历史:一种是政治的,一种是文学和艺术的。

前者是意志的历史,后者是睿智的历史。前者的内容是可怕的,所写的无非是恐惧、患难、欺诈及可怖的杀戮等;后者的内容都是清新可喜的,即使在描写人的迷误之处也是如此。这种历史的重要分支是哲学史。哲学实在是这种历史的基础低音,这种低音也传入其他的历史中。所以,哲学实在是最有势力的学问,然而它发挥作用是很缓慢的。

九

我很希望有人来写一部悲剧性的历史,他要在其中叙述:世界上许多国家,无不以其大文豪及大艺术家为荣,但在他们生前,却遭到虐待;他要在其中描写:在一切时代和所有国家中,真和善常对着邪和恶作无穷的斗争;他要描写:在任何艺术中,人类的大导师们几乎全都遭灾殉难;他要描写:除了少数人外,他们从未被赏识和关心,反而常受压迫,或流离颠沛,或贫寒饥苦,而富贵荣华则为庸碌卑鄙者所享受,他们的情形和创世纪中的以扫(Esau)相似。(旧约故事,以扫和雅各为孪生兄弟。以扫出外为父亲击毙野兽时,雅各穿上以扫的衣服,在家里接受父亲的祝福。)然而那些大导师们仍不屈不挠,继续奋斗,终能完成其事业,光耀史册,永垂不朽。

(陈晓南 译)

论天才

关于诗或美术及其他的所有真的作品(哲学上的东西也包括在内),源源不绝地涌现出来的那种"认识"方法,我曾在《意志与观念世界》一书中谈过(第二卷第二十九章、三十章)。假如这种认识能力居于优势的地位,人们便能以天才的姿态出现。这里的所谓"认识",是对它的对象(要有柏拉图的所谓"观念",此观念并不是抽象的),进行直观地认识和了解。所以,天才的本质在于他的"直观认识的完全和强烈",因此,一般由直观出发而诉之于直观的作品,如造型艺术(绘画、雕刻、建筑),和以直观作为媒介所想象出来的文学作品,都是天才之作的最明确的指证——天才和一般的所谓"干才"大有区别。干才的特征,是他们论证认识力的敏捷和尖锐,远比直观的认识力强大,具有这种才能的人,思维较常人更敏捷、更正确。天才恰好相反,他们能看到一般人所看不到的一面,这是因为天才的头脑比凡人客观、纯粹、明晰,所以,天才能够洞察眼前的世界,进而发现另一方面世界。

智慧的职分,只不过是动机的媒介而已,因此,智慧的视野里所能看到的,只是事物和"意志"的关系(包括直接、间接及其他一切的关系)。此外,它便不能理解。在动物中,事物和意志的关系,几乎全属直接的,在它们的意志中,不发生关系的东西,可说是完全"视若无睹"。所以,即使是最聪明的动物,对与自己有切身关系的事物,也往往不稍加注目,这是很令人惊异的事实。例如,我们的人格或环境发生激烈显著的变化,它们竟也丝毫不觉诧异。普通的人,除以上的直接关系外,另加上间接的可能关系,如此而构成知识的总体。但是此时,他的认识也只是局限在诸般关系的范围之内。所以,一般的头脑,对于事物,不能达致十分纯粹客观的形象,普通人的直观能力是依自己的那一点点有限的判断力为限,并且是无目的的,没有充分纯客观理解世界的能力,他们的意志若不受刺激,便呈疲劳状态而不能动弹。如若在认识事物的场合,表象能力还有剩余,因而没有目的地制造外界的客观形象时(这种形象对于意志的目的毫无用处,若到了高程度,还会妨害意志的目的),这种状态,就已经具有所谓"天才"的异于常态的素质。这种状态和真正的自我意志不同,看起来好像是从外界而来的"神灵"在活动一般。天才的本质,比起专为意志服务而产生的认识能力,更能达成强大的发展。在生理学上来说,脑髓的活动像那样有剩余的话,就会进入"由于剩余的异常",并且,众所周知,在生理学中还有所谓"由于不足的异常"和"因为位置变动的异常"两种。所以,天才的本质在于智慧的异常剩余,而它的剩余又能利用在关于一般生存的事情,他不像普通人的智慧,只为个人的利益,而是为全体人类服务。简单地说,普通人若是由三分之一的智慧和三分之二的意志所组成的话,那么天才则是由三分之二的智慧和三分之一的意志构成的。我们可以化学比喻来说明。中性盐中包含盐基和酸素两种成分,二者的性质截然不同。经过中和之后,如果盐基占优势,则呈碱性;如果酸素居优势,则呈酸性。意志和智慧之对于天才和凡人的关系,亦复如此,可依此来区划二者的界限,我们可从他们的性质和全体行为来加以鉴别,尤其从他们的业绩,更能判明。这种场合,我们还要附加一点非注意不可的差异,在化学上,性质不相同的元素,往往可形成"亲和力"及"吸引力"的原因,但人类的现象则相反。

认识力的过度剩余,最显而易见的是表现在最根本而最原始的认识中(即直观的认识中),而由另一个形象再现出来。画家、雕刻家就是这样产生出来的。所以,在他们来说,天才的理解和艺术创作间的距离非常近,正因为如此,表现天才和其活动的形式非常简单,要叙述它也很容易。所有真正的文学、艺术、哲学的作品,所以能源源不绝产生出来的原因,也即在于此。当然,他们的创造过程并不简单。

附带说明,一切的直观都属于智慧而非仅是感觉的东西。十八世纪的哲学,认为直观的认识力是"下等的精神",我们若能平心静气地来玩味这句话,实也不无道理。最先持此理论的是亚德伦古(两个有名的语言学家都是这个名字,他们是叔侄关系。叔〈1734—1806〉,侄〈1768—1843〉。此处所指是谁,还待查),他认为天才"下等精神力显著地强烈"。约翰•保罗在他所著的《美学阶梯》中引用这句话的时候,并没有给予太严厉的批评,可见它也有它的道理存在。这位声誉极隆的名作家,撰写该书有一个很大的特点,不论解释理论或寓教训的地方,都以比喻方式和幽默的讽刺来进行,由此不难臆知,连约翰•保罗对那句话都有同感。

任何事情的真正本质,即使附带着条件,也先要向着直观开示自身。一切的概念和思念,不过是抽象的东西,因而这些是从直观而来的部分表象,可以从中抽出来思考。所有深刻的认识,不,连本来的知识亦同,它们的根底是在直观的理解之中。一切不朽的思想和真正的艺术品,受其生命的火花产生出来的过程,也是在于直观的理解之中。相反的,从概念产生出来的东西,只能算是"干才"的作品,只不过是理性的思想和模仿,或者是以当前人们的需要为目标。

但是,如果我们的直观一直都是附着在实际事物上的话,那么直观的材料应是完全站在偶然的支配之下。因为,"偶然"绝不可能适时地产生事物,也很少能适当地排列事物,大抵它只是给我们提示一点具有很多缺陷的样品。所以,那些具有深长意味的形象,必须有条理地加以整顿、加工,才能成为透彻的认识;而为了传达这种认识,使它能够随意再现,又必须靠空想。空想之所以具有高度价值,原因在此。天才不但要有空想,还要明了各个对象和自己作品的关联,而认识的泉源——直观世界,随时都可供应我们清新的食物,所以空想是天才所不可或缺的道具。有空想的人,他就有呼唤灵感的力量,所呼出来的灵感,在适当的时机,启示他以真理。赤裸裸的现实中,真理毕竟是很薄弱的,可说只有一丝丝而已,并且,大都是在不适当的时机表现。所以没有空想的人和天才比较,就好像附在岩石上等待机会的贝壳,羡慕可以自由活动的动物一样。因为他们,除了属于真正"直观感觉"的东西而外,其他方面的,毫无所知。这些人在"直观"未到来之前,只是啃食概念和抽象物。但是此二者绝不是认识的核子,仅是外壳或表皮而已,这类人充其量只能搞搞计算或算术之类的玩意儿,绝不可能成就伟大的功业。造型艺术或诗歌,如同杂剧的表演,对于不能空想的人,可作为补救其缺陷的手段(但那是有限度的);对有空想的人,则可使他们更容易使用。

所以,天才特有的、根本的认识方法,虽是直观的,但他的对象绝不是关于个体的事物。在这些事物里,他表现的是柏拉图的所谓"观念"(参照《意志与观念世界》第二卷二十九章)。在个别的事物中发现一般形态,这才是天才的根本特质。普通人所看到的只是各个事物的本身。这些个别的东西都只属于现实,因为现实对于他们才有利害关系,换句话说,也只有那些与他们的意志才有关系。当我们观察个别事物时,可以他所观察的程度(或是只看到事物本身,或是看出一点普遍性,或进而观察出种族中的普遍性质等),来决定各人和天才之间的差距标准。所以,天才的真正对象是一般事物的本性,是事物的普遍形态(不是个体的而是属于整体)。个别现象的研究属于干才的范围,并且,往往只以事物相互间的关系为其学术研究的对象,实用科学即属此。

要理解"观念"这个东西,必须是在意志完全消失的条件下把"认识"当作纯粹的主体。我们读歌德大部分的作品,他所描述的风景,仿佛就在我们的眼前;读约翰·保罗的自然描写,觉得心旷神怡,胸襟大为开阔,使我们恍惚觉得我们就是歌德、就是约翰·保罗……就是以这种心境完全净化的客观性为基础。这时内心中的表象世界,已经由于这种纯洁性,而完全脱离意志的世界——天才的认识方法,和本性中的一切意欲,完全断绝关系,因而天才的作品不是故意或随便产生出来的,而是出自由本能的必然性所引导的"结论"——一般所称"天才的激发"或"灵感的来临"等等,那时的情形就是指智慧忽然摆脱意志的羁绊而自由奔放,也就是说智慧不再为意志服务,而且也不是陷于不活动或松弛的状态,在短暂间能够完全独立自发地活动。这时的智慧有最大的纯洁性,犹如反映世界的一副明镜。因为那时的智慧已完全脱离自己的根源——意志,而集中于一个意识,形成"表象的世界"。在这一刹那间,所谓不朽作品之"魂"便附于其上。相反的,故意思考的场合,智慧受意志的领导,由意志指定问题,则智慧完全不得自由。

一般人的脸上都搽上"平凡"的记号,表情也很卑俗,那是因为他们的认识一直是诚惶诚恐地服从于意志。因此,他们的观察,只是考虑意志和目的关系,其他的方法再也不懂了。天才与之相反,他们的表情有个显著的共同点,脸上都能很明显地表现出他们的智慧优于意欲,和智慧的获得解放。再者,苦闷也是由于意欲所产生,"认识"则反之,它自身没有痛苦,只有快乐,所以它所给予天才的是:高而宽的前额和澄澈晶莹的眼睛。那是因为眼睛和额都不为意志和穷困服务,它们只给天才伟大而超俗的快活。天才所流露出来的这种快活的表情,倒很配合其他部分的忧郁——特别是浮现在嘴边的忧郁。杰尔达努斯·布尔努斯的格言说得非常贴切,他说:"悲中有乐,喜中含悲。"

  以意志为根底的智慧,在它活动时,除意志的目的外,对其余的东西都采取反对的态度。所以,智慧之所以能客观而深刻地理解外界,是在脱离意志(至少是暂时的)的情形下才有之。智慧和意志相结合,根本不能自己进行活动。若不叫醒意志(即利害)活动,智慧也昏沉沉地呈睡眠状态。若能设法唤醒意志,并顺着意志的利害来认识事物的关系,那当然是最合宜的,所谓狡狯的头脑,就是意志时时刻刻都清醒着——他们意欲的活动力非常旺盛。但是这样的头脑,不能把握事物纯客观的本质。因为意欲和目的占满他们整个头脑,在他们的视野中只能观察到和此有关的部分,其他方面尽皆消失,而以错误的状态进入意识。例如,为排遣愁闷而急急出门旅行的人,大概他所看到的莱茵河不过是一条直线,架在河上的桥梁也好像是切断这条横线的小纵线。满脑子为自己打算的人,他们内心觉得世界恰如战场,这大自然的迷人景色,根本不会映入他们的眼帘!为了便于说明和强调这种事态,我举的例子虽太偏极端,但事实也是如此,若是意志稍微兴奋,也很可能产生类似前述的"认识"的变形。智慧脱离意志的羁绊,在自由的对象中翱翔,不被意识所驱策,而又能旺盛地活动,只有在这当儿,世界才有真的色彩和形态,才能表示它全体的正当意义。当然,这种状态已经违背智慧的自然性和本分,也就是说已属于反自然,所以,这种现象的发生机会非常之少,但天才的本质就在于此。也只有天才才能高度而持续地表现这种状态,平庸的人只是有点"近似",再者也只是偶尔有之——约翰·保罗在《美学阶梯》第十二章中说天才的本质是"熟虑",我想它的理由该是如此。就是说平常人都沉沦在意志的漩涡和喧骚中度其一生,他们的智慧充满着生活的事物或事件,但他们却完全不能客观地理解"生活"和"事物"是怎么回事,就像在市场做生意的贩子,只能听到邻近或眼前的谈话,但整个市场如汹涌怒潮般的、能使远处观客吃惊的喧嚣,却完全进不到他的耳中一般。天才与之相反,他的智慧已脱离意志的利害——即人格的利害。他们以客观的直观将"世界"和"事物"融会贯通,一丝一毫也瞒不住他们。从这个意义来看,天才可说是很"熟虑"的。

画家把眼前的自然景物,忠实地再现到画布上;文人以抽象的概念,说明所见的社会万象的现在态,转注于他人明了的意识中,精密地使它再生,或是把常人只能意会、感觉的事物,用言语文字表达出来;凡此种种都是所谓"熟虑"。一般动物都是过没有熟虑的生活,当然动物也有意识,用以知悉自己的祸福,和认识攸关祸福的事物。但它们的认识不论何时都流于主观,无法客观化。出现在认识里的诸事物,它们自以为看得很清楚,但那不能当作表现的目的物,也不能当作思考的对象。因此,动物的意识完全是内在的。凡人的意识,当然和它们不同,但也有类似的性质,他们对于事物和世界的知觉,也偏于主观,且大部分仍滞留在内在状态中。凡人虽能知觉存在世界中的事物,但却看不出"世界"到底是怎么回事;虽能知觉自己和他人的所作所为,但对自身却茫无所知。意识的明了性经过无数的阶段慢慢上升,熟虑也跟着渐渐增加,最后到达"一个点"。达到这一点之后,偶尔(这是很罕有的,其明了性的程度也有很大的差别)脑中会像闪电般发生如下的怀疑:"这一切事物是什么?"或"那些到底是如何做成的?"第一个疑问,如果能获得程度较高的明了性并继续存在的话,便产生"哲学家";后一个问题臻于那种地步的话,便是文学家或艺术家。所以,这两项崇高的职务,都要以熟虑为基础。这种熟虑是先要清楚地认知世界和他自身的关系,靠着这层认识,才能进一步省察此二者。在这认识的全体过程中,智慧为了取得优势,所以,有时不得不脱离它的工作上司——意志。

以上关于天才的观察,在生物的系列中也可看到。生物学区分低、高等生物,说是"意志和智慧逐渐扩大的分离",它就和这种见解有关联,也是相互补充。这种分离达到最高程度,就是天才。这时,智慧完全离开它的根底——意志,获得完全的自由,表象的世界才能达到充分的客观化。

以下,我想叙述几点有关天才的个性。亚里士多德曾说过这么一句话:"在哲学、政治、诗歌或艺术方面超群出众的人,似乎都是性情忧郁的。"西塞罗(Cicero)更把这句话浓缩为"所有的天才都是忧郁的。"歌德也这样说:"在我遇到幸运,心情愉快的时候,我的诗才的火焰非常微弱,相反的,当我被灾祸胁迫时,诗的火焰炎炎燃烧——优美的诗文,像彩虹一样只在雨后阴暗的地方出现。唯其如此,文学的天才都喜好忧郁的因素。"以上这几句话,可从下面的事实来说明。意志本身是专横霸道的,他绝对强调对于智慧的原始支配权,智慧方面有时会感到不厌其烦、不对劲,因此,便抽身逃出其支配。离开那些讨厌的意志后,智慧为了排遣气闷,因而走向外界,此时他的精力更为强大,也变得更客观了。天才所以伴随忧郁的原因,就一般来观察,那是因为智慧之灯越明亮,越能看透"生存意志"的原形,那时才了解我们竟是这样一副可怜相,而兴起悲哀之念。所以,天才被认为是悲哀的象征,他们的情形,就像整天都被乌云所覆的勃朗峰顶①。但是偶尔——尤其是在晨光曦微时,乌云忽然散去,那时,朝曦染红峰顶,穿越云际,景色之美,令人心旷神怡。同理,忧郁的天才,有时也会露出只有他们才能领略的特殊快活,这种快活是由精神最完全的客观化所产生的。所以才说:"悲中有乐,喜中含悲。"

庸俗作家所以显得俗不可耐,是因为他们的智慧强固地联结在意志中,只有在意志激励之下才会活动,被控制得死死的。所以他们的行为思考等全是为个人的目的,为了达到一己的目的,而大量地创作粗陋的绘画、低级的诗文、浅薄不合理的哲学。甚至为了攀交达官显贵,不惜昧着良心,写出歪曲事实的学说。这些人,充其量只是剽窃他人纯真作品的一言半语,不能把握真作品的核心,所得的只不过是皮毛而已。而且,无知的他们还自以为得到人家的全部精髓,甚至夜郎自大地以为已凌驾一流作家水准。如果他们遭到彻底的失败,多数人便又想,如以自己的善良意志,必可达到预期的目的,殊不知,唯此善良的意志才使之不能到达,因为艺术、文学、哲学等,一掺杂个人的目的,就无法贯注全副心神了。有一句俗话说:"自己挡在光线之前(即自己打扰自己)。"这正是这类人最好的写照。只有智慧摆脱意志的支配和计划,得以自由活动,才能赋予真正的认真,才能赋予产生真作品的力量。连这基本条件他们都全然不知,还谈什么文艺、哲学?幸而他们还不知道,否

---

① 勃朗峰(Mont Blanc),位于意、法国境,为阿尔卑斯山最高峰,高 15 771 英尺。

则,恐怕会失望得自杀!而且,前面所说的"善良的意志",是属于道德方面的问题,艺术是不讲究这一套的。艺术中最重要的是"能力",不论哪一方面的艺术,作者是否认真地创作,这才是最关紧要的。一般人所努力的对象,几乎都是关于自己和亲人的幸福,他们也许有助于这方面的能力,但却没有做其他事情的力量。因为一切故意的努力或企图,不能给予我们诚挚、深刻和真正的认真,也不能作为它们的补充,说得正确一点,就是不能取代它们。因为真挚这个东西,是自然盘踞的场所,绝不会往别的地方移动。但若不辅以"认真",任何事情,绝不会有太大的成就。天才对于自身幸福的牵挂,往往非常拙劣,原因即在于此。我们如在物体之上放着铅锤,由铅锤所决定的重心位置,随时都可拉回来,同样的,人类的智慧和注意力,也随时可回复到真正的认真。天才就是这样,对其他事情都漫不经心地应付,他的认真不是有关个己或实际的事物,而是埋首于世界和事物的真相,研究它的最高真理,或者苦苦思索以何种方法使它再现。总之,走出个体进入客观世界的那种认真性,是人类的天性所无法了解的,是不正常的现象,是属于超自然的。但唯有靠着这种认真性,才可看出其人的伟大,看出他占有他自己的创作和他完全相异的"守护神"之作。对于这些人来说,艺术、文学、思想才是他们的共同目的,其他的人则以之为手段,利用这手段来追逐自身的事情,并且通常对使之进展的有利方法,还颇有心得,这是因为他们懂得阿附时流,能够迎合大众的要求所致。因此,他们能一帆风顺、青云直上;而天才则多半陷于困境,一生潦倒落魄,因为天才常为客观的目的而牺牲自身的幸福。凡人的渺小,天才的伟大,其分界在此。所以天才的作品具有永恒的价值,但他们所承认的事情,在后世才能被发现;而平庸的人只是和时代共生和共死。一般伟人所注目的,不论实际上的事物,还是纯理论的,当给予它们活动之际,并不是求一己之私,而是追究客观的目的。他的目的也许会被误解,也许会被视为一种犯罪,但他依然不失其伟大。不论任何情况之下,"不为自身打算"的精神,都是伟大的,反之,处处为自己着想的人,是卑微的;因为他所认识、所看到的,只局限于"自己"这个小圈圈;而伟人是从全体之中来认识自己的。前者是在小小的宇宙中生活;后者则是在广大的宇宙中生存。正因为如此,"全体"对他们才是最重要的,为了描写、说明它,或打算在其间做实际的活动,所以努力去理解它。因为他们知道"全体"和他们深具缘分,也知道"全体"与他们的密切关系。如此而把自己的范围弘扬扩大,因而,人们才指他们是伟大的。所以,"崇高"的宾辞——在某种意义下的真英雄和天才,就是意味着他们违反自己的天性,不追求自身的事件,不为自己筹谋,而是为全体人类生活之意。那些争逐着小利,斤斤于小节的大多数人,不能成就伟大事业的道理是很明显的,他们怎么说也无法变得伟大起来。

不论任何伟人,也往往有以个人为着眼的事情,换言之,也往往有当小人物的时候。任何英雄,在他的侍从看来,也有表现并非英雄本色的时候,如果你以为那些侍从没有评价英雄的能力,那就大错特错了。有关这问题,歌德在他的小说《爱力》第二卷第五章中描写,女主角欧蒂莉也有这样的看法。

歌德说:"天生是干才,或想当干才的人,可在干才这东西中,发现自身最美的生存。"天才,也有他的报偿。当我们瞻仰过去的伟人时,并不想:"这个人到现在还被我们赞美,是多么幸福啊!"相反地却想:"他所遗留的业绩,影响人类数百千年,多么光荣啊!"伟人的价值,不在他的名声,而是造成他获得声名的原因,而他的快乐在于产生"不可磨灭的种子"。故此,所谓死后的声名,他本身是完全不知道的,从这个事实来看,那些引经据典、吹毛求疵,想证明他的无价值的人,恰如某人看到邻居房里堆满蛎壳,心里羡慕得紧,却找出一大堆证据对着他大发蛎壳的全然无用论,同样的愚不可及。

根据以上所述天才的本质,可知它是原本应为意志服务的智慧,脱离自己的岗位而自立的活动。所以,很显然地它是反自然的现象。故此,所谓天才,可说是"不忠实于本务的智慧",天才之所以给自己带来不利,原因也在此。我们现在且把天才和智力远较他们为劣的人两相比较,便很容易观察出天才的不利之点。

常人的智慧为意志所支配,且严重地被束缚着,因而只能受制于"动机"而活动。意志这东西,在世界的大舞台中,可把它比之为一大串穿在木偶上而使木偶活动的铁线,凡人就像木偶,他们一生之所以枯燥无味、之所以严肃又认真,就是为了这点。那种认真相,越上一层越认真。动物的面貌也如此,冷板板地像煞有介事,他们从不会露出笑容。然而从意志解放出来的智慧的持主——天才,可把他们比之为著名的米兰木偶戏的操纵人,舞台上能够感知一切的只有他一个人,希望暂时离开舞台到观众席上看戏的也只有他一人——我们说天才是熟虑的原因即在此。即使,具有非常的理解力和富有理性的所谓"贤人",也不能和天才相提并论,且其间差异甚大。贤人的智慧是用于实际方面的,他能熟虑最好的目的和最便捷的手段,因此,也总不外是为意志服务,是顺其天性的,这是和天才相异的地方。这种坚实和实行的认真性,我们可预想得出,他们的智慧不会放弃为意志所用,也不会迷惑于无关于意志的事情,更不容许智慧和意志分离。伶俐的头脑也罢,优秀的头脑也罢,或所谓适合于大企业的头脑也罢,都是客体使这些人的意志旺盛地活动,头脑不停地探究客体相互间的各种关系,所以,他们的智慧和意志坚实地联结着。相反的,天才的头脑为了要客观地看出世界的现象，好像置身事物之外似的，只把它当作观想的对象，所以，意欲被逐出意识之外。行为能力和创作能力的差异，关键在此。创作能力的认识要客观而深远，这两种性质要以智慧和意志的完全分离为其前提；反之，行为能力的认识，须具有应用、沉着、果敢等条件，这些能力仍要不绝地遵奉意志的命令才能产生。如把智慧和意志之间的羁绊解开，智慧就脱离自己的自然使命，而忽略为意志服务的职守，例如沉湎于绘画的人，连迫在眉睫的灾难，也不去理会它，仍自顾自欣赏他的，以致给个体带来危险的环境。富有理性或理解力的人的智慧，则不如此，它永远坚守着立场，顺其境遇和要求。所以这类人不论在任何场合，所决定和实行的，必定很得体、很合适，不像天才经常有脱轨的行为或失措及愚昧的举动。天才之所以做出那些事情，是因为他的智慧不肯专做意志的指导者和看守者，而要求做点儿纯客观的思想。以上，我是以抽象的说法来说明这两种能力相互间的对立关系。歌德在他的戏曲《塔索》(Torquato Tasso)中还给我们作了更具体的说明，塔索和安东尼奥就是那两种能力的典型人物。一般人承认天才和疯狂非常接近，这问题的症结，主要也是在于天才特有的、反自然的"意志和智慧的分离"。但是这种分离，可不能说天才的意志是薄弱的，因为天才也须具有冲动和性格激烈的条件，因此，我们如果非要从另一种角度来说明此分离不可，那么可用下列的事实来解说。行为能力卓越的人，除强烈的意志外，也必要有完全或相当分量的智慧，这是一般人所欠缺的。至于天才，又高了一筹，他的智慧为任何意志所用也绰绰有余，是属于异常的，这种现象很难得一见，所以真正创作的人还不到"能干人才"的千分之一。在上述的情形下，智慧由于异常的剩余，取得绝对的优势，因而从意志分离而出，这时候的智慧，已忘却自己的本源，靠着自己的判断力、认识力，自由自在地活动，而造成天才的创作。

　　如此这般，天才就是智慧的自由活动，换言之，是从为意志所用解放出来的智慧的活动，所以，天才的创作，没有任何实利目的之副产品，更不能拿实用的标准来衡量。音乐的演奏，哲学的思索，画家的绘画，或诗歌的产生，纯粹都是为作品本身，毫不计较实利为何物。"非实用"是天才作品的特质，也是它的荣誉标志。人类所做出来的任何东西，都是为了维持我们的生存，或使我们生活得更方便，但只有天才之作是唯一例外，它只是为他自己的存在而创作。在这个意义下，可把它视为生命的火花，或是生存的净得物。所以欣赏这些作品可使我们胸襟开阔，忘却一切的穷困烦恼，犹如脱离尘世的骚扰——美和实利是不容易结合的，高大而美丽的树不结果实，果实都是生在丑而矮小的树上的；庭院盛开的玫瑰也不结果实，而那小而几乎没有香气的野生蔷薇，却可以结果实；美轮美奂的建筑物并不实用，琼楼玉宇并不适于居住。具有高贵的精神天赋，若勉强他们做适于最平庸的人所做的工作，那就像把雕饰华美的贵重花瓶当作茶壶使用一般；天才和注重实用的人相比较，犹如金刚石比之于炼瓦。

　　一般人智慧所用之处，只局限在自然所指定的场合，也就是理解事物间的相互关系，以及认识个体的意志和事物的关系而已。天才则在为理解事物的客观本质的情形下，才使用自己的智慧，那是违反智慧的天分的，所以天才的脑不属于他自己，而是属于世界，这就是天才在某种意义下，可以启发世界的原因，以此为基因，具有这种头脑的人，往往发生种种不利的事情。因为这种智慧所制造出来的东西，根本没有用武之地。第一个不利是这种智慧要服侍两个主人，因为它为了追求自己的目的，机会一到就要放弃大自然所决定的本来使命，它所选择的时机对意志来说，往往非常不适当，因而，有这种天赋的个体，在生活中多少显得有些不对劲，一言一行也显得有点神经兮兮的。并且，由于认识力的增加，智慧所看到的不是个别的事物，而多半是事物的普遍性，这又和意志的要求大相径庭，因为意志只要认识事物的个别形态。加之此认识力有时忽然异常高涨，倾其全力针对着有关意志的事物和它的可怜相，在绚烂明亮光线的照耀下，先看得一清二楚的，再把它们扩大类推，因此，有这种个性的人往往陷入极端的倾向。以下，我再把这一点作更详细的说明。一切伟大的理论是如何得来的？那一定要他本人倾注全部精神力在某一点，由于全副心神的贯注和集中，其他一切的世界完全自眼中消失，只有他的"对象"来填充一切的实在。在这伟大而强烈的集中内，固然带有天才的特质，但也不免经常朝向现实和日常的事物上，这些事物一带到上述焦点之下，便像在显微镜下的跳蚤，体格变得大象那样大。所以天赋丰富的人，不时为了些许小事而发生令人不解的情绪冲动，此外，我们也常可看到，普通人觉得心平气和的事件，竟令他们陷于悲哀、雀跃、忧虑、恐怖或愤怒中，总之，他们天生缺乏冷静。所谓冷静是当面对事物之时，除事物本身外，任何东西都不放在眼内之谓，因此，冷静的人难望成天才。天才还有一点不利，就是感受性太大，这是由于神经或脑髓生活异常高度化所带来的结果，同时这也是天才的条件——"意欲的猛烈"所提携来的。这种意欲的猛烈，是受到心脏强力的鼓动所致。由以上的种种特性很容易发生：情绪的过度紧张、激烈的冲动以及在强烈的忧郁性格下非常易变的脾气等等。在歌德《塔索》一书中就可看到这样的人物。天才的内在苦闷是不朽之作的源泉，他们有时陷于梦幻似的沉郁，有时又显出激烈的兴奋，和才智正常的人相形之下，后者是多么理智、沉着、平静，并且他们的行为是多么确实和平衡！除此外，天才的生活是孤独的，因为天才原本就极少数，所以不容易遇到知己，和常人相处也显得格格不入。主宰凡人的是意欲，天才则重认识，故此，前者之所喜，不是后者之所好；前者引为欢欣的，后者毫无喜悦之感。庸人是道德的生物，对于世界只是保持个人的关系。而天才在它之上还有纯粹的智慧，这种智慧属于全体人类，也是他活动的基本地盘，就是说它完全脱离意志，只不过偶尔回到意志身旁，这种思考过程，和常人的智慧始终纠缠在意志之上，一眼就能区别出来。天才不适于和凡人共同思考，也就是说不适于和他人交谈。一如天才的不喜欢凡人，凡人也不欢迎天才的优越性。物以类聚，天才也要选择和自己同资格的人交谈。但茫茫人海，哪里有天才？所以，通常天才只有通过书本与古人神交。尚福尔(Chamfort)说得好："伟大的各种性质越显著，受朋友影响所带来的恶德也越少。"上苍对待天才最好的安排，是免除其不专擅的工作，而有自由创作的闲暇。天才虽可以在无拘束地倾注全力于写作之际，也可享有无上的乐趣，但他们的一生并不幸福，不，应该说是坎坷落魄。这在大多数伟人传记中都可找到佐证。并且，不论天才的行为或工作，大都和时代相矛盾，甚或和时代相抗争，因此，为外界环境所不容。干才则相反，他们是应时代精神之要求而来的，刚好具有满足此要求的力量。因此，他们或参与政治工作或献身科学实业工作，都能获得报酬和赞赏。但他们所做的，到下一个时代就毫无用处了，因为那时又有新的表现来取代它。相反的，天才之投生在某个时代，恰似彗星的运转窜进卫星的轨道，它的路线是完全不规则的，不像后者有一定的轨道。所以，天才不能参与那只存在眼前的、死板板的行政工作。他又像濒死的大将，孤注一掷地把自己的随身武器投向敌阵中一样，把自己的作品投向遥远的将来，时代就循此路径缓缓前进。干才的作业能力确比常人高出一筹，但理解能力则未必比别人高明，所以，立刻可以找出评价他们的人；而天才的作业能力或理解能力，都为常人所不及，也不是常人所能直接理解认识的。干才像腕力强的射手，能射到常人所射不到的靶；天才则连射出去的箭头去向常人都看不到，只有等到他们的后代子孙才能发现。到那时候，一般凡人才信赖它和认识它。所以歌德在其《教训书简》中说："模仿是人的天性，虽然人们不承认自己是模仿。世间很难得有识英才的慧眼，够资格评价英才的也不多。"尚福尔也说："人才的评价，好像是一颗钻石，在某种程度内的大小、纯粹度，才有一定的标价，超过此范围，则既无市场也找不到买主了。"威兰也说："平常人对于最高的道德，毫无所觉，而只赞美那些平庸、低级的东西！"总之，世间充满了平凡、庸俗。天才的作品能被同时代的人所欣赏的，其例绝少，大都要等到后世才被发现和承认。就是说当他们的作品还新鲜、色彩还强烈的时候，没有人去观赏，像无花果或无漏子一样，在干燥的状态下比活生生时玩赏的人更多。

　　最后，我们再从天才的身体方面来观察。天才有他种种的解剖和生理的特征，这些特征并不是同时并存的，但任何一点也不能稍加忽视，同时，从这些特性我们可以说明，何以天才是孤立的，何以天才总带来不吉利的理由。天才的根本条件是感受性非常强烈，这也是男性生理必具有的特性（女人可能具有卓越的才干，但永远与天才无缘，因为女人都是主观的）。同时，他的脑髓系统很明显地从神经节系统分歧而出，它完全是孤立的，且两者间彼此采取相反的形式，所以，头脑在身体中，非以断然、孤立和强力的独立方法打发其寄生生活不可。这样一来，头脑当然很容易对身体其他部分采取敌对的作用，同时身体方面若没有良好的构造和强韧的生活力，在长期绞脑汁的生活下，一定很快地被磨损殆尽。所以，强韧的生活力和良好的构造也是天才的条件之一。再者，胃和脑髓又有特殊密接的交感，胃的健全也应列入条件。但最主要还是要有大而发达的头脑，尤其横幅一定要宽广，但纵径比横幅小的头脑，大脑比小脑更优越。此外，头脑和其他各部分的形状，无疑也是非常重要的，唯因知识所限，目前还无法精确地说出它的所以然来。识别高贵智慧的存在，现在我们所能确知的是头盖骨的形状，其次是，脑髓的实质必须要以极纤细、极完全，并且是最精选的柔软而敏感的神经体组织而成，还有，我们也隐约知道，脑髓白质和灰白质"量"的关系，也有重要的影响。根据拜伦遗骸的解剖报告，他的脑髓白质比灰白质多得多，脑重量是 6 磅，乔治·居维埃[①]的脑五磅重，而通常人只有 3 磅重，从以上例证，不难了解头脑和智慧的关系。脊髓和神经刚好和脑髓的优越条件相反，它们是越细越好。头盖骨也以薄骨组成而形成高广美丽的天井为最佳。脑髓和神经系统的构成都是遗传自母亲，但若没有父亲的活泼、激情气质的遗传，天才的现象还不够充分。这种气质是由心脏特殊的力量而引起的，就是说那是关于血液的循环——尤其是流向头部的循环力量而引起的现象。第一，因为脑特有的膨胀使之增大，脑由于此膨胀而压缩脑壁（负伤时脑壁若有裂孔，脑浆便由此进出）。第二，由于心脏的适当活动，而使脑髓接受某种内部运动，这种运动，和呼吸之际的脑髓高低运动完全不同，四个脑动脉搏动时，脑的全体实质都受到震撼。同时，这脑动脉的力量要和所增加的脑髓之量相当。上述的运动是一般脑活动不可或缺的条件，血液流通的路径越短，所抵达脑的热能就越多，所以个子矮，尤其是脖子短的人最适于脑的活动。因此可以说，伟大的思想家很

---

① 乔治·居维埃（Cuvier Georges 1768—1832），法国自然科学家，精于动物学及比较解剖学。

少是高头大马的。但并不是说,非要矮身材的条件不可,像歌德的身材就在中等以上。关于血液循环的条件是由父亲所遗传的,若欠缺了它,纵有良好的头脑组织,充其量也仅是个干才的材料——即优异的理解力。此理解力在某种场合,虽会受到一种黏液性的气质的援助,但并不是所谓的"黏液质的天才"。天才的各种性格的缺陷,也可说大部分都是由于父亲的遗传。相反的,若是空有父亲的性格遗传,而缺乏母亲的智慧,情形将若何呢? 其结果将变成:没有智慧的活泼,只能产生热力但发不出绚烂的光彩,所以生出性格暴躁和具有怪癖的人物。兄弟中,若有天才的话,大抵都是长子,康德就是其例,这是因为在"制造"长子时,正是父亲的力和情热最旺盛的年龄,虽然另一方的条件——母亲的遗传,会由于各种不利的事情所阻害。

在这里我还要再就天才的天真无邪的性格,也就是关于天才和儿童期的某种类似,作一些说明——原来,儿童时期和天才相同,都是脑髓和神经系统占绝对的优势,比身体其他器官的发育更遥遥领先。事实上,在 7 岁时脑髓的发育已臻完全。所以比莎①说:"儿童期的神经系统比筋肉系统为大,这是往后所看不到的现象,一过此期,其他所有系统都在神经系统之上。所以,为了明确了解神经的优劣,应该让小孩子多学习运用,这是我们不可不知道的地方。"(《生死论》第八章第六节)相反的,生殖系统的发育来得最晚,到了青壮年期,它的感应性及生殖作用等才充分活动,并且通常还凌驾脑髓的作用。基于此,一般来说,小孩大都伶俐、具有理性、富有求知欲、容易教导,他们比成人更喜好、更适于理论工作。由于神经系统的发达,儿童的智力优于愿望、激情等等的所谓

---

① 比莎(Bichat 1771—1802),法国名医学家,精于组织解剖学。

意志。因为智慧和脑髓是一体的两面,正如生殖系统是一切欲望中最激烈的欲望一样,所以,我把此系统名之为"意志的焦点"。儿童期时,此系统的可厌的活动尚未感觉,而另一方面头脑的活动又已充分发达,所以,此时期实是一生中不可再有的纯洁、幸福的时代,是人生的伊甸园,往后,我们只有以憧憬之念来回顾它。他们之所以幸福,是因为儿童期的全存在中认识多于意志,这种状态使一切的事物都罩上新奇的色彩。这样的世界,如沐浴在人生的晨曦中,眼前的一切充满着蛊惑和魅力。儿童期的小小欲望或变动的喜爱及微微的忧愁等等,比起认识活动的优势,简直是微乎其微。小孩子纯真清澈的眼睛,令人喜爱,并且,偶尔还达至崇高的、默想的表情——拉斐尔就利用这表情,画出一幅美丽动人的头像画,这种纯洁可贵的眼神,就是因为他们不含意欲。所以,精神力的形成远比应该为自己服务的"需要"先发达,在这一点,大自然的办法是适应他的目的。因为在这智慧占优势的时代,其实儿童本身也茫无所知,为了将来的需要,无意中作了认识的大储蓄,他的智慧没有休憩的活动,贪得无厌地把握一切的现象,把它们都揽进脑海中,为了来日,做准备周到的储蓄。这情形酷似蜜蜂预感将来的需要,而采集大量的蜜。从整个人生来看,人类在青春期以前,所得的见解和知识,确实比以后的学习总和多得多。人在儿童时期,一直都是以"可塑性"为主宰,这种力量完成自己的任务后,实质发生变化而进入生殖系统中,再进入青春期,开始表现情欲,从此,意志就逐渐占了上风。以心理特征来说,从理论的、爱好学习的儿童期,进入时而如山风般的劲烈、时而沉于忧郁不稳定的青春期,然后又移到热烈而认真的壮年期。儿童时期还未孕育性欲的本能,所以他们的意欲很稳定,从属于认识之下,儿童时期特有的天真、睿智及理性等性格,就是由此而产生的。因此,关于儿童期和天才的类似之处,我想没有再加说明的必要吧!一言以蔽之,它的基础是:认识力除意志的需要外,还有剩余,而使认识活动居于优势,如是而已。实际上,小孩子都是某种程度的天才;天才也是某种程度的小孩子。两者最接近的特点是表现朴素和崇高的纯真,这也是真天才的基本特征。其他诸如"孩子般的天真"也是天才的特性之一。据李梅尔说,黑格尔及其他很多人,曾指责歌德像个"大孩子"。他们的话并没有错,但若用作指责的借口,那就错了。再者,舒利希田格略尔的《故人小传》中,也说莫扎特①一辈子都像是小孩子。他这样写着:"他在艺术中,虽早已成熟,但在其他各方面不论任何时地都像个小孩。"是的,天才眺望世界,好像看戏一样,都是以纯客观的趣味,就只这点,便足够具备"大孩子"的资格。再回头看看一般俗人,他们只感觉到主观的趣味,只讲究行为的动机,所以,这些人满脸都是死板板的认真相。这是天才和小孩子绝对不会有的。一生之间,若不能像个某种程度的"大孩子",总是板着脸孔,了无生趣地埋头苦干,完全沉着理智的人,也许是个能为世所用的公民,但绝不是天才的材料。天才之所以为天才,是因为感受系统和认识活动的优越,并且,这种异常的状态,必要继续保持一生。此现象常人也能继续到青春期,例如,我们常可发现一些学生的那种纯粹的精神努力,俨然有天才的风采,但到了成年期又回复到自然的轨道上来,表现的尽是些争财夺利,显得俗不可耐,使以后邂逅他们的人,惊讶于他们的突变。下面我再以歌德美丽的词句,作个例证。他说:"小孩子不能践守约定的事情,年轻人也很少能遵守;然而,他们守约时,社会方面反而食言背信了。"(《爱力》第一章)因为社会常扬言把荣誉的桂冠赠予有价值的

---

① 莫扎特(Mozart 1756—1791),德国大音乐家。

人,但事实呢！又把它当作社会下等的目的,或反而戴到那些欺世盗名的人的头上去。每个人都有他一度青春的美丽,同样的,每一个人也有他青春智慧的存在。这是爱学习、爱理解、能把握事物的特质,这种特质在儿童期人皆有之,到了青春期淘汰一大部分,到最后,和青春的美艳一样,终于消失踪影。只有极少数得天独厚的人,才能保持一生,虽是年华老大,还能依稀辨认,这些人才是真美,才是真天才。

上面已谈过,儿童期的脑神经系统和聪慧是卓越的,到了成熟期则渐趋退步。这种现象,在猿猴类中也显著地存在相同的关系,由此,我们更可得重要的解说和确证。猿猴中最聪明的是年轻的黑猩猩,它再继续发育,原本和人非常类似的颜貌便不复存在,同时,那种令人惊叹的睿智也消失殆尽,长相越来越"动物化",前额向后退缩,颈部肌肉多而松弛,头盖形状完全类似一般动物,神经系统的活动渐渐低下,跟着是肌肉的异常发展。似是说明,肌肉的力量,已足以维持它的生活,如今,太多的智慧反而成了多余。佛劳温在批评佛列德利希·居维埃①《博物学》的文章中,曾解释这种现象的原因(此文之单行本在1841年印行)。他说:"猩猩的智慧非常高,也来得很早,但因年龄的增大而减退。年轻猩猩的伶俐、狡猾和机敏,会使我们惊奇;成熟后的猩猩却是粗暴、卑猥和难以驾驭的动物。所有猿类的现象都和猩猩相同,同是因体力的增进而智慧方面即告减退。最具智慧的动物亦同,只有年轻时期才具备它们全部的所有。"又说:"任何种类的猿猴,年龄和智慧必成反比,例如婆罗门教所崇敬的'神猿',年轻时前额很大,嘴巴只稍

---

① 佛列德利希·居维埃(Cuvier Frederic 1773—1883),法国博物学家,为乔治·居维埃之弟。

微突出,头盖高高地呈圆形;年龄一大,前额便向后退缩,嘴巴显著地突出,德行方面也明显地恶劣,由原本的聪明、柔顺、诚信,一变而为凶暴、迟钝及爱孤独。"依据居维埃氏的说法:"这种变异太大了。我们常以自身的行为来判断动物行为的习惯,所以,从这个见解来推想,年轻的动物是他的种族的一切道德性质最完备的时代,成长后的这种'神猿'除体力外,变成一无可取的个体。但造物者处理动物的方法,和我们所推想的不一样,动物毕竟不能超出'自然'所指定的范围,为此,在它们没有充分的体力前,智慧是必要的;一旦体格强壮,就收回其他的力量而失其效用。"又说:"种族的保存,有赖于动物的身体性质,同时也赖于智慧的性质。"最后这一句话,说明智慧和利爪锐齿一样,不外也是为意志所用的道具。这正可巩固我的学说。

(陈晓南　译)

论财产

　　伊壁鸠鲁把人类的需要分为三类,这位伟大的幸福论者所做的分类是很真确的。第一类是自然而必须的需要,诸如食物和衣着。这些需要易于满足,一旦匮乏,便会产生痛苦。第二类是自然,却不是必须的要求;例如某些感官的满足。在此,我要附加一句,由于根据狄奥简尼·卢尔提斯的记述,伊壁鸠鲁未曾指明哪几种感官,所以我所叙述的伊氏学说比原有的就更固定和确实。第二种的需要比较难以满足。第三类是既非自然又非必要的需求,例如对奢侈、挥霍、炫耀以及光彩的渴望。这种需要像无底的深渊一样,是很难满足的。

　　用理性定出财富欲的界限,实在是一件很困难的事;因为我们找不出能够满足人的绝对肯定的财富量究竟要多大,这种数量总是相对的,正如意志在他所求和所得间维持着一定的比例,仅以人之所得来衡量他的幸福,不顾他希望得的究竟有多少,这种方法之无效,就好比仅有分子没有分母无法写成分数一样。人们不会对他不希冀的东西有失落感,因为没有那些,他依旧可以快乐;同时,另一类人虽然有千百倍的财富,依然为了无法得到他希望得到的而困恼。在他所能见及的范围以内的东西,若他有信心获得,他便很快乐;但是一旦阻碍重重,难以到手,他便苦恼万分。人人有自己的地平面,在这范围以外之物能够得到与否,对他不会有影响。所以富人的千万家产不会使穷人眼红,富人也无法以其财产弥补希望的落空。我们可将财富比做海水,喝的越多,越是口渴,声名亦复如此。财富的丧失,除了第一次阵痛外,并不会改变人的习惯气质,因为一旦命运减少了人的财产,他立即自动减少自己的权利。然而噩运降临时,权利的减少是顶痛苦的事,可是一旦做了,痛苦便逐渐减小,终至不复可觉,它好像痊愈的旧创一样。反之,好运的到来,使我们的权利越升越多,不可约束。这种扩展感会使人带来快乐。但是这种快乐持续不久,一旦扩展完成,快乐也就随之消失,我们习惯了权利的增长,便逐渐对满足他们的财富不再关心。《奥德赛》中有一段话便是描叙这个真理的:"当我们无力增加财富,又不断企图增长权利时,不满之情便油然而生了。"

我们若考虑到人类的需要是何等的多,人类的生存如何建筑在这些需要上,我们便不会觉得惊讶财富为何比世上其他东西更为尊贵,为何财富占着极为荣耀的位置;我们也不会对有些人把谋利当成生命的唯一目标,并且把其他不属此途的——如哲学,推至一旁或抛弃于外也不会感到惊奇。人们常因为希求金钱和热爱金钱超过一切而受斥责,但这是很自然和不可避免的事。它就像多变和永不疲乏的海神一样,不断追求各种事物,随时企图满足自己的欲求和希望。每一件其他的事都可成为满足的事物,但一个事物只能满足一个希望和一个需要。食物是好的,但只有饥饿时才是好的;如果知道如何享受酒的话,酒也是好的;有病时药才是好的;在冬天火炉是好的;年轻时爱情是好的。但是,所有的好都是相对的,只有钱才是绝对的好,因为钱不但能具体地满足一个特殊的需要,而且能抽象地满足一切。

人若有一笔颇足自给的财富,他便该把这笔财富当作抵御他可能遭遇的祸患和不幸的保障;而不应把这笔财富当作在世上寻欢作乐的许可证,或以为钱财本当如此花用。凡是白手起家的人们,常以为使他们致富的才能方是他们的本钱,而他们所赚的钱却只相当于利润,于是他们尽数地花用所赚的钱,却不晓得存一部分起来作为固定的资本。这一类的人大半就再陷于穷困中:他们的收入或是减少,或根本停止,这又是起因于他们才能的耗竭,或者是时境的迁变使他们的才能变得没有价值。然而一般赖手艺为生的人却无妨任意花用他们的所得,因为手艺是一种不易消失的技能,即使某人的手艺失去了,他的同事也可以弥补他,再说这类劳力的工作也是经常为社会所需求的。所以古谚说:"一种有用的行当就好比一座金矿。"但是对艺术家和其他任何专家来说情形又不同,这也是为什么后二者的收入比手艺工人好得多的原因。这些收入好的人本该存起一部分收入来做资本,可是他们却毫无顾忌地把收入当作利润来尽数花用,以致日后终于覆灭。另一方面,继承遗产的人起码能分清资本和利润,并且尽力保全他的资本,不轻易动用,若是可能,他们还至少储存起八分之一的利息来应付未来临时事故。所以他们之中大部分人能保持其位而不坠。以上有关资本和利润的几点陈述并不适用于商业界,因为金钱之于商人,好比工具之于工人,只是获取更多利益的手段,所以即使他的资本完全是自己努力赚来的,他仍要灵活地运用这些钱以保有和增加更多的财富。因此,没有别处会像商业阶级里一样,不足为奇地把财富当成家常便饭。

通常我们可以发现,切身了解、体验过困乏和贫穷滋味的人,便不再怕困苦,因此他们也比那些家境富裕、仅自传闻里听到穷苦的人更容易流于挥霍的习惯。生长于良好环境里的人通常比凭运气致富的暴发户更为节省和小心盘算未来。这样看来真正的贫穷似乎并没有传闻中的那么可怕。可是,真正的原因却是在于那出生良好的人把财富看得和空气一样重要,没有了财富他就不知如何生活;于是他像保护自己生命般保护他的财富;他因此也喜爱规律、谨慎和节俭。可是,从小习于贫穷的人,过惯了穷人的生活,一旦致富,他也把财富视作烟云——如尘土一样不重要,可以拿来享受和浪费的多余品,因为他随时可以过以前的那种苦日子,还可以少一份因钱所带来的焦虑,莎士比亚在《亨利第四》一剧中说道:"乞丐可优哉悠哉地过一生,这话真是不错!"

然而我们应该说,生于穷苦的人有着坚定而丰富的信心,他们相信命运,也相信天无绝人之路——相信头脑,也信赖心灵;所以与富人不同,他们不把贫穷的阴影视为无底的黑暗,却很安慰地相信,一旦再摔到地下还可以再爬起来。人性中的此点特征说明了为什么婚前穷苦的妻子较常有丰厚嫁妆的太太更爱花费和有更多的要求;这是因为富有的女子不仅带着财富来,也带着比穷家女子更渴切地保存这些财富的本能。假使有人怀疑我的这段话,而且以为事实恰恰相反的话,他可以发现亚理奥斯图在第一首讽刺诗中有与他相似的观点。可是,另一方面,姜生博士的一段话却恰好印证了我的观点,他说:"出身富裕的妇女,早已习惯支配金钱,所以知道谨慎地花钱;但是一个因为结婚而首次获得金钱支配权的女子,会非常喜欢花钱,以至于十分浪费而奢侈。"总之,让我在此劝告娶了贫家女子的人们,不要把本钱留给她花用,只交给她利息就够了,而且要千万小心,别让她掌管子女的赡养费用。

当我奉劝诸君谨慎保存你们所赚或所继承的财富时,我衷心认为这是一件很值得一提的事。因为若有一笔钱可以使人不需工作就可独立而舒服地过日子,即使这笔钱只够一个人用——更别提是够一家用了——也是件很大的便宜事,因为有了这笔钱便可以免除那如慢性恶疾般紧附于人身上的贫穷,可以从几乎是人类必然命运的强制劳役中解脱。只有在这样良好命运下的人方可说是生而自由的,才能成为自己所处时代和力量的主人,才能在每个清晨傲然自语地说:"这一天是我的。"也就是这个原因,每年有一百块收入的人与每年有一千块收入的人之间的差别,远小于前者与一个一无所有的人之间的差别。遗传的财富若为具备高度心智力的人所获得,这笔财富才能发挥最大的价值,这种人多半追求着一种不能赚钱的生活,所以他如果获得了遗产,就好比获得上天双倍赐予,更能发挥其聪明才智,完成他人所不能完成的工作,这种工作能促进大众福利并且增进人类全体的荣耀,如果他以百倍于区区几文钱的价值,报答了曾给他这区区之数的人类,另一种人或许会将他所得的遗产去办慈善事业以济助同胞。然而若他对上述的事业都不感兴趣,也不试着去做,他从不专心去彻底地研究一门知识,以促进这种知识,这种人生长在富有的环境就只有使他更愚痴,成为时代的蠢贼,而为他人所不齿。在这种情形下,他也不会幸福,因为金钱虽然使他免于饥乏之苦,却把他带到一种令人类苦痛的极端——烦闷,这种烦闷使他非常痛苦以至于他宁可贫穷,假如贫穷能给他一些可做的事情。也由于烦闷便倾向浪费,终致失掉了这种他以为不值得占的便宜。无数的人们,当他们有钱时,把金钱拿来购买暂时的解放,以求不受烦闷感的压迫,到头来他们终于发现自己又贫困了。

如果某人的目标是政治生涯的成功,那么情形又有不同了,因为在政治圈中,徇私、朋友和各种关系都是最重要的,这些可以帮助他一步步地擢升到成功之梯的顶端。在这类生活中,被放逐到世间、没有一文的人是比较容易成功的,如果他满腹雄心,略具资才,即使并非贵族,或竟是个穷光蛋,这不但不会阻挠他的事业,却反而会增加他的声望。因为几乎每个人在日常与他同胞接触时,都希望他人有所不如自己,在政治圈里这种情形更为显著。一个穷光蛋由于从每方面来看都是完全地、深深地、绝对地不如人,更由于他是全然地渺小和不足道,他反而能轻悄悄地在政治把戏中取得一席之地。唯有他能够深深地鞠躬,必要时还可以磕头;唯有他能屈服于任何事且讽然嘲之;唯有他知道仁义道德的一文不值;唯有他在说及或写到某长官要人时能用最大的声音和最大胆的笔调,只要他们涂鸦一二,他就可以把这些誉为是神采的杰作;唯有他了解如何乞求,所以一脱离了孩童时期,他便马上成为教士来宣扬这种歌德所揭示的隐秘的秘密。

我们用不着抱怨世俗目的的低下,因为不管人们说什么,他们却统治着世界。

在另一方面,生而有足够财产可以过活的人,通常有一颗独立的心,他习惯于不同流合污;他也不会奴颜乞讨;他甚至还想追求一点才性,虽然他应该晓得这种高洁的才气远不是凡人谄媚的对手。这样慢慢地认清了居高位者的真面目,于是当他们羞辱自己时,也就会变得更倔强与不耻了。那些身居高位的人,原是高处不胜寒啊!这种人绝非得世之道。他们终会服膺伏尔泰所说的一段话:"生命短促如蜉蝣,将短短的一生去奉承些卑鄙的恶棍是多么不值啊!"

然而,世间"卑鄙的恶棍"又何其多呢!所以米凡诺说的:

"如果你的贫穷大过才气,你是很难有成就的。"这段话可以适用于艺术和文学界中,但却绝不适用于政治圈及社会的野心上。

在以上所叙述的人之产业中，我没有提到妻子与子女；因为我以为自己是为他们所有而非占有他们的。此外，似乎我应该提到朋友，但是朋友关系是属于一种相互关系的。

（张尚德　译）

名　誉

　　由于人性奇特的弱点，我们经常过分重视他人对自己的看法；其实，只要稍加反省就可知道别人的看法并不能影响我们可以获得的幸福。所以我很难理解为什么人人都对别人的赞美夸奖感到十分快乐。如果你打一只猫，它会竖毛发；要是你赞美一个人，他的脸上便浮起一丝愉快甜蜜的表情，而且只要你所赞美的正是他引以自傲的，即使这种赞美是明显的谎言，他仍会欢迎之至。只要有别人赞赏他，即使厄运当头，幸福的希望渺茫，他们仍可以安之若素；反过来，当一个人的感情和自尊心受到自然、地位或是环境的伤害，当他被冷淡、轻视和忽略时，每个人都难免要感觉苦恼甚至极为痛苦。

　　假使荣誉感便是基于此种"喜褒恶贬"的本性而产生的话，那么荣誉感就可以取代道德律，而有益于大众福利了；可惜荣誉感在心灵安宁和独立等幸福要素上所生的影响非但没有益处反而有害。所以就幸福的观点着眼，我们应该制止这种弱点的蔓延，自己恰当而正确地考虑及衡量某些利益的相对价值，从而减轻对他人意见的高度感受性；不管这种意见是谄媚的，还是会导致痛苦的，因它们都是诉诸情绪的。如果不照以上的做法，人便会成为别人高兴怎样就怎样的奴才——对一个贪于赞美的人来说，伤害他和安抚他都是很容易的。

因此将人在自己心目中的价值和在他人的眼里的价值加以适当的比较，是有助于我们的幸福的。人在自己心目中的价值是集合了造成我们存在和存在领域内一切事物而形成的。另一方面，造成他人眼中的价值的是他人意识；是我们在他人眼中的形象和连带对比形象的看法。这种价值对我们存在的本身没有直接的影响，可是由于他人对我们的行为是依赖这种价值的，所以它对我们的存在会有间接而和缓的影响，然而当这种他人眼中的价值促使我们起而修改"自己心目中的自我"时，它的影响便直接化了。除此而外，他人的意识是与我们漠不相关的；尤其当我们认清了大众的思想是何等无知浅薄，他们的观念是多么狭隘，情操是如何低贱，意见是怎样偏颇，错误是何其多时，别人对我们的看法就更不相干了。当我们由经验中知道人在背后是如何诋毁他的同伴，只要他毋须怕对方也相信对方不会听到诋毁的话，他就会尽量诋毁。这样我们便会真正不在乎他人的意见了。只要我们有机会认清古来多少的伟人曾受过蠢虫的蔑视，也就晓得在乎别人怎么说便是太尊敬别人了。

如果人不能在前述的性格与财产中找到幸福的源头，而需要在第三种，也就是名誉里寻找安慰，换句话说，他不能在他自身所具备的事物里发现快乐的源泉，却寄望他人的赞美，这便陷于危险之境了。因为究实说来，我们的幸福应该建筑在身体的本质上，所以身体的健康是幸福的要素；其次重要的是一种独立生活和免于忧虑的能力。这两种幸福因素的重要，不是任何荣誉、奢华、地位和声名所能匹敌和取代的，如果必要，我们都会牺牲了后者来成就前者。要知道任何人的首要存在和真实存在的条件都是藏在他自身的发肤中，不是在别人对他的看法里；而且个人生活的现实情况,例如健康状态、气质、能力、收入、妻子、儿女、朋友、家庭等,对幸福的影响将大于别人高兴怎么对我们的看法千百倍;如果不能及早认清这一点,我们的生活就晦暗了。假使人们还要坚持荣誉重于生命,他真正的意思该是坚持生存和圆满都比不上别人的意见来得重要。当然这种说法可能只是强调如果要在社会上飞黄腾达,他人对自己的看法,即名誉的好坏是非常重要的,只是当我们见到人们冒险犯难、刻苦努力、奉献生命而获得的每一项成就,其最终的目的不外乎抬高他人对己的评价,当我们见到不仅职务、官衔、修饰,就连知识、艺术及一切努力都是为了求取同僚更大的尊敬而发时,我们能不为人类愚昧的极度扩张而悲哀吗?过分重视他人的意见是人人都会犯的错误,这个错误根源于人性深处,也是文明与社会环境的结果,但是不管它的来源到底是什么,这种错误在我们所有行径上所产生的巨大影响以及它有害于真正幸福的事实则是不容否认的。这种错误小则使人们胆怯和卑屈在他人的言语之前,大则可以造成像维吉士将匕首插入女儿胸膛的悲剧,也可以使许多人为了争取身后的荣耀而牺牲了宁静、平和、财富、健康,甚至于生命。由于荣誉感(使一个人容易接受他人的控制)可以成为控制同伴的工具,所以在训练人格的正当过程中,荣誉感的培养占了一席要地。然而荣誉的这种地位和它在人类幸福上所生的后果是两回事,我们的目标是追求幸福,所以必须劝读者切勿过于重视荣誉感。日常经验告诉我们太重视名誉正是一般人最常犯的错误,人们非常计较别人的想法而不太注意自己的感觉,虽然后者较前者更为直接。他们颠倒了自然的次序,把别人的意见当作真实的存在,而把自己的感觉弄得含混不明。他们把二等的导出品当作首要的主体;以为它们呈现在他人前的影像比自身的实体更为重要。他们希望自间接的存在里得到真实而直接的结果,把自己陷进愚昧的"虚荣"中,而虚荣原指没有坚实的内在价值的东西。这种虚荣心重的人就像吝啬鬼,热切追求手段而忘了原来的目的。

事实上,我们置于他人意见上的价值以及我们经常为博取他人欢心而作的努力与我们可以合理地希望获得的成果是不能平衡的,也就是说前者是我们能力以外的东西,然而人又不能抑制这种虚荣心,这就可以说是人与生俱来的一种疯癫症了。我们每做一件事,首先便会想到:"别人该会怎么讲";人生中几乎有一半的麻烦与困扰就是来自我们对此项结果的焦虑;这种焦虑存在于自尊心中,人们对它也因日久麻痹而没有感觉了。我们的虚荣弄假以及装模作样都是源于担心别人会怎么说的焦虑上。如果没有了这种焦虑,也就不会有这么多的奢侈了。各种形式的骄傲,不论表面上多么不同,骨子里都有这种担心别人会怎么说的焦虑,然而这种忧虑所付出的代价又是多么大啊!人在生命的每个阶段里都有这种焦虑,我们在小孩身上已可见到,而它在老年人身上所产生的作用就更强烈,因为当年华老大,没有能力来享受各种感官之乐时,除了贪婪他剩下的就只有虚荣和骄傲了。法国人可能是这种感觉的最好例证,自古至今,这种虚荣心像一个定期的流行病时常在法国历史上出现,它或者表现于法国人疯狂的野心上,或者在他们可笑的民族自负上,或者在他们不知羞耻的吹牛上。可是他们不但未达到目的,其他的民族不但不赞美却反而讥笑他们,称呼他们说:法国是最会"盖"的民族。

在1846年3月31日的《时代》杂志有一段记载,足以说明这种极端顽固的重视别人的意见的情形。有一个名叫汤默士·魏克士的学徒,基于报复的心理谋杀了他的师傅。虽然这个例子的情况和人物都比较特殊一点,可是却恰好说明了根植在人性深处的这种愚昧是多么根深蒂固,即使在特异的环境中依旧存在。《时代》杂志报道说在行刑的那天清晨,牧师像往常一样很早就来为他祝福,魏克士沉默着表示他对牧师的布道并不感兴趣,他似乎急于在前来观望他不光荣之死的众人面前使自己摆出一副"勇敢"的样子……在队伍开始走时,他高兴地走入他的位置,当他进入刑场时,他以足够给身边人听到的大声音说道:"现在,就如杜德博士所说,我即将明白那伟大的秘密了。"接近绞刑台时,这个可怜人没有任何协助,独自走上了台子,走到中央时他转身向观众连连鞠躬,这种举动引起台下看热闹的观众一阵热烈的欢呼声。

这是一个很好的例子,说明一个人当死的阴影就在眼前时,还在担心他留给一群旁观者的印象,以及他们会怎么想他。另外在雷孔特身上也发生了相似的事情,时间也是公元1846年,雷孔特因为企图谋杀国王而被判死刑,在法兰克福地方处决。审判的过程中,雷孔特一直为他不能在上院前穿着整齐而烦恼;他处决的那天,更因为不许他修面而为之伤心。其实这类事情也不是近代才有的。马提奥·阿尔曼在他著名的传奇小说《Gumzmrn de alfara che》的序文中告诉我们,许多中了邪的罪犯,在他们死前的数小时中,忽略了为他们的灵魂祝福和做最后忏悔,却忙着准备和背诵他们预备在死刑台上做的演讲词。

我拿这些极端的例子来说明我的意思,因为从这两个例子中我们可以看到他自己本身放大后的样子。我们所有的焦虑、困扰、苦恼、麻烦、奋发努力几乎大部分都起因于担心别人会怎么说;在这方面我们的愚蠢与那些可怜的犯人并没有两样。羡慕和仇恨经常也源于相似的原因。

要知道幸福是存在于心灵的平和及满足中的。所以要得到幸福就必须合理地限制这种担心别人会怎么说的本能冲动,我们要切除现有分量的五分之四,这样我们才能拔去身体上一根常令我们痛苦的刺。当然要做到这一点这是很困难的，因为此类冲动原是人性内自然的执拗。泰西特斯说："一个聪明人最难摆脱的便是名利欲。"制止这种普遍愚昧的唯一方法就是认清这是一种愚昧，要认清这是一种愚昧，我们就需先明白人们脑里的意见大部分都是错误、偏颇和荒谬的，所以这些意见本身并不值一顾；再说，在生活中大半的环境和事务也不会真正受到他人意见的影响；何况这种意见一般是批评褒贬的居多，所以一个人如果完全知道了人家在背后怎么说他，那么他会烦死的。最后，我们也清楚地晓得，与其他许多事情比较，荣誉并没有直接的价值，它只有间接价值。如果人们果能从这个愚昧的想法中挣脱出来，他就可以获得现在所不能想象的平和与快乐，他可以更坚定和自信地面对着世界，不必再拘谨不安了。退休的生活有助于心灵的平和，就是由于我们离开了长久受人注视的生活，不需再时时刻刻顾忌到他们的评语；换句话说，我们能够"归返到本性"上生活了。同时我们也可以避免许多厄运，这些厄运是由于我们现在只追寻别人的意见而造成的，由于我们的愚昧造成的厄运只有当我们不再在意这些不可捉摸的阴影，并注意坚实的真实时才能避免，这样我们方能没有阻碍地享受美好的真实。但是，别忘了：值得做的事情都是难做的事。

（张尚德　译）

骄　傲

人性愚昧往往繁殖出了3个嫩芽：那就是野心、虚荣和骄傲。虚荣与骄傲间有下列的不同：骄傲是自己对自身在某特殊方面有卓越价值的确信；而虚荣是引起他人对自己有这种信任的欲望，通常也秘密希望自己亦终将有此确信。骄傲是一种内在的活动，是人对自己直接的体认；虚荣是人希望自外在间接地获得这种体认。所以自负的人常是多话的，不然就是沉默而骄傲的。但是自负的人应该晓得即使他有满腹经纶还是不说的好，因为持久的缄默比说话更能赢得好评。任何想假装高傲的人不一定就能骄傲，他多半会像其他人一样，很快地丢弃这个假装的个性。

唯有对自己卓越的才能和独特的价值有坚定、不可动摇之确信的人才被称为"骄傲"，当然这种信念也许是错误的，或者是建立在一种偶然的、传统的特性上，对一切骄傲的人，也就是对当前有最为迫切要求的人。因为"骄傲"是基于一种确信，所以他与其他不是由自己裁决的知识相似。骄傲的最大敌人——我的意思是说它最大的阻碍——是虚荣，虚荣是企图借外在的喝彩来建立内在的高度自信，而骄傲却基于先存有此种强烈的自信才能成立。

通常"骄傲"总是受到指责；可是我想只有自己没有足以自傲之物的人才会贬损"骄傲"这种品德。我们看到世俗的鲁莽与蛮横,任何具有优秀品格的人,如果不愿他的品德永久被忽略,就该好好正视自己的好品德;因为假如一个品德优良的人,好心地无视自己的优越性,依然与一般人亲善,就好像自己与他们一样,那么用不了多久,他们便会坦白而肆无忌惮地把你看成他们的同类。这是我给那些具有高贵品格——一种出自人性优越之人之劝告,尤其当此种优越性不像名衔、地位那样人人可见时应该如此;不然,他们一旦觉得你与他们一样,便开始轻视你了。阿拉伯古谚说:"和奴隶开玩笑,他不久就原形毕露了。"

当谦虚成为公认的好德性时,无疑世上的笨人就占了很大的便宜;因为每个人都应该谦虚地不表现自己,世人便都类似了。这真是平头的平等啊!它是一种压制的过程,因为这样一来,世上就好像只有笨人了。

骄傲中最廉价的一种是国家骄傲;因为当人以其祖国为荣时,就表示他自身没有足以自傲的品格,不然他也不会把骄傲放在那与千百万同胞所共享的东西上了。天赋重于资质的人可以一眼看穿自己国家的短处。只有本身一无可取的笨人才不得不依赖他祖国的骄傲;他高兴地维护着祖国任何的缺点与短处,借祖国的荣耀来弥补自身的不足。举例说,假使你用英国人应得的轻蔑语调提到他们愚昧顽固,恐怕没有一个50岁以上的英国人会同意你的话,假如有一个同意的话,也很是一个睿智的长者。

……

总而言之,个性比国家性重要得多,也比国家性更值得我们重视。

(张尚德 译)

荣 誉

如果我说,"荣誉感是外在的良心,而良心是内在的荣誉感",相信很多人会同意我的话,但这只是虚有其表的定义,并未真正探入问题的根本。我更喜欢如下的定义:荣誉可分主观及客观的两面,就从客观的一面来说,荣誉是他人对我们的评价和观感;就主观的一面而言,荣誉感是我们对这种评价及观感的重视。自后者来看,做一个有荣誉感的人便要经常去运用有益于人类的影响力,虽然此种影响力绝非仅限于纯道德的一面。

除了少数极端腐化的人之外,每个人都有着羞耻心,而且荣誉也是一种公认的价值。此种现象的原因如下。完全凭靠自己,一个人所能成就的必然有限,这就好比在孤岛上的鲁宾逊一样,尽20年之力也只能求得自身之温饱而已。唯有在社会里,人才能完全发挥其力量,并且获得很大的成就。当人有了意识之始他就明白这个道理,于是在心中升起了在社会中做一个有用分子的欲望。他希望自己有能力尽一己的义务,而且也能享受社会的利益。要成为社会中的有用分子,必须做两件事情:一、完成人之为人的根本责任;二、完成个人在此世界中所处之特殊地位所应尽的职责。

然而人们发现,决定他是否有用的不是他自己而是别人的意见；于是他尽力讨好他所看重的世俗，以期给他们留下好印象。这样便产生了人性中内在的和原始的特征——荣誉感，或者自另一角度来称呼它作羞耻心。正是此种羞耻心使人在受他人评判时会羞惭脸红，即使他明知自己是无辜的，或者他的所作所为本不必受任何礼法拘束，可以依自由意志而行动，然而他人的评价依然会对他发生影响。反之，在生命中最能给人勇气的便是得到或重获他人欣赏的信念；因为唯有他人欣赏他，他们才会联合起来帮助他和保护他，凭着这种力量他可以抵御生命中的许多灾患，这是他以匹夫之力所无法办到的。

为了获得别人的信任，以博取他们的好感，个人在自己与别人间维持着各色各样的关系，这些复杂的关系造成了几种不同的荣誉，这些荣誉有的是依赖自身良好的行为，有的是靠着种种担保，也有的是基于和异性间的关系。所以我们把各式各样的荣誉概括为三大类：公民的荣誉、官场的荣誉、性感的荣誉。

"公民的荣誉"是最常见的一种。此种荣誉是基于如下的设定：我们应该无条件尊重他人的权利，所以不得用任何不正当与不合法的手段取得我们想要的东西。这种荣誉是人与人之间和平交往的条件，任何对这种和平交往条件的忽略都会毁坏了"公民的荣誉"，因此所有包括了法律之责罚的东西，都认为责罚是正当的。因为法律是责罚破坏和平之人，这种人既已破坏了人际的和平关系，也就不得再享有"公民之荣誉"，而须身为楚囚了。

荣誉的究极基础是一种认为道德品格永不改变的信念；也就是说，如果我们视某一行为是恶的，那意含了未来在相似动机、相同情况下的行动也必是恶的。英文中"Character"一字便包含了声望、名誉、荣誉等意思。所以除非是无心的失误，或者遭受恶意的诽谤，或者是被误会，否则一旦荣誉丧失，便不会再获得。所以法律保护人不受谗言、诽谤和侮辱之害,而侮辱,虽然经常只是恶言咒骂,却也相等于隐藏了理由之后的简要诽谤。因为唯有无理由可以诉怨时,人才会恶言咒骂他人,否则他会提出他的理由来作为前提,而留待其他的听众去下结论,可是当他咒骂时,他乃自己引申了结论,却把前提隐去不谈,认为别的听众会设想他是为了简要起见,所以不说前提。

"公民荣誉"的名称和源起都是来自中产阶级,可是却适用于所有人类,最上层阶级亦不例外。没有人可以无视此种荣誉的严肃性和重要性,任何人都应谨慎小心,切不可等闲视之。信心一旦丧失,将永无再得到信心的希望,不论他做什么事或成为什么人,失去信心的悲惨后果是永远无法避免的。

相对于名声所具有的肯定性质来说,荣誉的性质是否定的。因为荣誉不是人们对于某人独具的品格之赞扬,而是对于某人应该表现且不应错的一些品格之期许。所以荣誉是强调一个人都不该例外,而名声却是赞美某人的独特成就。名声是我们必须去争取的,荣誉却是我们不得丧失的。没有了名声就不能出名而已,仅是消极的不好;但是失去荣誉,就是种耻辱,是积极的不好了。荣誉的此种否定性质是不同任何"被动"性质的,因为荣誉一旦发动,将比任何东西更具主动的性质。它直接隶属于表现这种品格的人,并且也仅与此人所为和所不为者有关,与别人的行动,和别人加之于此人的障碍都无关系。所以荣誉是完全在我们能力以内的事。这一点特征很明白地区分出什么是真正的荣誉,和我们立刻会提到的骑士精神的伪装荣誉。

诽谤是唯一能够无中生有攻击荣誉的武器,反击此种攻击的唯一方法便是用适当的舆论批驳此种诽谤,并且恰到好处地去揭开诽谤者的假面具。

尊敬德高望重的老年人之理由乃在于老人必然已在其生命的过程中显示出来他有否长期维护无疵美誉的能力，而不像青年一样，纵使有美好的品格却还未受到岁月的考验。况且年轻人不仅在岁月上，而且在经验上也是不如老人的。所以白发令人心仪。老者经常获得他人内心由衷的敬仰。而皱纹——岁月的表征——却不会博得尊崇，人们常说：可敬的白发；但从未说：可敬的皱纹。

荣誉只有一种间接的价值。因为在这一部分开始的时候我就解释过，别人对我们的想法如何，即使有影响，也只能左右他们对我们行为的态度。而且荣誉是一种社会的产物，有了荣誉感，我们才能生活在文明的状态中；在我们许多的作为中，我们需要他人的帮助，同时在别人能为我们做任何事之前，对我们需要有种信赖感。这样他们对我们的看法虽是间接的，虽看不出有直接的或当下的价值，却是极为重要的。西塞罗也有这方面的意见，他说："我完全同意荣利斯普斯和戴奥尼斯所说的，好的荣誉如果不能对我产生什么作用的话，那是丝毫不值得去获得的。"哈维休斯在他的主要著作 *De L Esprit*, *By Helve tius* 中也大大地坚持这一真理，他的结论是，我们之所以喜欢别人尊敬自己，并不是因为尊敬自身有什么了不起，而是要看别人对我的尊敬能带来什么好处。因为种种手段绝不会超过所要达到的目的，把荣誉的价值看成超过生命自身，这根本就是一种夸张的说法，这样说来，街头巷尾所说的荣誉就更不值一提了。

谈到官方的荣誉，一些人的普遍意见是，一个人担任某种官职，在实际上就必须具有执行其任务的必要条件。比较大和比较重要的职务是肩负国家的责任，如果官职越高，影响力越大，一般人就更认为他必须在道德和理智上更具有适合该职务的条件。因此官位越高，他所受的荣誉也就越大，例如头衔、等级和他人对他的卑躬屈膝行为，都是在表示这一点的。一般说来，一个人的官阶，包含着他应该有的某种程度的荣誉。事实上，具有特别任务的人比起一般人具有程度更高的荣誉，一般人的荣誉主要是使自己免于羞辱。

进一步说来，官方的荣誉要求接受某种官职的人必须尊敬自己的官职，好为他的同僚及其后来者做个好的榜样。尽责就是一位官员尊敬他的官职，拒绝对自己或对其官职的任何攻击，必须注意对他没有尽到责任的批评以及未促进的社会福祉。必须以法律来处罚那些不当的攻击。

从属于达官显要荣誉下的是那些从事医生、律师和教员的人士，简言之，就是那些精于某种事业的人，应该有一种荣誉感，也就是誓言为众服务的荣誉。除这些荣誉之外，就是军人的荣誉了。就军人荣誉的真实意义来说，一个人既为捍卫国家的军人，就应该有足以捍卫国家的军人气质，其中诸如勇敢和视死如归的决心，在任何情况下誓言为他的国家战斗。我在此所说的官方荣誉，是从其广泛意义来说的，而不只是一般人民对官员的一种尊敬。

对有关性爱的荣誉和其所赖以建立的原理，多少给予注意和加以分析，那是必要的。其中我所要说的足以支持我的论点，此即一切荣誉都是建立在功利的基础上的。关于这一题旨有两种自然的划分：女人性爱的荣誉，男人性爱的荣誉。因为女人一生的主要内容大部分是她和男人的关系，因此性爱对女人的重要性就比对男人的重要了。

一般的意见是女人的性爱相对于她还是少女时，她是纯洁的，她是太太时，她是真诚的。这种意见的重要性是建基在下列的考虑上的。在女人一生的生活关系上，她全是依靠男人的，而男人只依靠女人一部分。这样安排以后，就使得女人和男人要互相依靠了。男人要负担太太和他们的儿女一切需要，这种安排是建基在整个女性族类的利益上的。为了要实现这种安排，女人们就紧密地扯在一起表现她们的团结精神，表现一种统一的阵线好对付她们的共同敌人——男人。男人占有世间上一切美好的事物，诸如良好的体形和理智的能力，女人为了围攻男人和控制男人，以及分占男人所具有的美好事物，就不得不扯在一起搞统一阵线。为了达到这个目的，女人的荣誉就须依照、强化下面的一种规则，那就是为了强迫男人向女人投降，拜倒在她们迷你裙下，除非是结婚，没有女人是可以给男人的。由于这种安排，这种规则就是整个女性所要遵守的了。但是除非严格遵守这种规则才能达成这种结果。事实上各地的女人倒真的在小心翼翼地维系着团结精神。任何女人若违反了这个规则，就是背叛了整个的女性，因为如果每个女人都像她一样的话，整个女性的利益就要瓦解了。因此如果一个女人没有羞耻心的话，就是失掉了荣誉，任何其他女人就会把她看成瘟疫一样，不敢和她接触了。离婚的女人也是会遭受这样的命运的。因为离婚就是表示那个女人没有能力，不能使丈夫向自己投降，这就意味着她妨害了所有其他女人的利益。而且这种违害婚约的行为，不仅是因为女性个人要受到处罚，且涉及到大家的荣誉。这一点说明我们不太重视少女的羞辱，而重视一位妻子的羞辱。因为前者还可以婚姻来补救，而后者是无法来弥补她婚姻的破裂的。

　　一旦认识了这种团结精神是女性荣誉的基础，且为女性利益和谨慎的一种必要安排后，就可认识荣誉对女性福祉的极端重要性。不过其所具有的价值仍是相对的。因为荣誉并没有绝对的目的，并不能超过生命自身的存在和价值。如果把女性的荣誉过分扩大，就好像在图手段而忘记了目的，而这却又是许多人所常犯的。因为夸大女性的荣誉就意味性的荣誉的价值是绝对的,而事实上是女性的性的荣誉,和其他事比起来,只不过是一种相对的事而已。从汤姆森时代一直到宗教改革,在各个国家中,法律承认不法的男女关系,而并无损于妇女的荣誉,有人也许会进一步地说,妇女的荣誉只不过是约定俗成的事罢了。

当然在人民生活的某种环境中,常使结婚的某种外表形式变得不可能,特别是在信奉天主教的国家是如此,在这些国家根本没有离婚这件事。我认为在一个国家内,除了可怜的王子外,每个男人都要有选择妻子的自由。男人的双手是属于国家的,结婚也只是为了国家。此外,男人就是男人,作一个男子汉,就要有男子汉的威风。在这件事上,禁止王子自己的意向,那根本是古板的、不正当的事。当然,不论怎么样,女人对国家的政府是没有影响的。从女人自己的观点来看,女人具有一种特殊的地位,而这种地位不受性的荣誉的通常规则支配的,因为她只是把自己奉献给爱她的男人,即使不能结婚,她也是爱他的。一般说来,女性的荣誉在自然中并没有它的起源,这可从许多肉体牺牲的事例中看出来,诸如屠杀婴儿和母亲自杀等。说真的,一个女人违反婚约,就是对整个女性的一种背叛。不过一个女人对整个女性的忠诚,只是秘密似地被承认,并不是一种誓言。因此,在许许多多的情况中,女人的命运是极为悲惨的,而其愚蠢却又往往胜过她的罪过。

相对于男人有关性的道德来说的,这也是从我讨论的女人的性荣誉中引出来的,那就是女性的团体精神,这种精神使男人和女人结婚,而使征服者(女人)占了很大的便宜,这时男人和女人维持婚约关系时就须特别小心。一方面不可放弃婚约的任何拘束力,男人放弃一切后,最低限度也不可轻易放弃他的占有品——老婆。男人如果宽恕女人冒犯自己,其他男人就会认为他是可耻的。不过这种羞耻并不像女人失掉荣誉一样。女人失掉荣誉所遭受的侮辱是很深的，而因为男人和女人的关系，相对于男人一生的其他重要事项来说并不是最重要的，因此女人对某个男人的冒犯所形成的羞辱就不如女人失掉荣誉所形成的羞辱那么大了。

我上面所讨论的荣誉是以各种不同的形式和原则存于各个时代和国家中的。不过在历史上女性荣誉的原则曾在各个时代遭受地方性的修正。另外还有一种与此完全不同的荣誉，这种荣誉是希腊人和罗马人所没有的，到现在为止，中国人、印度人或阿拉伯人也全然不知道，这是中世纪时所出现的一种荣誉，且是基督教的欧洲所产生的，只存于少部分的欧洲人之间，那就是社会的上层阶级和适于做上层阶级的人。这种荣誉是一种武士式的荣誉，它的原则是与我先前所讨论的荣誉完全不同的，且在某些方面甚至与它相反，但它能产生一种侠义精神，为了与武士的礼仪一致，且让我来解释这种荣誉的原则：

一、这种荣誉不是存在于他人说我们有什么价值的意见中，而完全在于他们是否有这种意见。不管别人是否有任何意见，但要紧的是让别人知道是否有这种荣誉的理由。对于我们的所作所为，别人也许有最恶劣的批评，对我们抱种种轻视，且无任何人敢表达不同的意见，但我们的荣誉仍是崇高的。假定我们的行为和本质使别人不得不给予最高的敬意，别人又毫无意见地给了这种敬意，但有人却贬斥我们，除非我们能使他产生敬意，那我们的荣誉就遭到侵犯了。武士的荣誉不在乎别人所想的是什么，而在乎别人所说的是什么，这一点可从下列事实来说明，那就是别人侮辱我们，如果必要的话，就得请他道歉，道了歉也就不成其为侮辱了。至于他们是否修正自己所说的，或者为什么要那样说，那都是不重要的，只要道歉，一切也就摆平了。这种做法的目的不是在赚得崇敬，而是非要他崇敬不可。

二、这种荣誉不系乎在一个人所做的是什么，而系乎在他所遭遇的苦难是什么、困难是什么。且这种荣誉是与其他一切荣誉不同的，它不存在于自己所说或所做的是什么，而存在于别人所说和所做的是什么。因为一个人的整个作为可能是依照最公正的和最高贵的原则，他的心灵也可能是最纯洁的，理智是最清明的，然而若有任何人随意侮辱他，他的荣誉就随之消失了，若遇到这种情形，自己并未违反荣誉的内容，对于侮辱自己荣誉的人，也就只有把他当作是最无价值的匪徒，或者是最愚昧的野兽、懒虫、赌鬼，简言之，一个丝毫不值得我们去计较的人。通常也就是这种惯于侮辱别人的人，正如赛尼卡所说的，越是随意恶口伤人的，就越是可贱的和令人嘲笑的，这种人对他人的侮辱多指向我上面所描述的人，因为趣味不同的人是不能成为朋友的，而世间一些豪杰之士就最易引起这类人的无理怒气。歌德说得好，对你的敌人抱怨是无用的，因为如果你的存在对敌人成为一种责难，敌人是不能成为你的朋友的。

很明显的是，这类毫无价值的人是有好的理由感谢荣誉的原则的，因为荣誉的原则使这些人与有荣誉的人相形见绌。如果一个人喜欢侮辱别人，这种人实是具有坏的品质的。而在事实上这种看法也是大家可立即承认的。品质恶劣的人就喜欢侮辱别人，这几乎是一种铁则，而且具有这种品质的人，若不勇敢地纠正自己，则我们的判断任何时地都是有效的。换句话说，一个遭人侮辱的人，即使他是世界上最不幸的人，也不论他所遭受的侮辱是什么，只要别人认为他是一个具有荣誉的人，那他就仍是具有荣誉的人。我相信具有荣誉的人是能忍受别人侮辱的。这样说来，所有具有荣誉感的人，对于品质恶劣的人是不屑一顾的，只不过把他当作一个患癫病的人,不屑与他为伍。

我认为这种聪明的分析历程可以追索到从中世纪到15世纪的事实上,这个时期在任何审判程序上,并不是原告要证明被告的犯罪,而是要被告证明自己是无辜的。被告可以发誓并没有犯罪,而支持他的人也必须发誓说明他不可能伪誓,如果没有人支持他,或者原告反对被告的支持人,那就只有诉诸上帝的裁判了,通常也把它称作重审。因为被告此时陷于不名誉的状态中,他必须清洗自己。在此便是不名誉这一观念的由来,其时整个系统还在今日具有荣誉的人之间流行,只不过把发誓省掉而已。这一点也可解释为什么具有荣誉的人对于说谎极为愤怒。说谎是应该斥责的,必须勇敢地纠正过来。虽然如此,人的说谎却是随处可见的。事实上,一个人威胁要杀戮另一说谎的人,自己就不应该说谎,在中世纪的审判中也以一种简短的形式承认了这一点。在回答控告时,被告说:那是说谎。如遇到这种情形就只有留待神来审判了。因此,武士的荣誉信条规定,当遇到人说谎时,就只有诉诸武力了。其实遇到别人侮辱自己,也该是如此的。

三、这种荣誉是否在他心内或是否与他自己是绝对无关的,换句话说,与他的道德是否能变得好或坏没有关系,因为这种荣誉是不需要如此迂腐地探求的。如果你的荣誉遭受了攻击的话,或者外表看来已没有荣誉可言的话,只要迅速地采取彻底纠正的方法,很快就可恢复荣誉,那就是决斗。但是如果攻击者不认识武士荣誉规则的话,或他自己曾经违反武士的荣誉,那就有另一种不费吹灰之力的安全方法来恢复你的荣誉——立即给对方一拳便了。

不过若担心造成任何不愉快的结果,或不知对方是否能服从武士荣誉的规则,因而希望避免采取此类极端步骤的话,就有另一种方法使自己处在健全的立场上,那就是比胜。比胜在于以牙还牙,你来八两,我还一斤。

四、接受侮辱是不体面的,给人侮辱则是有荣誉的,现让我来举一个例子。我的对手在他的立场来看是有理由的、对的、真的。好吧,老子侮辱你。这样他就没有荣誉和对的理由了,荣誉和对的理由反而到我这边来,他想法恢复他对的理由和荣誉,但所用的却是用粗暴的方法。这样一来,粗暴取代了荣誉,粗暴胜过了一切,最粗暴的便永远是对的,既然如此,你除了要粗暴外,还要什么呢?不论某个人是如何地恶劣与愚昧,一旦他以粗暴来做买卖,他的一切错误也就合法化而可原谅了。如果在任何讨论或谈话中,别人比我表现得更有知识、更为爱好真理、更具健全的判断和理解,或普遍地表现出一种理智的特质,因而使我暗淡无光,只要我们马上攻击他和侮辱他,我们便马上打消了他的优越性,而使自己超过他。因为粗暴是比任何论证都好的一种论证,它可完全使理智无光。如果我们的对手不关心我们的攻击方法,或不以更粗暴的方式来还击我们,因而把我们当成不高贵的比胜对手,那我们总是胜利者和具有荣誉者。当需要无比的傲慢时,就让我们丢掉真理、知识、悟性、理智与机智。

一个有荣誉感的人,当有任何人说出与自己违逆的话或显示出有更多的才智时,我们便应该马上武装自己。同时若在任何争论中,别人无法回答我们,因而也诉诸粗暴时,这就表示他也和我一样了。现在应该很明显的是,人们称赞荣誉的原则,认为荣誉可使社会高贵,这是很正确的。这种原理是从另一种形式引出来的,此种形式成为荣誉整个规则的灵魂和核心。

五、荣誉的规则包含着一种意义,那就是荣誉是最高的法庭,一个人与任何人发生争论,因而涉及荣誉时,我们必须诉诸有形的力量,那就是蛮横。严格地说来,任何一种粗暴也就是诉诸蛮横;

因为蛮横是宣告理智和道德已不足以决定问题,斗争必须由有形的力量来解决,富兰克林说,人是制造工具的动物,而实际上人是由人所制造的武器决定的。用蛮横来决定问题,一旦决定就不能改变。这是大家所知道的强权原理,当然这是一种讽刺的说法,就好像说蠢子也有机智一样。

六、像我们在前面所说的,在你的和我的事务之间,市民的荣誉是过于谨慎的,他们过于尊重职责和诺言,另一方面,我们在此所讨论的荣誉规则,则具有极高贵的自由性。只有一个字不可以撕毁,那就是荣誉,像人们所说的,老子的荣誉,这就是说一切诺言都可撕毁,唯独荣誉不可撕毁。而且如果万一撕毁了荣誉的话,有人讽刺我们,那我们就应用普遍的方法——决斗和他硬干一场来恢复自己的荣誉。尤有进者,人有一种债务,也只有一种债务是必须要付清的,那就是赌债。在一切债务中你都可以不付,你甚至可以欺骗犹太教徒和基督教徒,这对你的荣誉并没有什么污点,不付赌债那是不荣誉的。

没有偏见的读者,也许会认为这样一种奇特的、野蛮的令人嘲笑的荣誉规则。没有人性的基础,在人的事务之健全观点中,也找不出正当的理由,在其极为狭隘的可行范围内,只能用来强化人的感受,这种感受也只流行在自中世纪以来欧洲的上层阶级、官员和兵士中,以及试图模仿这种荣誉的人民中。希腊人和罗马人是完全不知道荣誉的规则原理的。就是亚洲古代或近代高度文明的国家,也不知道这些。在这些人中,他们除了认识我所指出的第一种荣誉外,并不认识其他的荣誉,由第一种荣誉他们以行动来表现自己。他们认为一个人的所想所为也许可影响自己的荣誉,但并不能影响别人的荣誉。遭人打击也只不过是遭人打击,在某种情况下也许会使人愤怒及采取立即的报复,但并无关荣誉。这些国家的人多不会去计较打击所受的侮辱。然而,在个人的勇敢和轻视死亡一事上,这些国家古代人士所表现出来的,并不会亚于基督教的欧洲。你可以说希腊人和罗马人从头到尾是勇敢的,但他们并不知道荣誉的意义。如果他们有任何决斗观念的话,这也与高贵的生命完全无关。决斗也只是展示被雇佣的人格斗,判刑的奴隶,罪犯和野兽拼命一场,制造一个罗马式的假日。基督教升起以后,格斗没有了,代之而起的才是决斗,这是由神的审判来解决问题的一个方法。如果格斗是为伟大的观众之欲望所做的一种残忍牺牲,决斗就是为既存的偏见而不是为罪犯、奴隶的一种残忍的牺牲,也就是为自由与高贵所作的一种残忍的牺牲。

  有许多迹象显示古代的人是完全免于这些偏见的。例如有一个条顿族的酋长召唤马里乌斯决斗,但马里乌斯回答说,如果酋长对自己的生命感到厌倦的话,他去上吊好了,同时他推介一位老练的格斗者,去与酋长作几回格斗。有一个近代的法国作家宣称如果有任何人认为德谟斯色尼斯是一个具有荣誉的人,那他的无知就会使人有可怜之感,而西塞罗也不是一个具有荣誉感的人。在柏拉图法律一书的某几段中,这位哲学家一再谈到恭行一事,这就充分清晰地指出古代人对于此等事是没有任何荣誉感观念的。有一次有人踢苏格拉底,当时苏格拉底对侮辱所表现出的忍耐使得他的朋友也为之惊奇。苏格拉底说:如果一个驴子踢我,你以为我要恨他吗?在另一场合上,有人问苏格拉底;难道那人不是侮辱你和骂你吗?苏格拉底说:没有,他所说的不是针对我而说的。斯托伯斯从莫索尼乌斯所保存的很长记录中,使我们知道古代如何对待侮辱。他们知道除了法律所提供的解决方法外,没有其他的方式能令人满意,但聪明人甚至轻视这一点,如果希腊人被人打了,透过法律来解决他们也就满意了,这一点可在柏拉图的著作中苏格拉底所表示的意见看到。

令人赞美的犬侨学派哲学家克纳特曾经被尼可姆斯打了一拳,脸被打得变成紫色,肿起来了。克纳特却在额上作一个被尼可姆斯打的记号,有一玩横笛的人看了感到非常羞耻,这位玩横笛的人曾对一个人使用过暴力,而这位被揍的人竟是所有雅典人所尊敬且当作家神的人。戴奥吉尼斯在给他的朋友麦莱西普斯的信中告诉我们,一群雅典人喝醉了酒打了他,但他说这种事是不重要的。

很明显的是,武士荣誉的整个规则是古代人所完全不知道的,因为简单的理由是,他们对于人的事情常采取一种自然的没有偏见的观点,不允许此类恶劣的、可恶的愚昧来影响自己。被人捆了一记耳光,他们认为只不过是一记耳光,一个没有什么了不起的肉体上的伤害而已。而近代人却认为这是一件非常了不起的事情,是悲剧的一种题材。如果法国国会有某人挨了一记耳光,它的回响也许要从欧洲这一端传到那一端。

从我已经所说到的应该很明白地了解,武士的荣誉之原则,在人的自然性中并没有一种本质上的及天然的起源。武士的荣誉是一种人为的结果,而其源由是不难发现的。武士荣誉的存在很明显是人们习于用拳头甚过用脑时就开始的,当牧师的方术缚紧了人的理智,在中世纪所流行的武士制度,就使得武士的荣誉开始流行了。其时人们不仅让上帝照顾自己且由上帝来为自己作判断。遇到困难的时候,多由神来作判断。只有很少的例外,那就是决斗,当时高贵的人士不仅重视决斗,就是一般的人民也重视决斗。在莎士比亚《亨利六世》一剧中,对此就有很好的说明。每一个审判都诉诸武斗,实际即是诉诸肉体的力量和活动,也就是诉诸动物的自然性,以动物的自然性代替了审判中的理性,决定事物的对与错,不以人所作的是什么来决定,而以他所能抵抗的力量来决定,事实上,这也就是今日所流行的武士荣誉之原则的系统。如果有人怀疑这是近代决斗的实际起源的话,就请他去读米林公所写的一本好书《决斗史》(The aeistory of Duelling by J.B)吧。而且在支持这一系统的人士中,你也可以发现他们通常并不是受教育很高或有思想的人,他们有些人常将决斗的结果当成在争论中一个实际的神圣判决。

不过撇开决斗的源流不谈,现在我们应该明白的是,这一原则的基本倾向是用有形的威胁来达成一种在实际上很难达到的外表上的尊敬。这种程序有点像下面所说的事情一样,那就是要证明你的房间内的温暖度,你用手握着温度表,因而使温度上升。事实上,这种事情的核心是这样的:一般人的荣誉之目的在于与人能平和地交往,因为我们无条件地尊重别人的权利,我们就值得别人的充分信任。另一方面,武士的荣誉则是不顾一切地使我们产生恐惧,因而使我们不得不由恐惧而折服。

如果我们生活在一种自然的状态中,每一个人都要自己保护自己以及直接地维持自己的权利,则对人的诚实、正直性就不能过分地信任,以及武士荣誉的原则使人所产生的恐惧远超过使人所能产生的信赖,也许这种看法并不是错误的。不过,在文明的生活中,国家保护着我们每个人和财产,武士荣誉的原则就不能再加以运用了。在文明的社会中这个原则就像某个时代的城堡和瞭望塔一样,在其中是耕种得很好的田野,平坦的道路甚至铁道,因而城堡和瞭望塔也就成为废物了。

这样说来,若仍承认这种原则,则这种武士荣誉原则的运用也只能限于个人殴打的较小事件上,且这种殴打只会遭到法律上的轻微处罚,或甚至不会遭受处罚,只是一种小的错误,当作闲话谈一谈就了。武士荣誉原则之有限应用的结果是，因着人的价值，反而强迫性地夸张了它的可敬性，这种可敬是完全远离自然性或人的命运的，夸张武士荣誉的原则，几乎把它当作一种神圣的事物看待。

为了减轻这种轻率的傲慢，人就习于在每一件事上让步。如果有两个勇猛的人相遇，彼此都不让步的话，彼此之间的些微差异就可能引起一连串的咒骂，然后是比拳，最后是致命的一击。因此，如果免掉中间的步骤而直接诉诸暴力，在程序上也许更为恰当。诉诸暴力有其自身的特别形式，这些形式后来发展为森严的规范和法律系统，然后一起形成为庄严的但又可笑的闹剧，那就是使蠢人所献身的一种荣誉，他们把这种荣誉当作一种流俗的庙堂。因为如果两个勇敢的人为了一些小事争论（比较重要的事由法律来处理），其中比较聪明的一位当然会让步，同时他们也会同意彼此的差异。这是由一种事实来证明的，那就是一般人或者社会上各类不了解荣誉原则的人，多让争论任其自由发展。在这些人中，杀人者比起尊敬荣誉原则的人要少得多，你打我骂的事也不会常常发生。

因此有人说在良好社会中人的风度和谈吐最终是建立在这种荣誉的原则上的。荣誉的原则和决斗就成为反对粗暴和野蛮屠杀的主干。不过雅典、科林斯和罗马可以说是一个好的甚至极佳的社会，人的风度和谈吐都是极良好的，却并未对武士的荣誉有任何支持。有一件事是真实的事，在古代的社会中，女人所占有的地位并不像今天所占有的地位一样，现在的女人东家长西家短的，使得现今的社会完全与古代不同。这种改变对于今日社会上所看到的一种倾向，那就是个人宁愿选择勇敢甚过其他的特质，实是有极大贡献的。事实上是，个人的勇敢实是一种从属性的德性，比低等动物都不如,我们没有听说过人能像狮子一般的勇敢。武士的荣誉决不能作为社会的一种支柱,但它为欺诈、邪恶、缺少考虑和风度确确实实地提供了一种救济办法。因为没有人愿意冒死来纠正别人粗鲁的行为,粗鲁的行为也就常在人的沉默中过去了。

根据我上面所说的,决斗的方法在有杀人狂的地方极为风行,特别是在政治和经济记录上并不怎样荣誉的国度里风行,读者也并不会觉得有什么奇特可言。这种国家喜欢什么样的私人生活,这个问题最好让有这种生活经验的人去回答。他们的温文有礼和社会的文化,已经很久没表现出来了。

因此,在这种口实中,实是没有什么真理可言的。我们可以用更具正义的话来作主张,那就是当你对一只狗咆哮时,它也会反过来向你咆哮,你摸摸它,它就摇尾巴了。同样的,在人性中也是如此,多是以牙还牙,以暴易暴,你给我半斤,我就给你八两。西塞罗说:在嫉妒矛头中有某种刺透人的东西,就是聪明和有价值的人也会发现令人痛楚的伤处。在这个世界上,除了某些宗教外,没有地方会默默地接受侮辱的。

为了完成这个讨论,现让我来谈一下国家的荣誉。国家的荣誉是在许多国家中,一个国家应有的荣誉来说的。因为国家并没有什么法庭可以申诉,而只有力量(武力)的法庭;每一个国家应准备维护自己的利益,一个国家的荣誉,包含着一种意义,就是所提出的主张,不仅要人们信赖,而且使人畏惧。攻击国家的权利就必须加以制裁,国家荣誉是一般人民和武士荣誉的结合。

(张尚德　译)

名　声

　　名声和荣誉好比孪生兄弟，像双子星座的卡斯特和波勒士，他们两兄弟一人是不朽的，另一人却不是永恒的。而名声也就是不朽的，不像它的兄弟荣誉一样，只是蜉蝣一现。当然，我说的是极高层的名声，也就是"名声"一词的真正意义，名声是有许多种的，其中有的也稍显即逝。荣誉是每个人在相似的情况下应有的表现，而名声则无法求之于每个人。我们有权赋予自己有"荣誉感"的品格，而名声则需他人来赋予。我们的荣誉最多使他人认识我们，而名声则有更高远的成就，它使我们永远为人怀念。每个人皆能求得荣誉，只有少数人可获得名声，因为只有极具特殊卓越成就的人才获得名声。

　　这类成就可分为立功、立言两种，立功、立言是通往名誉的两条大道。在立功的道路中，具有一颗伟大的心灵是他的主要的条件；而立言则需一个伟大的头脑。两条大道各有利弊，主要的差异在于功业如过眼烟云，而著作却永垂不朽。极为高贵的功勋事迹，也只能影响短暂的时间；然而一部才华四溢的名著，却是活生生的灵感泉源，可历千秋万世而长新。功业留给人们的是回忆，并且在岁月中逐渐消失和变形，人们逐渐不再关心，终至完全消失，除非历史将他凝化成石，传留后世。著作的本身便是不朽的，一旦写为书篇，便可永久存在。举例来说，亚历山大大帝所留在我们心目中的只是他的盛名与事迹，然而柏拉图、亚里士多德、荷马、荷瑞思等人今日依然健在，依然活跃在每个学子的思潮中，其影响一如他们生时。梵书与奥义书仍然留传于我们周围，可是亚历山大当时彪炳印度的功业事迹却早已如春梦般无痕地消逝了。

　　立功多少需要依赖机运才能成功，因此得来的名声一方面固然是由于功业本身的价值，另一方面也的确是靠风云际会才能爆发出光辉的火花。再以战争中的立功作例子，战功是一种个人的成就，它所依存的是少数见证人的证词，然而这些见证人并非都曾在现场目击，即使果然在场目击，他们的观察报道也不一定都公正不偏。以上所说有关立功的几个弱点，可以用它的优点来平衡，立功的优点在于立功是一件很实际的事，也能为一般人所理解；所以除非我们事先对于创立功业者的动机还不清楚，否则只要有了正确可靠的资料，我们便可以作公平的论断。若是不明了动机，我们便无法真正明白事功的价值了。

　　立言的情形恰与立功相反，它并不肇始于偶然的机运，主要依靠立言者的品德和学问，并且可以长存不朽。此外，所立之言的真正价值是很难断定的，内容越深奥，批评越不易。通常，没有人足以了解一部巨作，而且诚实公正的批评家更是凤毛麟角。所以，立言所得的名声，通常都是累积许多判断而成的。在前面我已提过，功业留给人们的是回忆，而且很快就成为陈年旧物了；然而有价值的著作，除非有丧失的章页，否则总是历久弥新，永远以他初版的生动面目出现，永远不会在传统下古旧。所以，著作是不会长久被误解的，即使最初可能遭到偏见的笼罩，在长远的时光之流中，终会还其庐山真面目。也只有经历了时光之流的冲击与考验，人们方有能力来评论著作，而它的真正价值也才会显露出来；独特的批评家们谨慎地研究独特的作品,并且连续着发表他们有分量的批判。这样无数个批判逐渐凝聚成对该作品的公正不倚的鉴定,此种鉴定有时需要好几百年方能形成,不过此后任凭更长的光阴也无法将其改变了,立言的声名就是这样的安全和可靠。

作者能否在有生之年见到自己的盛名,这是有赖环境和机缘的,通常越是重要和价值高的作品,它的作者越不易在生前博得名声。圣尼卡说得很好:"名声与价值的关系就好似身体与影子,影子有时在前,有时在后。"他又说:"虽然同时代的人因为妒忌而表示一致的沉默,但是终有一天,会有人无私地评判它的价值。"

从这段话里我们发现,早在圣尼卡的时代(纪元前4世纪),已有坏蛋懂得如何以恶毒的方式来漠视和压制一部作品真正的价值。他们也晓得如何在大众前隐藏好的作品,好使低级作品能畅销于世。在现代,我们依然可以发现这种手法,它通常表现在一种嫉妒的沉默中。

一般说来,有所谓"大器晚成",所以越是长存不朽的名声,发迹也就越迟,因为伟大的作品需要长时间的发展。能够遗传后世的名声就好像橡树,长得既慢,活得也就久;延续不长的名声好比一年生的植物,时期到了便会凋零;而错误的名声却似菌类,一夜里长满了四野,很快便又枯萎。

人们不免要问这究竟是为什么? 其实原因也很简单:所谓属于后世的人,其实是属于人类全体;他的作品不带有特殊的地方色彩或时代风味,而是为了人民大众所写,所以他的作品不能取悦于他的同时代人,他们不了解他,他也像陌生人一样生活在他们之中。人们比较欣赏能够窥见他们所处之时代的特色,或者能够捕捉此一刻的特殊气质之人,然而如此得来的名声却是与时俱亡的。

一般艺术和文学更显示了人类心智的最高成就,通常在最初提出时多不获好评，一直在阴暗处生存，直到他获得高度智慧之士的赏识，并借助他的影响，方能得到永垂不朽的地位。

如果你还要问造成此种现象的原因何在，那就说来话长了，要知道人真正能够了解和欣赏的，到头来还是那些与他气味相投的东西。枯燥的人喜欢无味的作品；普通人也爱看普通的文章；观念混乱的人只欣赏思路不清的著作；没有头脑的人所看的也必是空无一物的书籍。

人们常自我陶醉并且还理直气壮，这原是一件无足惊异的事；因为在一只狗的心目中，世上最好的东西还是一只狗，牛，还是牛，其他可以此类推，这就证明了"物以类聚"的道理了。

即使最强壮的手臂也不能给轻如羽毛者一点力，因为后者自身没有启发动力的机关，所以不能奋力前进击中目标，很快地磨竭了一点儿能量便会掉落下来。伟大的、高贵的思想也是这种情况，而且天才的作品也是如此，常常没有能真正欣赏高贵思想和天才作品的人，有的也只是一些脆弱而刚愎的人来欣赏而已，这种事实原是各个时代的聪明人不得不叹息的。约瑟之子——耶稣曾经说过："对一个笨人说故事，就好比说给睡梦中的人听一样，因为当故事说完了，他还会反问你，到底是怎么一回事？"哈姆雷特也说："在愚人的耳中，不正当的言词可以使你入睡。"歌德同样也认为在愚笨的耳前，即使最智慧的言辞也会受到嘲笑。不过我们不该因为听众愚蠢便感到气馁，要知道朽木原是不可雕的，投石入沼泽是无法激起涟漪的，李登堡也有类似的见解，他曾说过："当一个人的脑筋和一本书起了冲突时，那显得空洞无物的一方该不会老是书本吧？"此外他又说："这类的著作就好比一面镜子，当一个笨驴来看时，你怎能期望反照出一个圣人呢？"吉勒在美好又动人的挽歌中提到，最好的礼物往往很少人赞美，人们老是犯了黑白颠倒的过错，这种过失就像不能治愈的痼疾一样日复一日地扰人。我们该做的事只有一件，但却是一件最困难和不能办到的事，那就是要求愚笨的人变成聪明，而这根本是不可能的事。肤浅愚蠢的人从来就不晓得生命的意义，他们只知用肉眼而不知用心眼，因为善对他们而言是陌生的东西，所以他们就只有赞美那些老生常谈的事物。

不能认识和欣赏世上所存在的美善的原因，除了智能不足外，便是人性卑劣的一面在从中作梗，这便是种卑劣的人性。即一个人如果有了名望，他便在同乡中出人头地了，其他人相形之下自然变得渺小。所以俗语说一将功成万骨枯，任何显赫的功勋都要牺牲其他人的功名才能成就的。因此歌德也说："赞美他人便是贬低自己。"每逢有杰出的事件出现，不论是哪一方面的杰出，伪君子和一般大众都会联合起来排斥甚至压制它。连那些本身已有薄名的也不喜欢新的声誉人物产生，因为别人成功的光辉会将他掷入黑暗。所以歌德宣称，假使我们需要依赖他人的赞赏而活的话，就不如不要了；别人为了想表示自己的重要性，也不得不根本忽视你的存在！

荣誉与名声不同，通常人们肯公平地称颂荣誉，也不会妒忌别人的荣誉，只因荣誉是每个人都可以有的，除非他自己不要。

荣誉是可以与他人分享的东西，名声却不能轻易获得，想获得的人既多，又需防他人的侵害。再者，一部作品的读者之多寡正与作者的名声大小成正比，于是著写学问著作的人想要获得名望，便比通俗小说家来得困难。而最困难的便是哲学作品，因为它们的目标晦涩，内容又没有用处。所以他们只能吸引工作于同一层次的人。

从我以上所说的看，我们不难看出，凡是为野心所驱使，不顾自身的兴趣与快乐，没命苦干的人多半不会留下不朽的遗物；反而是那些追求真理与美善，避开邪想，公然向公意挑战并且蔑视它的错误之人，往往得以不朽。所以谚语云："名声躲避追求它的人，却追求躲避他的人。"这只因前者过分顺应世俗而后者能够大胆反抗的缘故。

名声虽然很不容易获得，却是极容易保存的。这又是名声与荣誉对立的地方。我们可以设想荣誉是人人具备的，毋须苦苦去追求，却要谨慎莫失去，这就是困难所在了，因为一失足成千古恨，一件小小的错误便可使荣誉永远沉沦。然而名声却不会轻易消失，无论是立德还是立言，只是有所立便不会失去，即使作者再没有更好的作为，他原有的名声依然会存在。只有虚假的、无功而受的名声才会消失无影，这是名声完全受到一时的高估所致；至于黑格尔与李奇登堡所描述的名声，就更肤浅了。

名声实在仅是人与他人相形比较的结果，而且主要是品格方面的对比，所以评价也就因时、因人而异；当别人变得与他同样有名时，他原有的名望无形中便给"比下去"了。唯有直接且存于自身的东西才具有绝对的价值，因为此种东西在任何情况中都不会被他人剥夺。所以伟大的头脑与心灵是值得追求而且可以增进幸福的东西，至于因此而得的名声却只是次要的事。我们应当尊重那致使成名的因素，不必太沽名钓誉，前者是基本的实体，后者只是偶然的机运下显现前者于外的征象，它的好处是能够证实人对他自身的看法。没有反射体我们看不到光线，没有喧嚣的名声我们认不出真正的天才。许多的天才在默默无闻中沉没了，然而名声并不代表价值，勒辛便说过："有些人得到了名声，另一些人却当获而未得。"

若把价值或缺乏价值的标准放在别人的想法上，活着便很可怜了；但这正是一个依赖名声，也就是世人的喝彩声而活的英雄与才子的日子。每个人生活、生存是为了自己;同时重要地活在自己之中,他成为什么,他如何生活,对自己比对他人要紧得多,所以假使他在这方面不能得到自己的尊重,在别人眼里他也值不了多少了。其他人对他的评价是二等和次要的事,并且受到生命里一切机运的支配,并不会直接影响他。别人是寄存我们真正幸福的最坏之所,也许寄存想象的幸福在他人身上是可能的,但真正的幸福必须存在自己中。

让我们再来看看生活在"普遍名声之殿"中的一伙人是多么复杂!有将军、官员、庸医、骗子、舞者、歌者、富翁,还有犹太人!在这个殿堂里,获得严肃认可与纯正声望的就是这些人的伎俩,而不是优越的心智成就。至于后者,即使是极高的杰作,也只能博取大众口头的赞许。

从人类幸福的观点着眼,名声仅仅是少许用以满足骄傲与虚荣之口味的东西,这少许东西又是极珍贵和稀有的。在每个人心中都有需求这种东西的口味,不管隐藏得多么好,此种口味的需求依然十分强烈,尤其是在不顾一切代价只求出名的人心中。这种人在未出名前需要经过一段等待期,此时他极不稳定,直到机会降临,证明了他对自己的看法,也让他人看看他究竟是不错的;不过在此之前他总会遭到不遇于时的愤慨①。

我曾经解释了人们很不合理地重视他人意见的现象。郝布思因此而说过:"人们心灵的快慰和各种的狂喜,皆起于我们把自己与他人比较后,觉得自己可以以己为荣。"他的这段话的确不错。所以我们可以了解人们何以如此重视名声,只要有一丝获得的希

---

① 我们受赞美时是最快乐了。不过赞美我们的人,不论我们多么好,总迟迟表现他的感情。所以当他人不理他,而他仍能设法很认真地欣赏自己的人该是幸福的人。

望,牺牲再大亦在所不惜——米尔顿说:

"我们也会明白世上虚荣心强的人常把'荣誉'挂在嘴边,心中暗暗相信着它,以此为成大事大业的鼓励。不过,名声到底只是二流的,是回响,是反映,是真正价值的阴影与表象;况且,不管怎样说,引致赞美的因素言词更为可贵。令人幸福的不是名声,而是能为他带来名声的东西;更正确地说,是他的气质及能力,为他造就了学术和德性上的名声,也令他真正幸福。本身的优良本性对自己十分重要,对他人则不太重要,所以自己对自己的看法比他人对自己的评价更为紧要,他人意志仅处于附属的地位。应得而未得到名声的人拥有幸福的重要因素,这该可以安慰他未获得名声的失望吧!我所说的不是被盲目而迷惑的大众所捧出来的巨人,而是真正的伟人,伟大得令人羡慕。他的幸福不是由于他将遗名后世,而因为他能创造伟大且足以留存万世永远研读的思想。"

再说假如一个人有了这种成就,他们保有的是别人夺不走的,是完全依赖自身的,不像名声要依靠他人。如果获得赞美是他主要唯一的目标,他自身必没有可以赞美之处了。"虚名"便是这样,徒有虚名之人,本身没有坚硬的"托子"作为名声的背景,他终于会对自己不满,因为总有一天,当自恋造成的幻梦消失,他便会在他无意爬上的高处晕眩了,或把自己视为假钞,或者害怕着当真相大白时的贬诋,他几乎可以在当时的聪明人之额前,看到后世对他的辱骂,他就像一个由于假遗嘱而得到财产的人那样惶惶不安。

真正的名声是死后方得的名声,虽然他没有亲自领受,他却是个幸福的人。因为他拥有他赢得名声的伟大品质,又有机会充分发展,有闲暇做他想做的事,献身于他喜爱的研究中。唯有发自心灵深处的作品才能获得桂冠。

精神的伟大,或者睿智的富有是使人幸福的东西,睿智一旦印记在作品上，便会受到未来无数代的赞赏，曾使他幸福的思潮也会带给遥远之后的高贵心灵同等的喜悦与研究兴趣。身后之名的价值乃在于它是纯正不伪的，它也是对伟大心思的报答。注定要获得赞赏的作品能否在作者身前获得，全凭机会，所以并不重要。普通人都没有鉴赏力，无法领会巨著的难处。人们大都追随权威人物，在万口同赞声中，百分之九十九的人是依凭信心。在生前名声散播得既广又远之人若是聪明，便不要太重视这个，因为它只显示在少数几个人偶然一天对他很赞赏，于是引起了其他人的盲从。

如果一个音乐家晓得他的听众几乎都是聋子，而且为了掩饰己身的不确定，他们看到有一两人在鼓掌便也用力拍手，他还会为了他们热烈的掌声而喜悦吗？假使他又晓得了这领头的一两人原来是受贿专门为差劲的演奏者制造热烈的掌声的人，他又有什么话可说呢？

我们不难了解为什么生前的赞誉很少发展成死后的名声。在一篇对文学声誉之殿堂有极好的描写的文章里，DAlemlert 指出："在这所殿堂的圣厅里住着的高手是伟大的死者，他们在活着的时候从未享过名誉，少数在这圣厅里的活人，一旦死了，几乎全部都会被逐出此地。"让我顺便说说，在生时被立有纪念碑的人，后代都不会相信这种评价。即使有人侥幸在生前看到了自己真正的声誉，也多半是年华老大之时了，只有少数艺术家和音乐家是例外，但哲学家却很少有例外。以其作品著称于世之人的肖像也证实了这点；因为肖像多半是在成名以后才画的，而我们所见到的肖像，多半是描绘着灰发的长者，尤其是以一生经历着写成书的哲学家之肖像。从理性幸福的观点着眼，这种平衡的安排的确很恰当，因为让一名凡人同时享有青春和声名实在太多了些。生命好比一门不兴隆的生意，所有的好东西必须非常经济地分配使用。在青年时代,青春的本身足够享用,所以必须满足了;当风烛残年,生命里一切的快乐和欢娱都像秋天的叶子自树上飘落,名声便适时开始发芽生长,好似风雪里常青的植物。名声就是那需要整个夏季的生长,方能在圣诞节享用的水果。倘使老年人能感到他青年时的精力已完全注入了永远年轻的作品里,这将是他莫大的安慰。

最后,让我们仔细地检视各种学艺睿智活动可能获得的名称,与我的论述直接有关的也是这类名声。

我想,概括地说,学术的优秀性是在理论的建构上,所谓建构定理就是将现有的事实做新式组合,事实的种类很多;不过,越是平常人所熟知的事情,理论化后博得的名声也越广大而普遍。假使所谈的事实是数、线,或者某专门科学,诸如物理学、植物学、解剖学,或残章断句之考据,或不明文字的研究,或历史上可疑之点的探索,正确地操纵这些材料所享得的名声只能传播及少数对此已有研究的人,他们又大多数已退休了,正羡慕着这些能在他们的专门学科里享有成就的后辈。

假使建构定理所依据的是人皆耳熟能详的事实,例如:人类心灵的特征是万人皆同有的,或是不断在眼前展现的物理景象,或自然律的一般规则,那么建成的定理所获得的名声将会随着时间散播于每个文明世界里,因为既然每个人都能把握这些事实,那么定理也就不难了解了。名声的范围与所克服的困难也有关系;越是普通的事实,越不容易建构新且真实的定理;因为已有多少人士曾思索过这个问题,因此想再说些前人未说过的话实不太可能了。

另一方面,若是根据的事实,并非人人可以了解,唯有相当的劳苦努力方能获得,那么新式组合和定理的建构便比较容易;因为有了对此事实的正确了解和判断——这些并不需要很高的智能——一个人可能很容易便幸运地发现一些同样为真的新定理。

然而如此得来的名声所传播的范围也只限于对所谈论的事实已有相当程度之了解的人。解决此类相当高深的问题，无疑需要许多苦读以获得依据的事实；可是在获取极广大而普遍之名声的路途上，依据事实之获得常不需任何劳力。不过努力越少，所需之才华和天分便越多；而这两种品质——努力和天才，无论在内在价值和外来评价上，都无法比较。

所以凡是觉得自己有坚实的智能和正确的判断力，可是却缺乏高度心智能力的人，就不要畏惧苦读，因为凭它的帮助你可以提升自己于一般仅知其所见的大众之上，而获得只有博学的苦役方可接近的隐避所在。在这个领域里，对手永远很少，并且只需中等的智能便有机会宣布既真且新的定理；实际上这种发现的价值一部分是系于获得依据事实之困难。不过来自少数具备同样知识的同行弟子之掌声，对远处大众而言实在微弱极了。如果我们遵循着这条路子上去，最后终会到达一点，毋须建构定理，单单达到此点的困难便可带来名声了。举例说，旅行到边远不知名的国度里，所看到的一切已足以使人成名，不再需要思想了。这种声名最大的好处便是其与人所见到的事物有关，所以比思想更容易传授给他人，人们易于了解描述，却不易懂得观念，前者较后者现成得多。Asmns 说：

> 每当人远航归来，
> 他总有故事可说。

假使某人发现自己具有伟大的心智，他便该独自寻求有关自然全体和广大人性的问题之答案，这些是所有问题中最困难的，唯有才分很高的人才能涉入，这种人最好把他的看法延伸到每个方向，不要迷失在错综的支路上，也不要探涉偏僻的地区；换句话说，他不该把自己涉入专门科目或它的细节的探讨上。他不必为了逃避成群的敌手而钻入冷门的科目里,日常生活便能作为他建构严肃而真实的新定理的材料;而他所付出的服务会受到所有了解他所依据事实之人士的欣赏,这种人占了人类的大部分。由此我们可以看出学习物理、化学、解剖、矿物、植物、语言、历史的人与研究生活中的伟大事实之人,诗人与哲学家,是多么不同了。

(张尚德　译)

论生存的空虚

生存之所以空虚,在以下几点中都能很明显地表现出来:第一,在生存的全部形式中,"时间"与"空间"本身是无限的,而个人所拥有的极其有限;第二,现实唯一的生存方式,只是所谓"刹那的现在"的现象;第三,一切事物都是相互关联、相依为凭的,个体不能单独存在;第四,世上没有"常驻"的东西,一切都是不停地流转、变化;第五,人类的欲望是得陇而望蜀,永远无法餍足;第六,人类的努力经常遭遇障碍,人生为了克服它,而必须与之战斗,予以剪除。

在"时间"与"时间"之中,或是由于"时间"而发生的万物的转变,只不过是形式而已,在此形式之下,恒久不灭的"生存的意志"所表示的是,一切的努力都归于空零。"时间"以它的力量,使所有的东西在我们的手中化为乌有,万物为此而丧失了真价值。

曾经存在的东西,如今已经不复存在。现在不存在的,恰和曾经不存在的东西一样。然而现在所有的存在,在瞬间又成了"曾经"存在。所以,"现在"尽管是如此的稀松平常,也总优于过去的最高价值,因为前者是现实的,两者之间的关系,如同"有"之对于"无"。

在人类悠长的历史中,我们突如其来地生存在世上,又倏尔归于消灭,恐怕连自己也感到惊奇不已。对于这种见解,感情将会反抗道:"这绝不是正确的。"连最肤浅的悟性观察这种事情,也会预感"时间"在其性质上不正是某种理想的东西吗?想想"时间"和"空间"的理想性,实在是开启一切真正形而上学秘库的钥匙。因为,有了这种理想性,才可以制造和事物的自然秩序完全相异的秩序。康德所以伟大,理由也在此。

我们的一生中虽然做了许多事情,但所拥"有"的,只不过是一瞬间而已,过后,就非以"曾经有过"这句话来表示不可了。午夜思维,我们难免感叹我们的生活一天比一天贫乏,因而心里隐藏一种意识:如果那取之不尽的源泉属于我们所有,我们不就可在其中得到新的生命之"时"?这是蕴藏在我们本质最深处的意识,如果它不存在的话,我们眼看着我们短暂的生命时间,一刻刻地过去,恐怕会急得发疯。

以这种观察为基底,的确可以建立如下的论说:只有"现在"才是真实的,其他的一切不过是思想的游戏,所以,人生的目的,人生的最大真理是及时行乐。但这种见解,也是最愚蠢的见解,因为"现在"在其次的瞬间就不复存在,如梦幻般完全消失,这样的收获,绝不值得我们费偌大的苦心和劳力去争取。

我们的生存,除了"现在"渐渐消失外,再也没有可供立脚的任何基础。所以,生存的本质是以不断的运动作为其形式,我们经常追求的"安静",根本是不可能的。所以,我们的生存,像走下陡坡的人一样,一停止下来就非倒下不可,只有继续前进,以维持不坠。它又像放在指头上取得均衡的木棒一般,也如同运行不绝的游星。游星如停止运行,便立刻坠落在太空之中——所以生存的形式是"不安"。

这个世界,不可能有任何种类的安定或任何的持续状态,一切都在不停地旋转和变化，持续地、急迫地飞舞着，我们就是在这个世界的网上不停地行走，不停地运动，并借以支持生命。这样的世界，所谓"幸福"，连在想象中也不可得到。柏拉图曾说："唯其不断的变化，绝不可能常驻。"就是说明幸福是不能得以驻留的。首先，我们要有个观念，任谁也不幸福，人生只是追求通常想象上的幸福，而且，能达到目的的绝少，纵能达到，也将立刻感到是一种"目的错误"，转而又失望。所以，任何人到最后都是船破樯折地走进港湾中。这一段转变无常的生涯，到底是幸福或是不幸？这一类的问题似已毋庸讨论，既已泊进最后的港口，你我的结局完全相同。

尤其更可惊异的是，不论人类世界或动物界，如此伟大又多彩多姿的不息的运动，竟只是由饥饿和性欲两种单纯的冲动所引起并维持（应该同时还要加上"烦闷"的感觉），这些东西竟能操纵器械极其复杂且变化多端的所谓人生，供给予主要动力，不是也很不可思议吗？

我们如再详细观察生存现象，首先映入眼帘的是，无机物的存在因被不绝的化学力量攻击终于消灭；相反的，有机物由于物质的代谢作用而继续生存，此代谢物又从外部源源不绝地得到补充。因之，有机的生活本身已经和放在手中取得均衡的木棒相仿佛，在这位置的木棒，非经常摇动不可，故此，有机生活的特征是：不绝的需要、经常的匮乏和永无尽期的困穷。但是也由于有机生活的庇荫，才可能有"意识"——因而，有机生活也是有限的存在，我们可想象得到，与之相对照的还有无限的存在，那是不受外界的攻击，也不需外界的救助，自身恒久不变，永远是静止的，因它不是本来发生的，所以不会消灭，也没有转变。在这里，没有"时间"观念，也不像尘世那样多彩多姿。对这方面的消极认识，产生了柏拉图哲学的根本基础。"生存意志"的否定就是向这状态开拓。

我们的生活样式，就像一幅油画，从近看，看不出所以然来，要欣赏它的美，就非站远一点不可。所以，你所热望的某种东西交到手中时，倒反觉得不过如此而已，发现不出它的价值。而且，我们虽然经常期待更好的生活，但却屡屡对过去的事情怀着悔悟的眷恋。就因为我们对现在的事件只是一时性的理解，在那里思索达到目的的途径，把这些片断连接起来，通常人们到了最后，回顾自己的一生，才发现他们的生涯、他们所期待的生活，竟是那样无味，那样无意义，形成一种不无惊愕的感觉。所以，人的生活一方面被"希望"所愚化，一方面跳进"死亡"的圈套。

个人的意志（欲望）又是永不知足的，满足一个愿望，接着又产生更新的愿望，如此衍生不息，永无尽期。意志本身以为它是世界的主宰者，万事万物都隶属它的管辖，所以，意志所感满足的，不是"部分"，它非要"全体"不可，而"全体"是无限的——在个个现象的表现中，这个世界的主宰者（指意志）又获得了几何？实在少得可怜，大概仅仅能维持个人的肉体存在而已，看到这儿，实不禁令人兴起同情之念。人类的可悲，即缘此而来。

人生首先以一个"工作"来表现，那是为保持自己生命的职业。但工作达成后，反而形成了一项重荷，所以接着又表现第二个工作。这就像猛兽一样，虽然已掳获甚丰，且无对手与之争抢，但为了预防"无聊"的来袭，便立刻将所得的东西做适当的处理。所以，人类的第一种工作是取得某种物质，第二项工作则是忘却他的所得。不如此，人生将形成一个重荷。

人生是一种迷误。因为人是欲望的复合物，是很不容易满足的，即使得到满足，那也仅能给予没有痛苦的状态，但却带来更多的烦恼。这个烦恼的感觉是人生空虚的成因，也直接证明生存的无价值。如果我们的全部存在是基于"生"的要求而来,而且它本身也具有积极、真实的价值,那就绝不应有烦恼的道理。相反的,生存本身已足以使我们充实和满足。话说回来,我们如不为获得某种东西而努力,或是不埋头于学术性的研究,是不能赖以维生的。前者,距目的地虽有一段途程,或者中途存着障碍,但目的本身时刻在我们眼里展现而使我们满足。但此幻影在达到目的之后,立即消失。后者,好像在戏棚的观众一般,为了从外部来看人生这一出戏。而脱离人生的舞台,他会感到享乐是在于不断的渴望中,其目的达成后也立即消失。若不从事二者中的一项工作,我们将更可切实地感悟生存的无价值和空虚。这也就是烦恼——又者,向往豪华、好奇等,难以消灭的内在欲求,也是表示中断自然的顺序,最后仍是不免一场空幻——居则琼楼玉宇,宴则通宵达旦的达官巨贾的生活,毕竟也不能超脱生存本来的贫弱。冷然静思,珠玉、宝石、舞会、盛宴,又能带给我们什么?

所谓"人体"这个极巧妙又错综复杂的机关,最能完全显现"生存意志"的个体,最后也不得不归于一抔黄土,其全部存在、全部努力,很明显地最后也委之于灭绝的命运,这是永远真实、正直的"自然",以坦白的方法向我们陈述意志的全部努力毕竟也是空虚,它也绝然没有所获。如果"生"的本身中有任何的价值,有绝对性的物质的话,则不会以"无"为目的。

"古塔的最高之点,有勇者气魄之心。"歌德的这首优美诗句,就是由这感触而发。

"死的必然"只是人类的一种现象而已,物自体(种族、生命以及意志)仍然不受影响,因而那也不是真正存在的消灭,而是其中的一个"命题"。但唯有在这种现象之中,才得以表现生存的根底——物自体。它是物自体性质的结果。

我们生涯的起始和终结，有何种差异呢？前者是由热情、迷想和乐欲的欢喜而形成，后者的结局是一切器官的破坏和死尸的腐朽。从健康和生活的享乐两方面看，生命之始与终结之间的道路，常呈下坡之势。欢乐的儿童期，多彩多姿的青年期，困难重重的壮年期，虚弱堪怜的老年期，最后一段是疾病的折磨和临终的苦闷，很明显的呈一条斜坡，每况愈下。这样看来，生存本身便已是一个失错，接着又一错再错。

了解人生的幻灭是最正确的。能做如是之想，则一切问题都迎刃而解。

如果我们不看粗枝大叶的世态，尤其不观察那些生死急速的连续或须臾假现的存在，而来眺望诸如喜剧所表现的人生细处，这时世界和人类的形态，仿佛是在显微镜下所照现的水滴中的一群滴虫类，或肉眼看不到的一群干酪蛆，当我们看到这些动物那样热心地活动或你争我夺的情形，往往会发笑。但，人生何尝不是如此？在这狭隘的场所，一些伟大、认真的活动，往往引起旁人的滑稽感，同理，在这短暂的人生中，那样热心地争逐名利，不也是很可笑吗？

人生的性质有如显微镜，是不可分割的一个点，由"时间"和"空间"两个强烈透光镜的引申，然后显著地扩大而映入我们的眼帘。

"时间"是我们头脑中的一种装置，由于所谓"持续"的作用，在物体和我们全然空虚的存在中，赋予现实的外观。

过去，未能利用机会猎取某种幸福，或捕捉某种享乐，以后才来后悔，才来嘀咕，这是最傻不过的事——即使能利用所有的机会，如今你又能残留些什么？你我不都一样只剩下一具记忆枯燥的木乃伊？我们所能获得的东西，全都如斯。所以，"时间"的形式,不论它的打算如何,实际上不外是教示我们"一切人间的享乐都是空虚"。

人类和动物的存在可共同确立之点,是至少它不会在时间中停止,而是流转的存在,那是逐渐推移的,可比之于漩涡中的水,尤其肉体的形式,在短期间内发觉不出它的更易,这是由于物质的新陈代谢作用,不断扬弃旧的输入新的东西,所以生存的主要工作是不断地供应输入所需的适当物质。在这样的生存中,人类旋即觉悟到"某种事情",因之,当他们临退去之际,企图把他们的生存让渡给取代他们的个体。这种企图,自意识中表现于性的冲动,他意识(客观的观点)中是表现在生殖器官的形状。这种本能像贯串珍珠的丝线一样,绵延相续的个体,恰如一个挨着一个的珍珠。如果人类这种"持续"的速度加快,并且也像珍珠一样经常保持同一的形状,当更可知道我们的生存只不过是"似是而非"的生存。唯一存在的是观念,其他的事事物物不过如影之随形,柏拉图的学说,就是以这种见解为基础。

人,经常需要养料,由物质不断的流入和流出来维持我们的生存,由这现象更可确证:"人体对物自体只不过是现象。"人类可比之于炊烟、火焰或者瀑布,如果没有从他处而来的流入,立刻就衰竭、停止。

我们可以说"生存的意志"的最后终结是"虚无",而表现在纯粹"现象"之中,同时,此虚无又是停止在"生存意志"的内部,而在"意志"之上放置其基础。但这里还有若干不明之点:放眼世界,任何时刻、任何地点所目睹的景象,不外是人类面对一切威胁的危险和灾殃,为维护自己的生命和存在,鼓起肉体和精神的全力而不绝地战斗,猛烈地力争——蜗牛角中争何事?生命和存在到底有何价值?我们若能考虑这些,当可发现脱离痛苦生存的若干空隙。

但，这空虚立刻又被无聊和烦恼所袭，为了新的欲求，很快地变得狭隘。

生物越高等、意志现象越完全、智力越发达，烦恼痛苦也就越显著。如此，欲望、烦恼循序接踵而来，人生没有任何真正价值，只是由"需求"和"迷幻"所支使活动。这种运动一旦停止，生存的绝对荒芜和空虚便表现出来。

任谁也不认为自己"现在"是非常的幸福，若做如是之想，那他是完全被它所醺醉了。

（陈晓南　译）

论哲学与智慧

一

我们所有知识和学问得以成立的基础是难以说明的。每一种解释,都只能试图借助或多或少的中介阶段,去达到这个基础。这就像一个铅锤一会触及海底深一点,一会触及浅一点,但或早或迟终究会触及海底一样。对这个难以说明的基础的研讨,一般都交付给形而上学。

二

对效力于意志的智慧来说,也就是说,对运用于实践的智慧来说,存在的仅仅是个体的事物;对沉浸于艺术或科学的智慧来说,也就是说,对追逐其自身目的的智慧来说,存在的仅仅是普遍的东西,是整体的类型、种、属以及事物的观念。即便是塑造个体形象的雕匠,也想描绘出观念、种类。何以为此的理由在于:意志直接指向的仅仅是个体的事物,这是意志的真正对象;因为只有这些个体事物才具备经验的实在性。相反,概念、种、属、类,只有以非常间接的方式才会成为意志的对象。这就说明,为什么世人对普遍的真理麻木不仁,为什么天才相反却轻视和忽视个体的东西,在天才看来,终日疲于追求那些构成现实生活内涵的个体性的东西,实为一种使人心烦意乱的束缚。

三

从事哲学思考有两个主要条件。第一,要有直面任何问题的勇气;第二,要对那些不证自明的东西保持清醒的意识,以便进一步把它当作一个疑难问题去把握。最后,如果心灵真的要从事哲学思考的话,它还必须完全处于一种轻松自如的状态:它不必追从任何特定的目标或目的;因而他应在意志的引导下自由徜徉,全心全意地让自己听命于由它本身的意识和对世界的直感知觉所获得的教诲。

四

诗人,提供着由人生、由人类的各色人物和情境的形象构织的形象;他使这些形象栩栩如生,然后,就让读者尽其心智能力所及,把这些形象化为自己的思想。正是出于这个缘由,他能够满足各式各样具有不同能力的人,不论他们是愚顽不堪还是聪明过人。相反,哲学家,提供的不是人生本身,而是他从人生抽绎出来的已成定局的思想;因而,他就要求读者尽可能一成不变地像他本人思考那样去思考。这样,他的读者群就非常狭小。于是,诗人可以比作那些为人们奉献鲜花的人;而哲学家,却宛如那些提炼这些鲜花之精华的人。

五

甚至在康德那里,也认可这样一个奇怪的和毫无价值的哲学定义:即哲学是一门完全由概念构成的学科。实际上,概念的全部财富中所包含的,不过是由知觉认识乞讨和借贷而来的东西;而知觉认识才是所有真知灼见之真实和不可穷竭的源泉。因此,真正的哲学,绝非纯属抽象概念的拼凑,而必须建立在外在或内在的观察和经验的基础上。同样,像古代常常在智者那里看到,而现在,尤其在我们时代的智者——我是指费希特、谢林甚至更肆无忌惮的黑格尔以及斯莱尔马赫的伦理领域——所看到的那样,通过玩弄综合概念的游戏,也不会使哲学收获任何有价值的东西。哲学,就像艺术和诗一样,必须在对世界的知觉把握中去寻找自身的源泉。不论人的头脑在身体位置上怎样总是处于最高位置,人决不应因此成为冷血动物;这也不能说明心脏和大脑在根本上就不会携手并进、互相影响。哲学不是代数。相反,正如 Vauvenargues[①] 所说:高尚的思想源自有血有肉的心脏。

六

一味的精明聪颖,也许只能使你具备怀疑论者的素质,而不是哲学家的气质。然而,哲学中的怀疑论,就像议会中的反对派;它必定是有益的,因而是必要的。怀疑论在任何地方都以这个事实为根据:哲学不能提供出数学所能提供的那种证据。

七

理性的支配,是我们赋予某些命题的称号。对这些命题,我们未经考察便信以为真;我们对它们的信念是如此的笃诚,以致即便我们想严格检验它们,也感到心有余而力不足。因为,这样做会使我们对这些命题反而产生疑问。我们此时对这些命题的笃信已变得根深蒂固,因为,当我们最初着手述说和思考这些命题时,我们

---

① Vauvenargues(1715—1747),法国道德哲学家。

不得不在心底接二连三地唤起它们，因此它们实际上是植根于我们心底的。于是，思考它们的习惯就同思考本身的习惯在时间上同庚同辰，我们再不能将它们两者分别开来。

八

人们不厌其烦地责备形而上学，说它与物理科学的突飞猛进相比，其进步是何等的微不足道。然而，有谁知道，形而上学比任何其他学科更受到来自官方的敌视、公众的检举、全副武装的皇家卫士的扼制？只要人们仍期望形而上学顺应那些教条，它就决不会发挥出它的全部膂力。各式各样的宗教已经霸占了人类的形而上学倾向：一方面，是在最初的年月中通过把它们的教条植入这种倾向而使它麻木不仁；另一方面，是禁忌或取消这种倾向的所有自由的和无拘无束的表达。因此，对人类最重要和最有兴味的内在志趣的考察，对生存本身的考察，一方面，被间接地扼制了；另一方面，由于施于它身上的麻木不仁，在主观上已变得不可能。由此看来，人类最崇高的倾向，已被套上了锁链。

九

最强有力地阻碍人们发现真理的障碍，并非是事物表现出的、使人们误入迷途的虚幻假象；甚至也不直接地是人们推理能力的缺陷；相反，是在于人们先前接受的观念，在于偏见，它作为一种似是而非的先验之物，横亘在真理的道路上，因而，就像一股逆风，使航船难以抵达彼岸，以致使船舵和风帆的劳作化为泡影。

十

就像金子与银子相关一样，每一个普遍的真理都与特定的真理有关。于是，我们可以把普遍真理转换为相当数量的、由它推衍而出的特定真理，就像我们可以把一枚金币兑换为面值更小的许多零钱一样。

十一

从一个命题中，只可能推引出已经包含在这个命题中的东西，也就是当它的意义被穷根究底时，它本身实际所隐含的东西。然而，从两个命题中，假如把它们连接起来作为三段论的一个前提，就会推衍出这两个命题各自都不曾包含的东西——这就像经由化学合成而组成的物体，表现出并不被它组成成分所具有的性质一样。那种逻辑结论的价值，即出自这种事实。

十二

就像烈火对外在的物理世界具有重大作用一样，智慧对内在意识世界具有重大作用。因为智慧与意志相关，因此还与有机物——这不过是以客观的方式看待的意志——有关。这近似于烈火与易燃物和氧气的关系，彼此结合起来，烈火一点便着。而且，烈火越是纯亮，它就越能挣脱燃烧物的烟雾；同理，智慧越纯洁，它就越能彻底摆脱滋生在它内心的意志。人们甚至可以借用一个更为大胆的比喻来说明这一点：把人生看作一个燃烧过程，智慧就是这个过程所产生的火光。

十三

你应当尽快写下在你心中油然而生的有价值的观点，这一点看来已成为不证自明的了：因为，我们有时甚至忘记我们刚刚从事的事情，就更不用说我们忘记了多少我们曾作过的思考了。然而，思想并不是在我们想它出现的时候才出现的，而是在它们自己想出现的时候就出现的。另外，最好不要记下我们曾从外界现成得知的那些东西，那些我们纯属作为学问而习得的东西，那些可以任何方式在书本中重新获得的东西。因为记下某种东西即是把它交付给遗忘。你应当严酷和专横地对待你的记忆，这样，它才不得不学会遵从。例如，假如你不能在脑海里回顾出某种东西，一行诗或一句话，那么，你不要跑去查找某一部书，而是在几个星期中，不时地有周期地为这件事折磨你的记忆，直到你的记忆最终能够胜任它的职责为止。因为，你为某件事折磨你大脑的时间越长，这件事一旦被你把握后，就会在你的大脑中存留得越稳固。

十四

我们思想的性质（它们的形式价值）来自思想的内部；而思想的方向，或它们的质料，来自思想之外。因此，我们在任何给定时候所思考的东西，都是两种根本不同的因素之产物。所以，思想的对象与心灵的关系不过是弦拨与六弦琴的关系：这就说明，为什么同一洞见，会在不同的头脑中激发出如此判然有别的思想。

十五

常人的智慧是多么琐碎和有限，人类的意识又是多么的迷茫。这些，都可以通过以下的事实来证明：尽管人生如梦、光阴似箭，尽管生存的漂浮感和人生的无尽之谜从四面八方向我们压来，但是，每个人并未对此作出持续不断和锲而不舍的哲学沉思，而只有少数极为例外的人才在这方面有所建树。其他人，处身于这种如梦的生活中，几乎与动物相差无几；他们到头来与动物的区别仅仅是：他们有能力为今后几年精打细算。假如他们还曾感觉到一些形而上的需求的话,那么,这也不过是由各色宗教从上天降临的照料;无论他们喜欢与否,这些照料堪称足矣。

十六

人们也许都相信,我们的思维有一半是无意识地发生的。通常,我们在获得一个结论时,并没有清楚地思考过导致这个结论的前提是什么。这已经由以下的事实所证明:有时,出现了一种我们并不能预见其后果的情形,而且,我们更不能估计这种情形对我们自身事务的影响是什么。然而,这种情形却会准确无误地影响我们的情绪,准使我们由高兴到悲戚,由悲戚再到高兴。这一切,只可能是无意识冥想的结果。这种情况,在下面的例示中甚至更明显:我已经让自己对一种理论性或实践性课题甚为熟悉,我再也不想它了。可是,通常的情形是,几天后,对这个课题的解答会完全出自其自己的驱使进入到我的头脑之中。产生这种答案的运作过程,对我来说,就像计算机的运算过程一样,仍然是一个谜。所出现的情形,同样是无意识的冥想。人们也许会喟然提出这样一个生理学假设:有意识的思维产生于大脑的表层,无意识的思维内在于大脑。

十七

考虑到生活的单调重复和索然无味,人们在度过任何一定的时间之后,都会感到它的令人难熬的枯燥。好在有知识和洞见的持续不断的进步,好在人们对所有事物能获得越发美好和越发清晰的理解。这一切,一方面是经验的结果,一方面是我们在生活的不同阶段中身历其中的变化的结果。在这些变化中,我们的观点和看法不断地被更新,于是,事物又向我们展现出那些我们尚不知晓的方面。由此看来,尽管我们的心智能力江河日下,但是,"太阳底下,日日有新事"这一点却是牢不可破的真理,它赋予人生以历时常新之魅力。因此,那些看似不变的东西,实际上不断呈现着某种更新和奇异。

十八

假如我们已经对某件事持有一种观点,那么,对涉及这件事的每一种新的观点,我们很自然会采取一种自卫性的和否定的态度。因为,这个新观点像一个敌人,冲入我们先前已具有自己信念的封闭系统,打破我们在这个系统内获得的心灵安宁,要求我们付出新的努力,并宣告我们原先的努力已付诸东流。所以,可以把将我们从谬误中拯救出来的真理比作一位良医:他开出的苦口良药,其效力并不是饮下的那一时刻,而是在此之后的某个时候。

因此,假如我们发现个人总是抓住他的谬误不放的话,那么,要是遇到一群人,情况就更糟了。一旦这伙人具备了一种看法,经验和教诲花上几个世纪想使他们改邪归正都是徒劳的。因此,总是存在着某些普遍流行和愚顽不化的谬误;而每天,这些谬误都大言不惭地重复着。我想开列出这些谬误,也许,还有人会添上一些:

1. 自杀是愚蠢的行为;
2. 那些欺骗他人的人本身就是不诚实的;
3. 富有和天才是真正的谦恭;
4. 精神错乱是非常不幸福的;
5. 哲学思考是可以习得的,但这本身并不是哲学(相反才正确);
6. 写一部好的悲剧比写一部好的喜剧更容易;
7. 学一点哲学会使人脱离上帝,多学哲学会使人回到上帝——重复培根的话；

8. 知识就是力量。这真是鬼话！一个人可能具有很多知识，但不会给他任何力量；另一个人可能具有极大的权力，但又不具备任何知识。

这些说法的一大半都是鹦鹉学舌式的玩意儿，而从没有人对这些说法作更多的思考。这仅仅是因为，当人们第一次听到它们时，他们发现它们是非常明智的说法。

十九

智慧是一种强度的量，而不是广延的量。这就说明，为什么在智慧方面，一个人可以满怀信心地以一当千，而一千个愚人抵不上一个聪颖的人。

二十

遍布世界各处的那些可怜的平庸大脑，实际上都缺乏两种紧密相连的能力，这就是：作出判断的能力和提出他们独到见解的能力。而且，这两种能力已缺乏到这样的程度：他们中间没有人能够很容易地察觉到这一点，因而也没有人能察觉到他们存在的可悲性。

二十一

星系的生命仅仅表现为存在。因此，它们的生命之乐趣，是一种纯粹的、绝对的、主观呆滞的满足。随着动物的出现，才开始有认识；但是，此时的认识，仍然是局限于那种满足它们自身动机即它们最直接的动机的东西。这就是，为什么它们能在纯粹的存在中得到完全满足，为什么纯粹存在就足以填充它们的整个生命。

因此,它们可以消磨许多时光于完全无所事事之中,而并不感到不满足和难熬;即便时常不动脑筋痴呆呆地看着外界,它们也会产生一种满足。只有诸如犬类和猩猩这样一些特别聪颖的动物,才迫切需要有所作为,才会使自己感受到厌倦。这就可以说明,为什么它们喜爱游戏,为什么它们在凝视眼前流动的景致时会感到愉快。

只有人才具有知识——即对其他事物的意识。知识是纯粹的自我意识的反题,是达到了高级程度、具有推理能力的表现,是达到思维高度的意识。作为知识之结果的人生,可以超越纯粹的存在,可以由知识本身来充实;这种人生,在一定程度上,是超越了人本身的,是在其他存在中和事物中的第二种存在。不过,知识在人那里,在许多情形下,也是局限于那些服务于他自身动机的东西。当然,在人这里,动机并不是十分直接的了;这些动机,用一句话来概括,可称作"实践的知识"。另外,他通常所具有的知识,并不是自由的,而是漫无目的的,往往是出自他的好奇心和消遣的需要。不过,这种类型的知识,并不是在每个人身上都存在。同时,当动机平息后,人生在很大程度上就被纯粹的存在所充斥。

只有在智慧超出了生活本身所需要的程度,知识才会或多或少地以自身为目的。假如,在某人那里智慧逃离去自然天职——即通过察知事物之间的关系而为意志效力——以便使自己沉醉于纯粹客观性的思考中,那么,结果就会出现十分反常的事件。不过,也正是这一点,才构成艺术、诗歌和哲学的起源。这些东西,都是由那个原先并非是为这些目的而设置的器官所产生的。因为,智慧在根本上是一位辛勤的劳工,意志作为向它发号施令的工头,夜以继日地催他干活。但是,假如这位苦力某一天在他的自由时间中乐于自愿地干点工作,纯粹出于他内在的冲动,而且除工作本身之外没有任何其他目的,仅仅是想给本人找点满足和愉快,那么,这就是一种真正的艺术创作;假如推向一个极端的话,这无疑是天才的工作。

智慧的这种纯属客观的运用,不仅是所有高层次的艺术、诗歌和哲学成就的基础,而且是所有真正的一般科学成就的基础。它已表现在纯粹的科学研究和教学中,同样,也表现在对任何题目所作的自由反思中(即不涉及个人利益的思考中)。智慧的所有这种纯粹客观的运用,都不同于它的主观运用——即服务于个人利益的运用(无论多么间接);就像跳舞不同于赶路一样。因为,智慧像跳舞一样,是漫无目的地消耗过剩的精力。与之相反,智慧的主观运用当然就是自然的运用,因为智慧仅仅是为了效力于意志而发挥自己的作用。这种主观的智慧,不仅见之于工作和个人的冲动;而且还见之于所有有关个人事物和物质利害的交谈中,见之于吃、喝以及其他快感中,见之于任何维持生计的活动,见之于任何急功近利的操心。无疑,许多人不能以别的什么方式来运用自己的智慧。因为智慧在他们看来,只是一件服务于他们意志的工具,而且除了在这种服务中竭尽全力之外,智慧别无他途。正是这一点,使他们变得如此索然乏味,使他们拼命地挣钱,使他们之间不可能达到客观的交谈。在他们的面庞中,可以看出,意志和智慧已经由最短的纽带连接在一起了。以这种沮丧形态表现出的如是的鼠目寸光的形象,事实上,不过是他们把自己的整个知识构成都限制在自身意志的事务上这种鼠目寸光的局限性的外在表现。人们可以在这里看出,他们的智慧,纯属为了他们意志的需要,除此之外,别无用途。因而,就导致了他们为人的庸俗粗鄙,而且,还会出现这样的情形:一旦他们的意志中止对智慧的驱动,他们的智慧就会堕入无所事事。他们对任何事物都不会采取客观的兴致;他们的注意力，更不要说他们的心灵，几乎完全投身于那些只与他们本人或可能与他们本人有关系的事情；否则，他们对任何事情都提不起兴趣。他们甚至明显地对机智或幽默都麻木不仁，他们简直仇视任何需要作一丁点儿思索的事情。粗俗猥亵、插科打诨的小丑才能使他们笑一笑，除此之外，他们一本正经、铁石心肠。这一切，都是因为他们所能具有的只是主观的兴趣。正是由此，打扑克就成为最适应他们的娱乐方式（打扑克赌钱），因为打扑克并不处于纯粹知识的范围之内（即像戏剧、音乐、交谈那样），而是意志本身这个存在于任何地方的原初因素的运动。在其他人看来，他们整个一生都像一个跑买卖的人，生下来就得干苦活。他们所有的快感都是感官的，他们绝不会感受到其他形式的快感。同他们谈生意就够了，千万不要谈其他事情。与他们为伍就是使自己掉价。相反，两个能够纯粹客观地运用他们智慧的人之间所作的交谈，是理智能量的自由发挥，即使他们所谈的是非常实在的事情，也尽管他们纯属是诙谐戏谑。这样的交谈，就像两个人或更多的人在一起跳舞。在这个时候，对方只想同你并驾齐驱；或者，这一步跟上下一步，不过是为了到达某一个地方。

二十二

天才和具有正常理智能力的人的区别，无疑只是一种量的区别。不过，人们也往往容易把这种区别看作是质的区别。因为，人们时常可以看到，平常的人，尽管具有个体的差异，他们的思维却是遵从一个模子，因此，他们到头来总是异口同声地赞同某些本来完全是虚假的判断。这一点甚至发展到这种地步：他们具有某些传诸百世、时常翻新的基本观念；而每一时代的伟大天才人物或公开或隐秘地反对的，正是这些观念。

二十三

天才,即这样一类人:在他的头脑中,世界即观念这一看法已变得非常明白,而且表现得更加突出。既然最具分量和最深沉的洞见并不产生于对支离破碎和孤立分散的东西的苦心观察,而是在于把握整体的强度,那么,人类就可以从天才那里得到最深沉的指导。因此,天才,也可以被定义为对事物以及它的反题——即人本身的自我——具有特别清醒的意识的人。人类指望着有这样天赋的人,来揭示事物和他们自身的本性。

二十四

假如你试图得到你所处时代的感恩戴德,那么,你必须同它步调一致。但假若你这样做了,你就不会有什么大的出息。假如你矢志清明、抱负远大,你必须把你自己交付给身后;无疑,你只有等到那时。而你的同时代者可能对你一无所知;你就像一个被迫在荒岛上生存的人一样,在那里辛勤地建立起一块纪念碑,于是,那些未来的海员将知道,这儿曾有一个人存在过。

二十五

才干是用于金钱和声名的东西。相反,促使天才发挥其创造力的动力,却很难确定。它不是金钱,因为天才几乎得不到任何金钱;它不是声名,声名也是一种漂浮不定的东西,而且,更进一步地想想,声名这东西也无甚价值。天才,严格地说,也不为自身的快乐,因为它所包含的劳苦远远压倒了快乐。它毋宁说是一种独特的本能,借助它,具有天才的个人才强打精神,展露出他在持久艰难的劳作中所看见和所感受的东西,除此之外,并不抱有其他更进一步的动机。在大多数情形下,它的发生,相似于一棵树生长出果实那样的必然过程,它向世界要求的,不过是个体可以在上面生长发育的土壤。进一步的考察表明,在这些天才的个体中,作为人类族类之精灵的求生的意志,通过一个偶发的事件,在一个短暂的时间中,已经意识到智慧已达到更高级的清澈透明的程度,已开始着手去收获成果,即这种清澈透明的思想和洞见为整个族类创造的成果;而这也是这一个体的内在存在,因而,它们的光亮也许会照亮寻常人类意识的黑暗和愚笨。正是由此,才产生出一种使天才奋力劳作的本能,使他在孤寂中完臻他的工作,不计报酬、不图表彰和同情,而且还忽略他自身的幸福,更多地想到后代,而不是他所生活的时代,他所生活的时代,只会把他的天才引向歧途。他创造出他的作品,作为神圣的信念和存在的真诚成果,作为人类的财富,把这些作品托付给可能会更好欣赏玩味它们的后代——这对天才来说,便是压倒一切的鹄的。为了这个鹄的,他戴上终有一日会盛开成月桂花环的那顶充满荆棘的桂冠。他奋力于完成和保护他的作品的决心之坚定,就像昆虫看护它们那些卵翼,孵育那些它们在有生之年决不会看到的后代一样:它们孵育着它们的后代,此时,它们深知这些后代终有一天会获得它们自身的生命并茁壮成长。之后,便心满意足地死去。

二十六

在康德使哲学重新恢复声名之后,哲学又变成必须成为某些目的的工具了。对上,是国家的工具;对下,是个体目的的工具。实质上严格地说,作为工具的并不是哲学本身,而是那些冒充哲学的似是而非的东西。这并不使我们感到惊奇:因为人世间大多数人,就其本性看,所追求的目的不外是物质利益,除此之外,他们甚至都不明白还可能有什么目的。因此,追求真理的路途上就只能孑然而行,不可能使一切人,大多数人,甚至少部分人与自己一道结伴而行。

没有一个时代能这样可耻地滥用哲学、伤害哲学:一面把它当作政治工具,一面把它当作摇钱树。

二十七

每个人一旦领悟了康德哲学,旋即就会在其思想中产生一种革命性的变革。这种巨大的精神嬗变,实为一种精神的重生。唯有康德哲学能消除人们头脑中根深蒂固的、束缚智力的、原始的实在论。人们会经历一种恍然大悟、顿开茅塞的升华,之后,就会用另一种眼光来看待万事万物。相反,谁要是不懂康德哲学,无论他读了多少哲学书籍,总还是天真烂漫、混沌未开,囿于幼稚的实在论中。

二十八

只有从那些开创这些哲学思想的人那里,人们才会领受到真正的哲学。谁想学哲学,谁就得读原著;要在那神杰的圣地,去找寻大师的英灵。这种真正的哲学家在其光辉篇章中展露的洞见,是那些拙劣的转述者所作的啰唆冗长的报告罕难匹及的。

(李小兵 译)

论　美

一

美的形而上学问题的精义,可以非常简洁地表述为:在一个对象与我们的欲望没有任何联系的情形下,我们何以能够在这个对象上感到快感?

我们都会感受到,对一个事物的快感,实际上只可能是由于它同我们的意志的关系,或者像我们常说的那样,出于同我们的目的的关系而产生的。因此,脱离意志刺激而产生的快感似乎是自相矛盾的东西。不过,非常明显的是,美在我们身上激起的快感却与我们个人的目的、或者说我们的意志没有任何形式的联系。

我对这个难题所作的答案是:在美中,我们总是感受到有生命的和无生命的自然物之内在和基本的形式,这也就是柏拉图所说的理念,这种感受,激发出这种形式的内在联系的展现,也就是说,激发出无目的或无意图的纯粹智慧——无意志的认知主体的出现。由此,一种审美的感受出现之时,也就是意志在意识中销声匿迹之时。而意志是我们所有艰辛和苦难的唯一源泉,这也是与审美感受相伴随的愉快情感的源泉。消除所有苦难的可能性,因而也维系于意志身上。假如意志被客体化了,那么,快感的可能性也就随之被取消了。人们必须记住,正如我经常论证的那样,幸福、满足的本性都是否定性的东西，也就是说，仅仅是苦难的终止；而痛苦才是肯定性的东西。因此，当所有欲望从意识中消逝时，快感的条件依然存在，即是说，所有的痛苦都不存在，甚至产生痛苦的可能性也不存在。这时，个体就由一个意志的立体转变成一个纯粹认知的主体，然而，作为一个认知主体，他仍能继续意识到自己和自己的活动。因而我们得知，作为意志的世界是第一层次的世界，作为观念的世界是第二层次的世界。前者是欲望的世界，因而是痛苦和成千上万种苦难的世界；而后者，其本身在根本上看是无痛苦的，而且，它还包含着一种甚为壮丽的奇观，不唯意味无穷，也且娱人心腑。这种奇观中获得的愉快，遂构成审美快感。

成为纯粹的认知主体就意味着坐忘自我。然而，在大多数情形下人们都难以做到这一点，他们一般说来，均不能够对事物作纯粹客观的把握；而这种把握，正是艺术家的天分之所在。

二

假如个体多少给他的想象中的联想力量以一点自由，让它找个机会完全从那些它所屈从的、它所由之产生的、它所为之存在的东西中解脱出来，以便不再把对意志的遵从和对个人小己的倾倒看作是自己唯一自然而然的主题，进而看作自己终生操持的职守，而同时又不失其生气勃勃的活力或广博丰蕴的感受力，那么，它就会立即成为一种完全客观性的东西，即成为反映客体的可信的镜子。或者更准确地说，是显现于这个或那个客体之上的意志得以客观化的中介。此时，意志的内在本性在想象的联想力中袒露得越彻底，知觉就会越长久地保留下去，直到它充分地消耗掉这种内在本性。唯有在这种纯粹主体出现情形下，才会出现的纯粹的客体，即表现在被知觉客体上的意志的彻底显现，这正是柏拉图所说的理念的彻底显现。不过,对这一点的知觉,却需要这样的条件:当冥想一个对象时,我们实际上要抽象掉它的时空位置,因而就抽象掉它的个体性。因为,正是这种位置,即这种总是由因果规律决定着的位置,才使得这个客体与自我产生了各式各样的关系。因此,只有当这个位置被排除后,这个客体才会成为理念,而且,自我才会在同时成为一个纯粹的主体。这就说明,一幅绘画,通过把流逝的瞬间固定下来进而让它游离出时间后,所表现的实质上不是个体的东西,而是理念,即那个在所有变化中一以贯之的成分。为了在主体和客体中达到这种所需的转化,其条件不仅是认知的力量从它先前的盲目状态中解脱出来完全回到自身之中,而且还在于它仍然应当保留它全部生气勃勃的活力,虽然在这个时候它的活力的自然喷发,即它的意志之冲动,实际上已不存在。困难就出在这里,而事物的奇妙之处也在这里。因为,我们的所有思想和灵感,我们的所有听觉和视觉,就其本性来看,总是直接或间接地效力于我们那些无穷无尽、或大或小的个人目的。所以,正是意志驱使着我们的认知力量在完成它的功能;没有意志的这种冲动,认知力量立即就会衰萎。另外,意志的这种刺激所激发的知识,对实际生活,甚至对科学的各种门类来说,都是完全够用的了。因为,实际生活和科学的各种门类所直接关心的只是事物之间的诸种关系,而不涉及事物根本的和内在的存在。无论在哪里,只要提出的知识问题所涉及的是原因、结果或任何形式的根据、推论问题,也就是说,在自然科学和数学的所有门类中,或在历史中,或在发明创造中所涉及的那些问题,那么,在这里所追寻的知识必定是意志的目的。而且,这种追寻的心境越急切,这种知识就会越快地得到。这就像在国家事务中,在战争中,在商业和贸易中,在各种各样的深谋算计中一样,意志必定会毫无顾忌地通过它急切的欲望,让智慧发挥出它所有的才力，以便为当下情境中的问题清理出线索，寻找到全部根据和结论。在这种情境中，意志的冲动将对一个给定的智慧产生驱动，其能量超出正常程度之大，实为令人惊讶不已。

对事物本身客观的、内在的、存在的知觉，与上述情形就判然有别了。这种知觉，建构起事物的（柏拉图式）理念；而且，这构成了任何高级艺术所取得的成效的基础。因为在这种情况下，前一种推波助澜、须臾不可或缺的意志，必定已不能起到任何作用。在这里起作用的只是那些智慧自身获得的东西，或通过自身获得的东西，或者说，是智慧自愿奉献的东西。只有在纯粹认知的条件下，即让人完全摆脱了意志及其目的的束缚，以及与之相伴随，摆脱了他的个体性的条件下，才会产生纯粹客观的知觉，才能凭这种知觉去领悟（柏拉图式的）事物之理念。不过，这种知觉总是先于概念性认知；即是说，最初的、直觉的认知发展到后来，才构成根本性的内蕴和核心，诸如真正的艺术作品的灵魂、诗歌的灵魂甚或真正的哲学的灵魂。在天才的作品中大放光彩的那些先于思索、没有意向甚或在某些方面无意识和本能的成分，其源泉正可归宗于这样一个事实：原初的艺术认知，是完全摆脱了或独立于意志的，是无意志的。

三

就这种审美知觉的客观方面，或者说（柏拉图式）理念，我们可以把它描述为这样的东西：假如我们把时间这个作为我们认知的根本性和主观性条件的东西取消掉，就像我们把玻璃透镜从万花筒上取下来，那么，在我们前面所出现的一切，就是审美知觉的客观方面或说柏拉图的理念。例如，我们都看见过含苞、开花、结果的发展过程,我们非常惊讶那种推动这个循环过程周而复始的驱动力之毫无倦怠。假若我们认识到在这个变化过程中我们面前只存在一个唯一的、不变的植物的理念,那么,我们的惊讶旋即就会消散。可是,我们不能够直观地感受到作为含苞、开花、结果之统一的理念本身,而是在时间的强制下,把握着理念在我们智慧中所展开的前后相继的状态。

四

假如我们看一看诗歌和造型艺术为何总是选用个体性的东西作为它们的题材,而且用完臻细腻的技法表现出这种个体性东西的所有特性,甚至那些无足轻重的性质;假如你再看看科学,它用概念的方式展开自己的工作,每一概念都代表无限的个体,因而确定着和描述着它们全部族类的特性;假如你看到这一点,那么,艺术的实际活动可能在你看来就成了枯燥、琐碎甚或孩子气的东西了。可是,艺术的本性却在于,在艺术中,一个单一的情形代表着成千上万种东西;因为,它在对个体的精细入微的展现中,启迪出个体族类的理念。例如,人生中的一个事件或一幅场景,当得以正确和全面地描述后,即是说当对涉足其中的个体进行精细入微的描述后,人们对人性本身就会从不同的角度获得更清晰和更深邃的认识。因为,就像植物学家采撷花瓣于千姿百态的植物世界,然后对这朵花作深入分析,不过是向我们揭示出一般植物的本性一样;同理,诗人选取一个场景,有时实际上不过是选取一种独特的情绪或感受于人生之纷纭繁复、生生不息的活动中,也是让我们去发现人生和人性之真谛。这就说明,为什么像莎士比亚、歌德、拉菲尔以及伦伯朗这样一些最伟大的天才人物,并不羞于去描绘那些个体人物,甚至不羞于去描绘那些并不引人注目的人物。他们用精细入微的笔调和最热切的激情,是想让这些人物在我们面前栩栩如生,从最显明的特性直至最精妙的细节。因为,特定的东西和个体的东西只有当其成为可视的东西时才会被我们把握——这就是我为什么把作诗定义为用语词驱动想象的一门艺术的缘故。

五

造型之艺术品,并非像它实际上所表现的那样,仅仅揭示出那种一次性存在的东西,即那些由特定的质料和特定的形式组合起来进而构成的具体和个体性的东西。相反,它向我们展示的不过是形式;假如这种形式被臻于完美地展露出来,那么,它就是理念本身。因此,图象直截了当地把我们由个体的东西引向纯形式。把形式与质料分离开来,已经是向理念迈出了一大步;而每一图景,无论是绘画还是雕塑,都包括着这种分离。正是因为审美艺术品的目的在于携领我们通达对(柏拉图式)理念的认知,所以审美艺术品的特性就在于这种分离,即把质料和形式区分开来。艺术作品之根本之处就在于脱离开质料而仅仅去展示形式,而且是明白清晰地做到这一点,这就是为什么蜡人并不会给人以美的印象,到头来并不算艺术品(在美学意义上)。虽然当这些蜡人被精心炮制后可能比最好的图象和雕像都更具真实的外观;而且,假如模仿现实的东西是艺术目的的话,它们可以算作是第一流的东西。由于这些蜡人所展露的,不仅是纯形式,而且还有与之伴随的质料,所以,它们给人造成这样一种假象,似乎事物本身就在这儿。而真正的艺术品,则在于携领我们离却一次性存在的即个体性的东西,走向那种永恒存在、超越时间而不尽显现的东西,即纯形式或理念。但蜡人似乎表现的只是个体,也就是说,是那种一次性存在的东西,而没有那种赋予如是瞬息即逝的生存以价值的东西,没有生命。这就是为什么蜡人总给人以毛骨悚然的感受：它引发了一具僵尸的感受。

六

为什么我们在豆蔻年华时代接受的印象是如此的富有意味，为什么在人生的黎明时节万事万物在我们眼里是那样的令人神往和充满光芒，究其原因，就在于在那个时候，我们首先熟谙的是类；我们通过个体的东西，对类充满着新奇感。所以，所有个体的东西都是它的类的代表：我们由此抓住了这些类中（柏拉图式）的理念，而理念正是从根本上构造出美的东西。

七

人体形象的美丽和雅致，从整体上看，正是意志在其客体化的最高阶段上所展露的最清晰可见的形式。而这，恰好说明为什么人们把美丽和雅致看作造型艺术的最高成就。另外，每一物质性事物都是美的，所以，每一动物也是美的。假如在某些动物那里我们并没有清楚地看到这一点，那么，这只能说明我们并没有从一个纯客观的角度去看待它们，进而去领悟它们之中的理念。我们之所以做不到这一点，是由于某种难以逃避的思维联想在作祟。这种联想通常是一种蛮横简便的类比的结果：即把猩猩比作人，其结果，就在于我们并没有抓住这种动物本身的理念，而仅仅把它看作是人的一幅漫画。

八

非生命的自然界，假如抛开它那山丘河流，就会使我们产生极为忧郁甚至压抑的感受，就像它在没有生命时也会产生的那种感受。例如，非洲的沙漠就提供了非常有力和难忘的例证。这种由无生命的东西施于我们的忧郁感受，在根本上是出于这样的事实：无生命的块垒完全受制于万有引力规律，该规律所指向的方向因而就牵制着任何事物。相反，我们从绿色的有机物景观中获得了极大的直接快感，而且，该景观越是丰盛、繁复、广阔，这种快感自然就更强烈。说明这一点的直接理由在于这样一个事实：在绿色的植物中，万有引力规律似乎已被克服，也就是说，植物可以完全与该规律所指使的相反方向茁壮生长，因而，直接宣告着生命的现象是事物中更新颖和更高级的层次。我们本身也是这个层次的一部分：这个层次在根本上是与我们相关的，是我们生存的要素。我们的心境在它面前得以超升。因此，绿色植物世界之景观中最为使我们心旷神怡的东西，就是这种垂直向上的英姿。而一组树木中若有一对直冲云霄的枞树拔地而起，那么这组树木的气势就更大了；相反，伐倒的树木就不再使我们动情了。的确，一棵业已等待砍伐的树不如一棵茁壮生长的树动人。而风中柳树下垂的向引力投降的枝叶，正好使该树获得了它的名声。有水的无生命自然所具的忧郁效应，在很大程度上被水的流动所消除，由于水流给人以生命的感受，而且，还由于水流与阳光的不尽嬉戏：而这，正是我们生命的原初条件。

九

一个试图靠缪斯的慷慨过日子的人，我是说，即靠他的诗歌天赋过日子的人，在我看来，似乎就像一个靠她的魅力过日子的姑娘。两者都为了一点蝇头小利，亵渎着那本应成为他们内在存在之自由天分的东西。两者都容易江郎才尽或人老珠黄，而且，常常落得一个不光彩的结局。因此，不要让你的缪斯堕落为一个妓女。

十

音乐,是任何地方都可以理解的真正的普遍性语言。因此,它在所有的国度中不停地被述说着,而且满怀激情、兴致勃勃地畅行于所有国度。一首具有丰厚内涵的小曲可以流行于整个世界,而一首内容贫乏的小曲却会立即失宠,悄然而逝:这就证明,一首小曲的内容是极为容易被理解的。不过,音乐所述说的不是事物,而是纯粹的幸福和苦恼;幸福和苦恼只有对意志来说,才是实在的东西。这就说明,为什么音乐是如此迫切地向心灵述说,而不直接向大脑述说。要求音乐向大脑述说,如表现于所有描述性(Pictorial)音乐中的情形,正是对音乐的滥用,最终使音乐成为可客体化的东西;在这点上,甚至海顿和贝多芬都误入歧途去写这种曲子。莫扎特和罗西尼,就我所了解的来看,绝没有这样干过。因为,表达情感是一回事,描述事物则是另一码事。

十一

大歌剧实质上并不是纯粹艺术感受的产物。毋宁说,它是一种粗野的概念,即为了加强人们的审美感觉愉悦,就堆砌获得这种愉悦的方式,它是分崩离析的感受所刺激的产物,是通过加大产生这种愉悦的质量和力量所强化的结果。而音乐作为艺术之佼佼者,是能够完全凭借其自身而抓住心灵对它的领受的。假如音乐的最高成果要真正地被领悟和受用,那么,它们需要人们的整个心灵对它倾之以不可分割和专心致志的注意力,以致心灵完全屈从它们并沉浸在它们之中,以便去领会它们那令人惊异的内在语言。而在大歌剧中,情形正好与之相反。心灵被眼睛所侵害:在刺耳和紊乱的歌剧音乐声中,眼前是一片最富色彩的辉煌场景,极为幻想的画面,以及由光和色组合而成的最生动的印象;而且,与此同时,心灵还被剧中的情节所占据。心灵在所有这些东西的侵害下,被弄得心猿意马、思绪万端,进而其注意力被扭曲了。于是,它很难领会音乐之神圣、隐秘、内在的语言。因而,所有这些附加的东西,都是与音乐的目的所应获得的成就背道而驰的。

严格地说,人们可以把歌剧称作一种为便利那些不懂音乐的心灵而作出的一种非音乐的发明。因为在歌剧中,音乐首先是通过外在于它的手段而被偷偷引入的。例如,附加一个冗长而又乏味的爱情故事以及给这个故事裹上一层诗意的糖衣;而真正具有内容的精神性的诗歌对歌剧的构成是无甚用途的,因为没有与这种诗歌相匹配的乐谱。

唯有弥撒音乐和交响乐才给人以未曾扰乱的、完满的音乐愉悦;而在歌剧中,音乐可悲地与那乏味的剧情搅在一起,与这种剧情之虚张声势的诗意搅在一起。音乐不得不尽其所能,负载着外在于它的重负。伟大的罗西尼在构织作品时所常常表现的那种嘲弄式的轻蔑,虽然实质上并没有价值,但无论如何还是真正属于音乐的东西。

可是,一般地说,大歌剧在根本上或最终说来都是令人生厌的。因为它日复一日地在其3个小时的拖宕中扼杀我们的音乐感受力,与此同时,还用它那慢条斯理的、非常枯燥的剧情使我们的忍耐力经受磨难。大歌剧的缺陷只有通过个别人所取得的异常的成就被克服:这就是为什么在大歌剧的舞台上只有杰作才会被人欣赏,而平庸之作却不能苟延的原因。

十二

一般的戏剧,作为人类生存之最完满的反映,可以经由三种方式被人把握。首先而且在舞台上最常见的方式是：它仅仅停留在使人产生乐趣的水平上。我们之所以关注那些人物，只是因为这些人物所追求的自身设计与我们本身相似，剧情的发展是通过伏线、人物的天性、机遇展开的。机智和幽默统领着一切。第二个层次是：剧情触动了人们的情感。人们对主人公产生了怜悯，并通过主人公对我们自身产生了怜悯。剧情的特征是忧伤情愫，而最终，这种忧伤的情愫又回到安宁和适意的心境。戏剧所达到的最高级和最困难的层次，是以悲剧为目的的。痛心的苦难、生存的艰辛被带到我们眼前。而且，这里所揭示的最终成果是：所有的人类奋进皆为虚空。我们被深深地打动了，心中顿生出一种逃离求生意志的感受。这种感受，或是直截了当的，或是作为一种同时产生的深层和谐。

十三

常言道，万事开头难。但是，在戏剧这一行，此话的反说才是正确的：万事收尾难。无数剧作都可以证明这一点。在这些剧中，开始那半部分还给人以好感，然而，很快就变得迷乱、动摇、漂浮不定，尤其是在那个臭名昭著的第四场。这些剧最终导致的是强撑的或令人失望的结局，或者导向那些人人都可以预见的结局。像《爱米利·伽洛蒂》这样的剧，结局有时甚至使人恶心，使观众在一种糟糕透了的情感中踽踽回家。构制结局时出现的这一种困难，其原因，部分是出于这一事实：把事物弄得乱七八糟比重新把它们整理得井然有序容易。不过，在某种程度上还出于这样的事实：在剧作的开始，我们允许剧作家任意发挥（Carte blanche）；而在结尾时，我们对他提出了一定的要求。我们要求结局或应是完全大团圆的，或应是纯粹的悲剧——但是，使人类事务顺应如此确定的方向确是一件难事。因而,我们就要求这种结局应当自然而然地、令人信服地以及以一种非做作的方式出现;而且同时,还不应让观众预见到这种结局。

假如一部小说更多地描述内在的生活而更少地描述外在的生活,那么,它将会更出色、更高雅。这种关系,适用于任何等级的小说,并作为它们各自特色的标志,从 Tristram Shandy 到那些粗俗和最富外在活动情节的罗曼史小说。Tristram Shandy 事实上并没有外在活动之描述,而在《新爱洛易丝》和《威廉·迈斯特》中,外在活动的描述更是何其少也!甚至《堂·吉诃德》这种描述也相当少。它在书中无足重轻而且多半是出于调侃之喜剧效果,而那四部小说皆为它们各自等级的扛鼎之作。艺术,就在于以尽可能少的外在生命的消耗,促使内在生命剧烈地运动起来,因为,我们兴致的真正对象是内在生命。而小说家的使命,并不在于叙述伟大的事件,乃是使细小的事件变得引人入胜。

十四

艺术唯一的源泉即认知理念,达到对理念的认识是艺术的唯一目的。科学追求的是那些由四重根据的认知所造成的变动不居的东西,它达到一个目的,又总得向一个最终的目的追寻,即便这样,也不可能获得真正的满足,好比人们向着天地相接的地平线徒劳追踪一样。艺术却与之相反。艺术随时都可抵达它的目的地。这就在于艺术总是把它的观照对象从历史的现实进程中分离出来,让这对象孤独地成为它的对象。这个对象,在变动不居的事变中虽然仅为微不足道的东西,但在艺术中却成为一个总体。在艺术中,关系消逝了,只有本质的东西、理念本身,成为艺术的对象。所以,我们可以把艺术叫作超越根据律而观照事物的方式。这恰恰与经验科学遵循根据律考察事物的方式截然对立。前者是柏拉图的考察方式，而后者是亚里士多德的考察方式。

十五

视觉不同于其他感官，因为它自身不可能直接在功能上产生快乐或不快乐这样的感官效果，也就是说，它与意志没有什么直接联系。听觉就不同了，声音能直接引起疼痛的感受或舒适的感受。作为全身任何部位都会同样感受到的触觉，就更加屈从于意志之直接影响了。至于嗅觉，也更容易感受到舒服和不舒服。味觉同样更是如此。因此，后两种感官是与意志关系最紧密的感官，也是康德称之为主观感官的那种最低级的感官。

十六

当我们说某个对象是美丽的东西时，我们是说，这对象成为我们审美观照之客体。这里有两层含义：一方面，是说当我们观照这客体时，我们也成为客观的了。也就是说，我们在这个对象的观照中，意识到自己不是作为个体的人，而是纯粹无意志的认知主体；另一方面则是说，我们所观照的已不是个别事物了，而是观照着理念。因此，理念和纯粹的认知主体作为相互对应的东西总是同时进入意识之中的。人们可以对任何微不足道的事物作纯粹客观和不带意志的观察，因而去发现它的美。这一点由荷兰画家的静物写生画所证实。不过，一事物之所以比另一事物更美，则是在于，该事物使人更容易对它作纯粹客观的观赏。因此，人比任何其他事物都美，这样，展示人的本质即为艺术之最高鹄的。人的体态、人的表情是造型艺术的主要对象，这就像人的活动成为文学的主要对象一样。

没有一个对象，能够像美人的容貌和身段那样，使我们立即落入审美观照之中。一看到这美的容貌和身段，我们旋即被一种无名的快感所吞没，使我们飘飘然，使我们超乎那些令自己烦恼痛苦的事情。所以歌德说："无论谁看到美的人体，他都不会被邪恶的东西所侵害了。他感到自己与自己、自己与宇宙都已和谐一致了。"

（李小兵　译）

论伦理

一

那种认为世界只具有物理的意义而不具道德意义的看法,是一种最根本、最厉害、最腐蚀人的迷误,是一种在根本上颠倒黑白的观点。在其深处,它是一种具有反基督教人格的信仰。然而,尽管所有的宗教都对它大加挞伐,都想以一种神秘的形式来表述它,可这种根本的迷误并未从世界上消逝掉,而是一次又一次地昂首前进,直到普遍的愤怒再一次迫使它隐匿起来。

二

佛教在世间获得的深邃的伦理和形而上洞见的一个结果,就在于它的最初出发点不是从基本的德行而是从基本的邪恶入手。这种基本邪恶是最初显露的基本德行的反题或否定,这些基本的邪恶即欲望、狂躁、懒惰、贪婪。

假如,你把东方伦理学中这些基本的概念与赫赫有名、流传千年的柏拉图所说的主要德行如正义、勇敢、节制以及智识作一个比较,你就会发现,后者并不是出自清晰的、一以贯之的基本概念,而是人为选定的,在某些方面甚至明显是虚伪的。德行必须是意志的属性;然而,智识首先而且在根本上却是属于智慧。节制,在古希腊语、罗马语、德语、英语中都有不同表达，它是一个非常模糊和暧昧的字眼，用它可以包罗许多不同的东西：节俭、冷静、清醒、克制。勇敢根本就不是一种美德。虽然勇敢有时可作为服务于德行的仆人和达到德行的工具，但它本身不过是用作效力于毫无价值的目的的东西；实际上，它是一种气质性属性。中国有五种基本的德行：仁、义、礼、智、信。基督教不具备尘世的基本德行，只具备神启的德行：信仰、希望、仁慈。

　　道德德行和道德邪恶的区别就在于：某人对他人的基本态度是妒忌，还是同情。因为，每个人在其身上都具有这两种截然对立的情感；而当一个人把他自己的处境与他人的处境作比较时，这两种情感就会油然而生。这两种性质中的某一种性质，可能会变成这个人的基本素质，并按照这种比较对他个人性格的影响去决定他行为的本性。妒忌强化了你和我之间的壁垒；而同情则使这个壁垒变薄，因而清晰可见。它有时还将这个壁垒全部摧毁，以致我和你之间的分别荡然无存。

三

　　上文提到的勇敢，在这里需要作进一步的考察。勇敢，更准确地说应当是勇气。勇气是勇敢的根基，因为勇敢只是战争时期的勇气。古人把勇敢归于美德，把懦弱归于邪恶。但这种看法并不符合基督教的看法。基督教提倡的是仁惠、忍耐、退让；它的教义禁止人们采取任何敌对行动，准确地说，甚至不允许有一点不满。因此，这种有关勇气和懦弱的看法也就无甚价值了。不过，我们必须承认，懦弱并不就等于是一种高贵的品质，因为，它太过于操心于个人的利害。而勇气则意味着，人们敢于直面眼前的邪恶，以便去与将来出现的更大邪恶抗争；然而懦弱则恰恰相反。因此，勇气就是一种坚韧;正因为它是一种坚韧,才使我们具有任何形式的自我否定和自我战胜的能力。因而,正是借助于这一点,勇气也多少与德行发生了关系。

不过,这个问题也许还可以从一个更高的层次上去考察。我们也许可以把所有对死亡的恐惧,都看作是缺乏一种自然的形而上学。只有借助自然的形而上学,人才能使自己具有某种确定性,确信自己同其他人的存在一样;而且,确信他的存在也同他本人所从事的事情一样,因此,这些东西的消亡对他就无甚留恋了。此外,具有这种确定性,遂可以产生一种英雄气概之勇气,这种勇气最终可以化为正义和仁慈的源泉。这无疑是从一个非常超拔的角度来看待问题。此外,人们却难以以其他方式解释为什么懦弱遭人鄙视,为什么个人的勇敢被认为是高尚和崇高。从一个较低的角度看,人们难以发现,为什么有限的个人作为压倒一切的存在,作为世间其他存在的条件,不去把所有的事物都纳入维护自己发展上来。全部内在的因而也是经验的解释,既然仅仅是以勇气的运用为基础,所以是不充足的。

四

人类每一种高贵气质都与它有堕入其中之危险的低劣气质相关联。我们之所以经常对他人产生误解的原因在于:当我们同他们初次结交时,我们把他们的低劣气质误认为与之相关的高贵气质;反之亦然。因而,精明的人看似愚蠢,节俭看似贪心,挥霍看似潇洒,笨伯看似直率和真诚,厚颜无耻看似高贵的自信,如此等等。

五

任何人都会不时地越发感觉到,道德的低下和智慧的无能是两个紧密联系、同本同根的东西。之所以会产生这种印象,不过是因为它们通常都是一块出现,被人们同时发现的,这都说明它们通常是不得不同穿一条裤子的东西。不过,也不能否认,它们两者携起手来也互利不小,这也说明为什么我们眼前有那么多愚不可及、令人生厌的人,为什么世界只能是现在这副样子。具体说来,缺乏智慧有助于虚伪的东西、懦弱的东西、恶毒的东西充分亮相;而精明圆巧又知道怎样去掩盖这一切。此外,一个人内心的堕落,竟是怎样地阻碍着他去发现他的理智原可以把握的真理啊!

不过,任何人都不要自鸣得意。每一个人,即便是最杰出的天才人物,在某些知识领域中都必定是寸步难行、愚昧无知的。因而,不得不承认自己与那些乖僻和怪诞的芸芸众生同流合污。于是,在任何人身上都具有某些缺德的东西,即便是那些最高雅甚或最高贵的人,有时也可能暴露出令人咋舌的低下品行。似乎他自己在与芸芸众生结成同盟;而在这些芸芸众生身上,所有形态的低下品行都可能找到。

尽管如此,人与人之间的差异仍然是硕大而不可计量的。假如一个人真能看到一位与他相似的人,那么,倒真可以使他吃惊不已了。哦,让我们来看一看犹太神语中的一个精灵:阿斯狄蒙斯。他不仅使他的信徒们能看穿屋顶和墙垣,而且还能让他们识破遍布人间所有事务上的虚饰、虚假、伪善、谎言以及欺瞒,以便使他们知道,在世间,为何真正的真诚如凤毛麟角;而且,所有的善良贞洁的东西,即便在那些人对它们笃信不移的时候,其拼命劳作不过是为了掩盖这样一个事实:邪恶虚伪的东西,以最隐蔽的方式实质上占着上风。这一切都在于:我们的文明世界不过是一张巨大的面具。你会遇到骑士、牧师、军人、医师、律师、神父、哲学家以及千千万万其他种类的人;然而,他们都隐瞒了他们的真实面目:在他们的假面具后面，不过是一张狰狞可见的赤裸裸的捞取金钱的面目。一个人戴好正义的面具，以便更凶猛地去损害他的同行；另一个同样以损害他人为己任的人，却选择了一张公众利益和爱国主义的假面；第三个人所选用的假面就是宗教和信仰的纯洁性。许多人为他们各自的目的，戴上了哲学、仁慈的假面。妇女选择的范围要小一些。她们通常使用的假面是：谦恭、羞涩、单纯、直率。此外，还有一些不具任何特殊性质的普遍性面具，事实上，就是我们在任何地方都会看到的那些面具。它们是真诚、礼貌、由衷的同情以及面带笑容的友谊。像我曾指出的那样，这些面具后面掩藏的，不过是实业家、生意人、投机商的面孔。由此看来，唯一真正诚实的阶层是生意人阶层，因为只有他们才真正表现出了他们的真实面目：他们不需任何面具来掩饰他们的活动，因而，他们一直处于社会等级的下层。

然而，我们还想作一些进一步的、严肃的考察，还有更糟糕的事情要向人们通报。人类，在根本上是一种令人恐惧、张牙舞爪的野兽。我们碰巧是在所谓温顺平和的文明的国家中，才结识这种野兽的。因而，我们对他的真实本性的偶然败露深感惊讶。假如法律秩序所设制的栅栏一旦分崩离析，依附在这个秩序上的无政府状态即会显露出它的庐山真面目。这个事实昭然若揭，而具有使你惊醒的作用，并不需要等到事实发生那一天。古往今来已有许多真实的记录，足以使人们相信人类在无情和残忍方面并不比老虎和鬣狗略逊一筹。这里，有一份颇有说服力的现代例证。英国反蓄奴团体向美国反蓄奴团体询问，北美联邦各州是怎样对待奴隶的。美国反蓄奴团体写了一部题为《美国北部蓄奴和奴隶买卖的内幕》的报告以示回答。这本书实质上构成了对人类最沉重的控诉。任何读到它的人，都不可能不浑身战栗，所有人都不会不潸然泪下。不论这些读者曾对奴隶制的不幸状态和普遍的人类残忍及恶毒有何样的闻见、想象、梦魇,当与那些披着人皮,那些一意孤行、成天往教堂跑、在安息日一本正经的恶棍,尤其是那些在他们中间以天使自居的牧师们的作为相比较时,也就是说,当与受他们折磨的那些由于暴力和不义落入他们魔爪的无辜黑人兄弟的惨景比较时,都会显得黯然失色。这本书虽然枯燥乏味,但它包含着真实的实录性记载,它使人类情感上升到义愤的高度,以致人们呼吁应当有一支远征军,去消灭和惩治北美的蓄奴邦州。这些材料是对人类的迎头痛击。我们无需从这个行星上本末倒置的"新世界"去寻找例证了。只要看看1848年就够了。那一年,在一个很短的时间中,便出现了不只一例而是上百例这样的事情:不是丈夫毒死妻子,就是妻子毒死丈夫;或者说是他们两个共谋一个接一个地毒死他们的子女,或者折磨或遗弃他们的子女直至这些孩子死亡。这一切,都不过是为了获得殡葬俱乐部提供的殡葬费。为了这个目的,他们同时在许多俱乐部,有时多至20个俱乐部为一个孩子作了登记。

这类报告,无疑属于人类罪行史上最黑暗的篇章。但是,它们的源泉,或类似这类行为的源泉,却内在于人类与生俱来的本性之中。这种本性之首要和根本的属性即是一种非凡的自私自利;这种自私自利时刻都在急切地企望踏过正义的疆域。现在,人们都急切地要求保护欧洲权力上的均势,难道在这种众望所归的必然的请求中不是已经承认了人是一个嗜血成性的野兽,他一旦发现其弱小邻友的存在,就会凶猛地扑上去吗?这个事实,每日每时不正在被日常生活所证实吗?

伽宾罗(Gobineau)[①],把人叫作货真价实的商业性动物,即尤

[①] 伽宾罗(1816—1882),东方学专家和哲学家。

其令人生厌和仇恨的动物。人们听到这种说法大都非常不快,因为,他们认为这种说法是冲着他们而发的。但是,伽宾罗所说是正确的:因为,在那些给邻友造成痛苦的动物中,只有人才是以制造痛苦为唯一目的的动物。其他动物,多是在于它们饥饿的需要或你死我活的搏斗中,才给邻友造成痛苦。没有一个动物是为了纯粹折磨的目的去折磨另一个动物,而人却这样做。正因为这一点,人还具有比纯粹的兽性要坏得多的恶毒性。

可是,人身上最坏的品性要算"损人为快"(Schadenfreude)之心境,即在他人不幸时感到万幸和欣慰。这与残忍相差无几;二者的区别,只不过是理论与实践的区别罢了。这种心境通常是在本应产生同情的场合下出现的。同情是这种心境的反题,它是人类所有真正的正义和爱慕之真实源泉。同情的另一个反题是妒忌,这是因为妒忌是由相对立的情境诱发的。它作为同情的反题首先和根本上是因为这种使它生产的情境;正是出于这种情境所诱发的一个后果,它才成为妒忌的情感本身。因而,虽然我们可以严厉斥责妒忌,然而妒忌终归是可以原谅的,在人情上也是可予理解的。而"损人为快"的心境,却是一种恶毒性的心境;它所发出的冷笑实质上是地狱之笑声。

现在,假如我们如我们刚才所做的那样开列出人类的缺陷,你由此而惶惑、震惊,那么,你就应当径直把你的眼光转向人类实际生存中的苦难。(假如你为人类实际生存中的苦难所震惊,那么,你应当把你的眼光转向它的缺陷。)这样,你就会发现,它们相得益彰,互相掣肘;你遂会意识到一个永恒的正义之存在,意识到尘世本身就是它自身普遍的最后审判;你将开始领悟到,为什么生命于世界的任何事物,都要为自己的生存作出补偿:首先用生活,然后用死亡。

六

我的伦理哲学的读者将发现,在我看来,道德的基础根本上是建立在《吠陀》所表达的这样一句箴言之上:此即汝。该含义遍及所有事物,无论是人还是动物。它被称为 Mahavakya,即梵语中的"大词"。

在另一个客观化呈现出来的个体中可以发现人本身的根本存在,这种情形,在以下的事例中得到了最清晰和最壮美的证明。在那些事例中,一个人已经处于死亡的边缘,却仍急切和不停地关心着其他存在的幸福和救赎。这类事中,有一个非常著名的传说。有一个侍女,一天晚上在院子里被疯狗咬伤;她相信自己存活的希望不大后,为了让其他人不施罪于这条狗,强撑着身体,抓住这条狗,把它拖进厨房,最后锁上房门,使这条狗能免遭于难。另一个例子是蒂斯拜恩①的一幅水彩画。蒂斯拜恩在这幅画中使那不勒斯的一桩事件获得了永恒的意义:一个儿子背着他年迈的父亲,正在逃避涌向海洋的灼人岩浆。当在这两个行将毁灭的生灵眼前只剩下一条仅能供一人踩踏的小路时,父亲用牙咬了儿子,让他放下自己并让儿子逃离危险,否则两人都将毁灭。儿子听命于父亲,在离别的时候,回首父亲,报以最后的一瞥。这就是该画所描述的一切。与此完全相似的还有瓦尔特·司各特用其杰出的手笔,在《米德洛西恩的监狱》一书中所描述的一个历史事件:两个罪犯已被判处死刑,其中一个深感自己的无能造成同伴的被捕,因而在教堂的弥撒中下了卫兵的枪,成功地使自己的难友获得了自由,而自己却没有任何逃跑的欲望。这里,还可提到一个故事——虽然西

---

① 蒂斯拜恩(1751—1829),德国肖像画家,歌德密友。

方的读者也许会发现它不合胃口——这就是那些铜版雕刻一再模仿的场景：一个士兵跪在一排举枪射击的刽子手前边，等待着被枪决；但他此时拼命地呼叫着，让跑向他的狗不要接近他。在所有这些情景中，我们都看到这样一个个体，他确定不移地直面着行将到来的自身毁灭，但都决不考虑自身的存活与否，以便集中他所有的注意力和努力去保护其他人。这只有可能表现出这样一种意识：这种毁灭，仅仅是现象的毁灭，因而，它本身也就是现象。而面对毁灭的他所具有的根本存在却没有受到任何影响：这个根本存在继续存在于他者身上，对这个他者，他此时此地必定是清醒认识到了的，正如他的行动所证明的那样。因为，如果实际情形事实上并不是这样，假如我们面前有一个实际上要被消灭掉的存在，那么，为什么这个存在会尽他弥留之际的极大努力，对另一个存在的幸福和继续生存，倾注那样大的同情和兴趣呢？

事实上，我们对我们自身的生存，可以以两种截然对立的方式去领悟。第一种，是采取经验知觉的方式，通过观察它的外在显现，它表现为无尽时空世界中一个无限微小的生存，就像那些处于亿万斯人中，作为匆匆过客的人，这些人30年就更新一批。然而，第二种，是通过扎入自己内在自我的方式，认识到存在在总体上和实际上是唯一真实的存在；这种存在进一步又在外在于他的其他存在中反观到自己的映象，就像在镜子中看到的一样。前一种仅仅对现象有所领悟的知识方式，是通过个体化原则为使者而沟通的；但后一种方式是把某人的存在作为物本身而进行的直接体察。这种理论，我在康德那里获得了第一部分依据，而在《吠陀》中，我同时得到了两个部分的依据，当然，对后一种知识形式的简浅反驳是：它设定同一个存在可以在同一个时候处于不同地方，而且在每一个地方都可以作为整体表现出来。假如这是从经验的角度看的话,那么,它显然是不可能的,甚或是荒诞不经的;然而,从物本身的角度看,它完全是可成立的。因为那种所谓的不可能和荒诞不经,完全是仰仗于构成个体化原则的现象形式。物本身或生存意志,却整体而不可分割地表现于每一个存在,即便是无足轻重的存在;它的表现是至臻完满的,无论是过去、现在、将来,它都以一个统一的形式表现着。事实上,即便其他存在消亡了,但世界的整个存在本身仍然毫无伤害、毫无亏损地存在着;它保持为一个单一的整体,在作为幻象的其他一切东西的毁灭面前放声大笑。这当然也是一个本身就不可能的结论。人们可能以同样的理由来反驳它,他们可以说,假如任何存在,即便是最微小的存在都全部消逝掉了,那么,整个世界在这个消逝中也将伴随着一起消亡了。正是在这个意义上,神秘诗人安吉鲁斯·塞勒苏斯才说道:

> 我知道,没有我上帝一刻也不能生存:
> 假如我消亡,他就必然会失却他的灵性。

七

当读过我论述道德自由那篇获奖论文后,所有苦于思索的人,都会确信这样的看法:道德自由绝不会在自然中发现;它只能在自然之外去寻找。它是形而上的东西;在物理世界中,它是不可能的。所以,我们个体的行为在任何时候都不是自由的。相反,我们每个人的个人性格必须被看作是自由的行动。它是其所是,就在于它不顾一切地想成为其所是。因为,意志本身和就其本身来看——即便当它表现为一种个体的东西,因而构成个体最原初和根本的决断时——是独立于所有认识的。因为它先于任何认识。它从认识那里所获得的仅仅是一种促力,通过这种促力,它的本性在不同的阶段上逐渐展开，并使它自身变得富有特征或清晰可见。但是，意志本身，由于它处于时间之外，在其整个存在过程中是根本无法改变的。因而，每一个个体，就其整个一生看，就其处于获之于任何特定时刻的环境之下这一点看，他们本身是被严格的必然性所决定了的。他们的所作所为，只能是他在这个特定时刻所做的一切。所以，人生的整个经验进程，从大事到小事，都像时钟那样被严格决定了。之所以这样的根本理由是：形而上的自由行为进入认知意识的方式是直观知觉。这种知觉所借用的形式是时间和空间。由于时间和空间的介入，这种行为的统一和不可分性就被分割为状态和事件的系列延续，这些都是按照以四种形式表现出的充足理由律为原则的；人们正是把这种情形叫作必然性。但是，其结局是一种道德的结局。也就是说，我们通过我们所作所为领悟到我们是什么样的存在，正像我们通过我们的损失领悟到我们的报偿一样。

八

人们曾提出这样的问题：两个完全在孤立环境下分别成长起来的人，当他们第一次见面时，将会作出何种反应。霍布斯、普芬道夫①、卢梭，对这个问题，作出了完全不同的回答。普芬道夫认为他们两人会充满热情地拥抱在一起；霍布斯认为他们会结为仇敌；卢梭认为他们会一声不吭地擦肩而过，互不相犯。这三种答案可以说都是正确的，也都是错误的：一个人和另一个人的天生的道德素质之间存在的不可估量的差异，将在这种情境中清楚地表现出来，因而，这种相会可以作为衡量这种素质的标准。在某些人

---

① 普芬道夫(1632—1694)，德国法学家、哲学家。

那里,看见其他人,立即就会产生一种厌恨的情感,他们的内在存在就会宣布:"这不是我!"还有一些人,看见其他人时,会立即产生一种友好的兴致,他们的内在存在会说:"这又是一个我!"在这两个极端中,还存在无数等级。不过,我们在这个根本点上所存在的基本差异,的确是一个重大的难题,从根本上看,是一个难解之谜。

九

使人惊讶不已的是,每一个人的个性(与特定智慧相伴随的某种特定的性格)是如何精细入微地决定着他的每一思想和每一种行为。个性,就像极富渗透力的色素一样,甚至可以渗入他们思想和行为的每一最无足轻重的部分。所以,每一个人的整个生活进程,即无论是外在的还是内在的历史,在根本上都不同于其他人的生活进程。就像一个植物学家可以从一片叶子中认识整个植物,就像古维尔①能够根据一块骨头建构出整个动物一样,从一个单一而富有特点的行为中,可能获得对一个人性格的精确知识。即便在他的行为涉及的是微不足道的区区小事时,我们也照样能看出他的性格。实际上,在一些区区小事上更容易看出人的性格。因为在大事面前,人们往往谨小慎微;而在区区小事上,他们不假思索地率性而动。

全部有关人性知识的真正基础和出发点是这样一个谆谆告诫:人的行为,从根本上和整体上看,并不是由他的理性和意图所引导的。因而,任何人都不可能成为他想成为的这种人或那种人,虽然他在内心急切地想象着这一点。但是,出自他天生的和不可改变的性格的那些行为,却是比较严格和特别受内在动机决定的,

---

① 古维尔(1769—1832),自然学者。

因而,它必然是这两个因素(性格和动机)的产物。

假如你理解了这一点,那么,你会进一步发现,我们对我们在未来任何情境中的作为只可能作出一种设想,虽然我们通常总认为我们作出的是确定不移的结论。例如,假若有一个人急切地想在将来的某种情境中从事某种事情,并对他所做的一切具有坚定不移、誓死完成的信念,但这并不能由此可以打下保票,说他定将完成;除非就他本人的素质和本性上看,他的许诺本身成为一个一以贯之的、充足的内在动机,以致为了他的名誉,这种动机化为一种外在的强制推动他去完成他的诺言。除此之外,当这些环境出现后,他到底会干出什么事情来,只能从对他的性格的真实和完全的认识,以及对能够影响他率性而动的外在环境的真实和完全的认识中预测出来。我们性格的不可改变性和我们行为的必然性质,将在所有人身上产生非常大的影响,使所有人在他们不愿意行动的情形下作出行动,使他们缺乏在这种环境出现时所需要的决断、耐力、勇气、或其他素质。然后,这些人又真诚地承认和追悔自己的误失良机,无疑都会想到这一点:"下一次我会做得好一些。"下一次机会来到时,情境又重现了,他仍像他以前那样照行其是——他自己对这一点也深感震惊。

一般来说,莎士比亚的戏剧,为我们这里所讨论的真理提供了最好的形象说明。因为莎翁本人对这个真理可谓大彻大悟,并用他特有的直觉和智慧使它生动地表现在每一篇章。不过,我只想举出一个例子来说明这一点。在这个事例中,我们可以看到莎翁尤为清晰地强调了这个真理。在这里,我指的是诺森伯兰伯爵这样一个人物。这个人物,贯穿于莎翁的3个悲剧,但又从未成为剧中的主要角色。相反,在15场戏中,他只在一些场合出现。因此,你只有全神贯注,才能理解这个人物身上所蕴含的道德连贯性。

诺森伯兰无论在什么时候出场,莎翁都赋予他一种高贵的、骑士的象征,并赋予他恰如其分的谈吐——实际上,他有时竟说出一些美妙而又崇高的话语。因为,莎翁的做法远不同于席勒的做法。席勒总是习惯于把魔鬼描绘成黑色,他对他的人物在道德上的褒贬,在这些人物的言谈中是明白无疑的。而在莎翁或者还有歌德的戏剧中,每一个人的言谈举止都是完全恰如其分的,即便他是一个魔鬼。

古人的命运,不过使我们意识到这样一种确定不移的东西:所有的事件都是被因果链条紧紧锁在一起的东西,因而表现出一种严格的必然性。所以,将来已经完全被确定了和决定了;它就像过去一样,也是不可改变的。

(李小兵　译)

论法律与政治

一

德国人有一个非常突出的缺点，这就是在虚幻缥缈的云雾之中去寻找那些实际上就在他们脚下的东西。有一个典型的例子足以说明这一点，这就是哲学教授们考察自然法的方式。他们为了解释构成自然法的内涵和实质，因而构成正确与错误、财产、国家、刑法等东西的那种简单的人生关系，不惜杜撰出最漫无边际、最抽象、结果也是最模糊和最空洞的概念。由这些概念，依照那些奇特教授所具有的歪才，叠起一个又一个的巴比塔。在这种情况下，生命中与我们息息相关的最清晰和最简明的关系被弄得不可理解，因此，在这样的学校中学习的一些青年人真是被戕害匪浅。这些事物本身非常简浅因而容易理解，读者可以从我在《伦理学之基础》第十七节、《作为意志和表象的世界》这部主要著作的第一卷第六十二节对这些东西的讨论中确认这一点。但是，德国人却惯用诸如正义、自由、善、存在(to be，这个毫无意义的不定式)以及其他概念，使德语成为非常玄乎的东西，使人如坠五里雾中，开始沉醉于无用的、漂浮的胡言乱语；使德国人采纳那些最暧昧的因而也是最空洞无物的概念，并人为地把它们搅在一起。实际上，德国人应与之相反，让自己的注意力回到现实中来，用自己的直观感知事物以及它所实际表现出来的关系,那些概念正是从这些事物和关系中抽象出来的。因而,这些事物和关系构成了这些概念唯一真正的实质。

二

假如你从一种先入之见出发,认为正义的概念是肯定的概念,因而着手去给它下定义,那么,你必定会徒劳一场:你就像在拥抱阴影、追踪魂灵、寻找虚无。因为,正义概念就像自由概念一样,是一个否定的概念:它的内涵是纯粹的否定。而非正义的概念是一个肯定的概念,它的含义与广义的伤害是同义的。这种伤害可以波及到人,或财产,或名誉。因此,定义人权是容易的:任何人都有权利从事不伤害他人的任何事。

说对某种东西具有一种权利,其含义不过是说在不伤害任何人的条件下,我们具有从事它、采纳它或运用它的能力。由此可以清楚地发现,许多问题的提出原本是毫无意义的。例如,我们是否有权利夺走我们自己的生命这个问题就是无意义的。因为,他人向我们提出任何(权利)要求的条件是我们必须是有生命的。当这个条件不存在时,这些要求就不能成立了。要一个不再企求为自己而生存下去的人,必须像一部机器那样纯粹为他人卖力而活着,这是一种奢望。

三

虽然人所具有的才力不等,然而,他们却具有同等的权利。权利并不以才力为基础。由于正义所具有的道德本性,这些权利以这样的事实为基础:在每一个人身上同样具有的生存意志,表现在其客观化的同一个阶段。不过,这只适用于原本和抽象的权利,即人之为人所应具有的权利。财产,以及荣誉,这些每个人用他的才力获得的东西,却是出于他们不同才力的性质和程度;因而,扩大了他们权利的领域:于是,在这里是谈不上平等的。一个在这方面天才聪颖、后天能干的人,通过他的精明劳作所增添的并不是他的权利,只是借他的权利而增加的事物的数量。

四

我在我的主要著作(《作为意志和表象的世界》第二卷第四十七节)中曾阐明,国家在根本上不过是一种制度,它保证整体不受外来的攻击,以及保护个体避免互相攻击。由此推论,建立国家的必要性,根本上的依据是承认人类本身的不正义和不公正。假如没有不公正,人们便不会想到国家;因为,人们并不需要害怕自己的权利被侵犯,而且,他们为与野兽和自然环境抗争而结合成的简单联合体,只和国家有一点相似。由此看来,那些口若悬河的哲学家是多么的无知和轻浮:他们认为国家是人类最高的鹄的,是人类最辉煌的成就,因而达到了世俗凡人的顶峰。

五

假如公正在世间取得统治地位,那么,一个人安居乐业就足够了:他对这个明白无疑的财产所具有的权利不需要任何保护。然而,由于世界实际盛行的是不公正,任何一个安居乐业的人同时就必须严阵以待地保护自己的财产。否则,他的权利就是不完满的:因为攻击者也具有一种强大的权利。这实质上就是斯宾诺沙所说的公正概念:攻击者不承认任何其他权利,只认为"一个人的权利等于他的强力"以及"一个人的权利是被他的强力决定的"。无疑,在市民生活中,这个公正概念在理论和实践中已经被放弃了。但是,在政治生活中,它只是在理论上被放弃了;而在实践中,它仍然是压倒一切的。

六

俄国的农奴与英国的地产之间的差异,或者说,一般说来在农奴与农夫、佃户、抵押人等诸如此类的身份之间的差异,与其说是内容上的差异,不如说是形式上的差异。无论是农夫还是他所干活的土地属于我,无论是鸟还是它的食物属于我,无论是果实还是树干属于我,在根本上都是一个无足轻重的问题。正如莎翁笔下的夏洛克所说:

> 你们夺取我养家活命的根本
> 就是活活要我的命。

当然,一个自由的农夫具有一些优越性,他可以离开主人,在茫茫世界中另谋生路。不过,一个农奴,也许比此还有更大的优越性:当收成不好,当他病倒或年迈而失去工作能力后,他的主人不得不照顾他。

因此,贫困和奴役是同一事物的两种形式,或许,人们会说是同一事物的两种说法。它们的本质就在于:人的能量的大部分并没有施展到为自身利益服务,而是为他人服务。其结果,一方面,是他被工作压得透不过气来;另一方面,他的需要得以满足得微乎其微。

七

人们的主权问题,在根本上可归结为这样一个问题:任何人是否有自然而然的权利不顾人们的意愿去统治这些人。我尚未发现，怎样用说理的方式去回答这个问题。当然，人们在事实上是有主权的，然而这种主权尚未成熟，所以需要精心地看护；它的权利的每一次运用，都不可能不产生无尽的危险。尤其是，它就像未成年的孩子一样，很容易被那些狡诈的江湖骗子所愚弄；因而，我们可以把这些江湖骗子叫作蛊惑民心之徒。

伏尔泰说得好：最初的皇帝不过是胜券在握的士兵。

无疑，所有的王公们实际上在先前都是打胜仗的指挥者；他们成为现在这样的统治者，是花了很长一段时间的。当建立了他们的常备军后，他们就把人民看作是养活他们本人和他们军队的工具，看作是驯服的羊群，可以提供羊毛、羊奶以及羊肉。这是出于这样的事实：因为在开初的时候，实质上在世间占统治地位的并不是公正而是实力（下一节将会更加详尽地讨论这一点）。实力比公正具有"先下手为强"的优先权利。因而，这就说明实力在世间为何不会消除或真正被人放弃。我们所企望和要求的一切，不过是让它与公正结伴而行。

八

公正本身是毫无力量的，真正占统治地位的是强力。把强力与公正拉在一起，以便借助强力让公正去统治——这就是管理国家的本领。这无疑是一个非常棘手的问题。只要你看看隐匿在几乎每一个人心中的无穷无尽的私利，看看成千上万的人是如何地在根本上必须囿于和平、秩序以及法治的藩篱之中，你就可以认识到这个问题是多么棘手。假如我们注意到了这一切，我们必定会惊讶地看到，从整体上说，世界正如我们所看到的那样追寻的是和平和安宁、秩序和法治的过程。当然，这完全是由国家机器来完成的。因为唯有物质的力量才能产生直接的效果，而只有这种力量才是人们通常所能领悟和遵从的东西。

出版自由对整个国家机器的作用,就如安全阀对蒸汽机的作用一样:每一种牢骚和不满都通过它,立即以语词的方式释放出去。而且,假如在这些牢骚和不满中没有十分重要的实质性内容的话,它们很快就会销声匿迹。不过,假如它真有实质性内容的话,这就会让人们及时了解它,进而得以矫正。这比强把牢骚和不满压制下去,让它酝酿、发酵、膨胀,最后以爆炸为结局要好得多。可是,从另一方面看,出版自由又可以被看作是对出卖毒害心灵和大脑的毒品的允诺。因为,我们要清楚在那些无知和缺乏判断力的芸芸众生的大脑中,究竟什么东西不能塞入。尤其是在他们面前晓以得失和利弊时,这一点更须做到。而且,一旦某种东西塞入这些人的头脑,还怕他们有什么恶劣行为不能干出?因而,我非常害怕出版自由的危险压倒了它的有益用途,尤其是在对所有牢骚和不满已具有相应法律补救措施的地方。可是,在任何情况下,出版自由都是最严格禁绝任何形式的告黑状的条件。

一部包容抽象权利的宪法,当然是一件令人满意的事。但是,它并不适用于像人类这样的存在。因为,人类中的大多数皆为高度自私、极为不讲道理、轻率浮浅、欺上瞒下、甚至落井下石者;而且,他们在智力上又极为不足,因而就产生了这样一种需要:必须存在一种权力,它集中于一个人身上,君临所有法律和权利,而且在根本上是不需解释的。所有的东西都屈从于这种权力,它被看作是更高层次的存在,看作出自上帝恩准的主权者。只有这样,才可能长久地把人类束缚和统治起来。

共和制所具有的特殊的和非常矛盾的不利之处,是在于在共和制中,具有高度智慧能力的人必定更难以爬上高位,进而更难于比在君主制中对政治直接施加影响。因为，在任何时候、任何地方、任何情况下，那些狭隘、虚弱和庸俗的脑袋，会很快地结成联盟或本能地凑在一起，去反对那些具有高级智慧能力的人，并把他们看作自己的天然仇人。这些人出于他们对这些聪颖之士的共同仇恨而紧紧地抱在一起。在共和政体上，才智低下的人结成的帮派，将轻易地压倒和排斥才智高超的人，以便不要败倒在他们手下。尽管所有人都具有同样原初的权利，但在人数上看，智力低下的人与其他人在比例上占压倒多数，其比值是50比1。相反，在君主制中，这种狭隘不开窍的脑子所结成的天生和普遍的同盟，只是那些高超心智能力的人的一个对立面，而且仅仅是处于下层。而在上层，心智的才能自然是得到尊重和保护的。

君主形式的政府，对人来说，是最自然的政府。假如在人身上没有一种君主制的本能冲动，使他把君主制看作最适宜他的东西，那么，我们又怎样可能去解释成千上万的人，包括我们自己，在所有的时间和任何地方，都曾心悦诚服地拜倒在一个人的脚下，有时甚至是一个妇女脚下？还有的时候竟然短时期地是一个孩童脚下，这毕竟不是靠纯粹思考可能得到的答案。任何地方，国王都是一个人，而且，他的尊严，作为一种制度是可以遗传的。他实际上是整个人民的人格化或外在标记，人民在他的身上获得了个体性。在这个意义上，他可以大言不惭地说朕即国家。正是出于这个原因，莎士比亚历史剧中的英国和法国国王都有一个各自特定的称呼"英格兰"和"法朗士"，而且《约翰王》中的奥地利公爵的称呼也是"奥地利"；似乎他们就是他们的国家民族之化身。这是符合人类本性的。这也说明，为什么遗传的君主不可能把他自己和他的家庭的福祉与他的国家的福祉分割开。然而，那些选举产生的教会国家的君主却作了这样的分割。共和制是反自然或违反人类本性的,是人为的和纯粹思考的产物。所以,在整个人类历史中,共和制的存在屈指可数,例如狭小的希腊共和国和罗马以及迦太基共和国。而且,这些共和国之所以可能建立起来,是因为实际上都必须以人口中五分之四甚或八分之七由奴隶构成为前提。同样的情况还表现在美国:1840 年,美国 1 600 万人口中,有 300 万人是奴隶。而且,古代共和制的延续寿命与君主制相比都是短命的。共和制,一般来说建立容易,维系困难;而君主制实际上正与之相反,建立难,维系容易。

假如你们要我开出一个乌托邦,那么,我想说的是:唯一解决问题的办法即是聪明和高贵的真正贵族以及具有真正贵族气质的人,作为专制的君主统治国家。达到这种贵族和贵族气质的方式,是让最高贵的男人与最精明和聪颖的妇女结合。这个设想,构成了我的乌托邦和我的柏拉图式的理想国。

九

随时随地,我们都可以看到人们对政府、法律、公共制度发泄着不满。这不过是因为,在人们看来,这些东西对那些同人类存在死死纠缠在一起的苦难,负有不可推诿的责任。借用一个神乎其神的说法,这就是落在亚当头上的诅咒,并通过他传给了整个后人。这种误解,从来没有发展到在今天人们的蛊惑下所达到的欺人和轻率程度。这些蛊惑人心的人,作为基督教的死敌,都是乐观主义者,认为尘世"本身就有其自身的目的",因此,在尘世的自然构制中,具有非常辉煌的结构,使他们可以安居乐业。另一方面,他们又把尘世上狰狞可怖、千奇百怪的罪恶全部归之于政府。他们认为,假如政府尽职的话,就会出现人间天堂,我们所有的人就会无忧无虑地吃饱、喝足、传宗接代,最后得个善终。这就是他们"本身就有其自身目的"的尘世论调的真正含义,这就是他们成天不厌其烦大声嚷嚷的"永无终止的人类进程的"目标。

(李小兵　译)

论心理

一

　　求生的意志,这种构成每一种有生命之物内核的东西,最明白地表露在高级的动物,也就是那些最聪慧的动物身上。这些动物身上,可以最清楚地发现求生意志的本性。在这个等级之下,求生意志表现得并不明显,它的客观化程度并不高;而在这个等级之上,也就是在人类那里,理性的出现,势必意味着生存中的忧心忡忡;理性的出现,可以使意志得以分散。这毕竟给意志罩上了一层屏幕。于是,意志只有在激情爆发之时,才会无遮无掩地亮出身来,这就说明,为何激情煽动之时,便总是信仰泛起之日,不论这种激情到底是什么。也同样是由于这个原因,激情成了诗人大发诗兴和演员拿手好戏的主要题材。

二

　　很多归之于习惯之力量的东西,实质上不过是仰仗着我们天生的性格之中的那些恒常性和不可改变性。所以,在同样的环境下,我们总是做同样的事,与第一次一样,千百次地重复着同样必然的一桩事情。另外,真正的习惯的力量,不过是想让我们的理智和意志,免除作出簇新之选择的劳作和困苦以及危险。因此,这就使我们今日重做昨日之事,以及曾千百次做过之事,以及那些我们可以如法炮制之事。

不过,这个问题实质上还有更深的根由。我们还可以举一个特定的事例来加深对这一点的理解。那种由惯性的力量这种纯粹机械原因所驱动的物体,即是由习惯的力量动机所推动的肉体。我们在没有任何特定的动机时,也会表现出那些纯属习惯的行为。这就说明了,为什么我们在作习惯动作时,对它们毫无所知。那些已经成为习惯的行为,只有它第一次表现时,才受动机驱动。这次驱动的第二次成效就成为习惯的东西了,这就足以使这个行为永远维持下去。这就像一个物体被抛出后,若没有遇到阻挡,那么,即便不再给它施以进一步的推动,也会永远保持运动状态一样。这同样可运用到动物身上;驯养后的动物,其结果就是强化了习惯。所有这些,都不仅仅是一个比喻。其真义在于:万物都是同一的。它们是位于不同客观等级上的意志。

三

企求长命百岁,是遍及世界的一种习俗。用那种探讨生活究竟是怎么回事的知识,无疑是不可能把这种习俗说明白的。只有用人的内在本性究竟是什么——即用求生的意志,才可以说明白。

四

每一次离别都可以预先尝到死亡的滋味;而每一次重逢,又会尝到重生的滋味。这就说明,为什么那些本来并不怎么来往的人,在分别了二三十年后重逢时,会如此地欣喜若狂。

五

便宜得来的好运往往不长的原因在于:幸福和不幸福不过是

我们想要的东西和我们实际得到的东西之间的比例。因此,我们对囊中之物所知甚少或对财产本身无甚把握。还因为,快乐实际上是否定性的东西,其效果不过是去除痛苦;而痛苦或邪恶却相反,是现实中的肯定因素,遂可以直接感受到。我们对财产或对财产的期望所产生的欲念会越来越大,而且还会增大我们进一步聚敛财产和贪得无厌的能力。

六

希望,即是把对一个事物的欲望与这个事物的可能性混淆起来。

无希望之人,也就是毫不畏惧之人:这就是所谓的"孤注一掷"。人类很自然而然地相信他欲望中真实的东西就是实际上真实的东西。而且,他之所以相信它,是因为他欲求它。假如他的天性中的这些安抚式精神胜利成分在重复不断的不幸面前碰个落花流水,那么,他甚至就不得不相信那些他绝不希望发生的事必定会发生,而那些他希望发生的事绝不会发生;这种情形便叫作绝望。

七

在所有欧洲语言中,人们在运用"人格(Person)"这个词去表征人类个体时,都会下意识地衍生一种意义:人格实质上的含义是演员的面具;而且,实际上没有一个人会真正地完全显露自身。我们所有人都戴着一张面具,在那里装腔作戏。

八

当自然未开化的人遇到不公正的待遇后,他旋即会施以报复,而且,常常认为报复是一种快乐。这个事实,可以由那些仅仅是为了报复而不是报偿的许多牺牲来证明。我想对这种情况从心理学角度加以说明。

　　自然、命运、机数施于我们的痛苦,都及不上他人的意志打击我们而产生的痛苦。何以如是？这是因为,我们都承认自然和命数是世界的绝对主宰。它们施于我们的一切,也同样是施于其他人的一切。因此,当我们由此源头受到痛苦后,我们所悲戚的与其说是我们个人的不幸,毋宁说是整个人类共同的厄运。相反,由他人意志造成的痛苦,在痛苦和伤害本身之上,还附加着一种非常特殊和残忍的痛苦,这就是他人的不可一世的优越感。这种不可一世的优越感或是以强力,或是以奸诈施加到我们头上。与之相伴随的,还有我们自身的自惭形秽。假如报偿可能的话,报偿可以医治所受的创痛;而那种残忍附加的痛苦,即那种"我不得不在你面前低三下四、俯首帖耳"的感受,通常造成的痛苦已远远超过痛苦本身,它只能由报复来缓和。当我们无论是用强力还是用机灵以血还血的时候,我们向那个曾伤害我们的人展示了压倒他的优越感,因而就抹销了他优越于我们的情形。于是,内心便得到了它所渴望的满足。所以,哪里的荣耀和虚荣越多,哪里的报复心就越甚。不过,如同每一种完成了的欲望最终多少都会表现为一种错觉一样,报复也是如此。通常,我们希望从报复中产生的快感,很快就会由我们在这之后所体验到的可悲而变得苦涩难忍。的确,一种精心算计的报复通常在最终都会使人心肝俱裂、良心难熬。我们再也不会感受到促使我们去报复的原本动机了,我们眼前,只是一片难以抹去的我们自身的邪恶。

<h2 style="text-align:center">九</h2>

　　金钱,是人类抽象的幸福。所以,一心扑在钱眼的人,不可能

会有具体的幸福。

十

当意志弥盖知识，其结果我们称之为固执。

十一

仇恨是内心的事物，蔑视是大脑的事物。

仇恨和蔑视截然对立、互相排斥。无疑，大凡仇恨，其根源都在于对他人的过己之处所产生的身不由己的尊敬。反之，假如你想仇恨那些贫困潦倒、衣着褴褛的人，你简直就找错对象了！因为你很容易就会对他们产生一种轻蔑感。真正的蔑视，作为真正荣耀的对应面，总是不露声色，不让任何人发现自己的存在。因为，如果你让一个你所看不起的人知道你轻视他，你就不过是表露了对他的某种尊敬；因为你想让他知道你是如何看不起他——这不是蔑视，而已落入仇恨了。相反，真正的蔑视，是对他人之毫无价值这一点所抱的纯真清白的笃信，它要求一种坦荡和忍让的胸襟。这是因为，为了你自己的安宁和安全，你必须克制自己，不要去激怒你所蔑视的人。要知道，任何人都可能拍案而起，造成伤害。不过，这种纯粹、冷静、真诚的蔑视一旦产生，它的报复力量实为最惨毒的仇恨，因为被蔑视的那个人无力用蔑视来报复它。

十二

人们之所以铁石心肠，是因为每个人都有足够的苦痛去忍受，或者，每个人都认为自己有足够的苦痛。相反，人们之所以是如此地爱管闲事，是因为他们生活在苦难——无聊这两极对立之中。

十三

假如你想知道你对一个人的真实感受究竟是什么,那么,你只需记下当你第一次在门口看到他写给你的未曾预料的信时,所产生的印象就够了。

十四

理性仍有资格被称作先知。因为它向我们展示了未来(即我们现在所从事的一切将会产生的结局和后果)。这正是为什么当贪得无厌的欲望、暴躁的火气以及贪婪无度危及我们,把我们拉入到那条我们最后必将追悔莫及的歧途上时,理性总是深谋远虑地提醒我们克制自己。

十五

人类获得幸福和交上好运的情境,一般来说,都可以比作一排树木:当远看时,它们显得美丽诱人;但当你走近并进入树丛之中,它们的美丽诱人旋即消散,你再不可能发现它了。这也就是我们常常会羡慕他人的缘故。

十六

为什么一个人即便照遍所有的镜子,都不会真正知道自己的长相,进而不能像他描绘其他熟人那样,描绘出自己的相貌?这是"知汝自己"一开始就面临的麻烦。

其原因,无疑是在某些方面归因于这样的事实:当我们在照镜子的时候,我们总是双耳呆滞、直挺挺地看着自己。而眼睛的运动,这个具有如此重要意义的行动和我们注视的根本特征,却丧失了很大一部分。与这种肉体上的不可能性相似,还出现了一种伦理上的不可能性。一个人不能在镜子中以一个旁观者的眼光来看待自己的形象,而这正是对他的形象作客观观照的条件,它让我们完全依赖道德上的唯我论,让我们强烈地感受着"不是我"的情感。反之,当我们在镜中看到自己的映象时,我们的唯我论就会在我们耳边悄然提醒道:"这不是其他自我,就是我的自我。"其结果就产生了"不要碰我"的效应,因而就断绝了对自身作任何纯粹客观的领悟。

十七

无意识的存在,只有表现在其他存在的意识中才是现实的;直接性的存在是以个体的意识为前提的。因此,一个人作为个体的真实存在在根本上也是以他的意识为根据的。不过,这种意识必然是那种构成观念的意识,因而,是被智慧及其活动的领域和实质所决定的。这样,意识清晰的程度,进而思维清晰的程度,便可以作为存在现实性的程度。不过,这种对人们自身存在和他人存在的思维和清晰意识,在人类本身之中有着重大差异,这是因为:他们所禀赋的智力、这种智力运用的程度以及为便于反省思索的闲暇时间各各不一。

就智力方面的天生和内在差异看,若不结合每一个具体个别情形去考察,是很难作出正确比较的。因为,这些差异乍一看很难看出,它不像文化、闲暇、职业方面的那些差异,可以轻易加以发现。不过,即便在这一方面,人们通常也不得不承认,许多人所具有的存在程度比其他人大 10 倍,或者说,他们多存在了 10 次。

在这里,我们无需去谈论那些蛮荒之民,他们的生活不过是略胜于森林古猿罢了。我们只要看一看那不勒斯或威尼斯(在北方,抵御冬天的警惕性已经使人更富思索了)那些卖苦力的人所过的一生就行了。他们在贫困的驱使下,凭着自己的气力,为当日的需求而劳作,甚至为当下这一小时的需求而奔走。超人的苦役、不尽的劳役、拼命的劳作,他们无忧无虑,休息一下再干,吵吵嚷嚷,打打骂骂,没有一刻空闲去思索,只是在气候温和和生活还过得去的时候才能放松一下神经。最终,教会又向他们灌输那些粗糙不堪的迷信,以作为他们存在的形而上成分。这种迷惘、难熬的梦幻,构成了千百万人的生活。他们认识的仅仅是当下缺少的东西,他们根本不思考存在的连贯性,更不要说存在本身了。在某种程度上,他们存在着,却没有觉察到存在。

现在,再来看看那些精明、敏锐的商人。他们一生都在算计中度过:小心翼翼地施行周密策划的计谋,盖房子,养家眷、仆从,而且还在公众事务中大显身手。这类人,无疑比前类人对其存在具有更多的意识,也就是说,他们的存在具有更高的现实程度。

接着再来看看那些学者,即那些探究过去历史的人。这类人会意识到超越其自身和他们存在时代的整体之存在,他们思索的是整个世界的进程。

而最后就是诗人,甚而哲学家了。在他们身上,思维已经达到了这样高的程度:他们忽视存在之中的个别现象,而是面对存在本身、面对这个硕大的谜,陷入深深的思索;他们把存在本身作为自己考察的课题。在他们身上,意识已达到了这样高的清晰程度:它成为普遍的意识。通过这种意识,他们的观念就会超越所有关系,而径直效力于自己的意志。并且,在他们眼前立即展示出一个世界:这个世界与其说要他们纵身投入它那火热的行动,毋宁说是让他们作出自己的探索和冥想。假如现在可以把意识的程度就叫作现实的程度的话,那么,我们把诗人、哲学家叫作"最现实的人",该词将会富有意味而且非常贴切。

十八

为什么"寻常(common)"表达了一种贬斥,而"不寻常""例外"则代表了赞赏? 为什么任何寻常的东西都可能被人瞧不起?

寻常的原意指那些与所有东西即整个族类有关的东西。所以,若一个人不具任何超乎其族类全体的性质,那么,他就是一个"平平常常的人"。

我常常论证道,动物只具备族类特性,而只有人才具有真正的个体特性。不过,在芸芸众生中,只有极少数人是有个性的。人几乎全部都可以被划分为不同的级别。人们的欲望和思想,同他们的面庞一样,不是属于整个族类,就是属于他们所归属的任何级别。正是由此,才会重复出现琐碎、日常、寻常的东西。他们的所作所为,通常都可以非常精确的方式预先估计出来而大致不差。他们没有个体特性,他们是同一个模子铸出来的。

既然他们的本性都出自族类,他们的生存难道还能逃得掉吗?不过,这一点是毋庸置疑的:那些超拔、伟大、高贵的人,结果就只得使自己的本性脱离一个世界。这个世界,若要指出它的低劣和可厌之处的话,有一个最好的表达,这就是那个意味着日常不断出现的东西的词:寻常。

十九

就人和动物所具的意志看,都是同样的。相反,使一种存在高于另一存在,使一类人高于另一类人的东西,是知识。因此,我们所说的一切,应尽可能地限制在知识的表达中。所以,意志,既然对所有人是共同的,由此推论它的每一种激烈的表达也是共同的,它把我们仅仅作为族类的一个范例勾勒出,因为我们此时展示的仅仅是族类的特征。因而,发怒、狂欢、仇恨,一句话,所有情感或意志的激动,都是共同的;假如它强烈到可以断然地把认知压抑在意识中,让人显得更像一个意志的存在而不是认知的存在的话。假如最伟大的天才向这种情感投降,那么,他就等同于尘世上最平庸的子民了。相反,天才在根本上企求标新立异,也就是超凡脱俗;无论人们怎样诱使他让意志压倒一切的冲动占据其意识,他都会立场坚定、绝不让步。也就是说,他必须在听到恶语伤人时毫无所动。无疑,超凡脱俗的最可靠的标记是:在听到侮辱和伤人的言词时,忽视它们,断然地把它们同其他无尽的谬误一样,归结为说话者缺乏知识;因而,对这些言词只是横眉冷对,毫不动心。

二十

假如你想在商业、著述、绘画以及任何行业有所成就的话,你必须遵从的规律是:不要刨根问底地知道它们是怎么回事。

二十一

无疑,许多人之所以交上好运,是因为归功于这样的情境:他们具有一种令人觉得可爱的笑容,进而用它来赢得别人的心。不过,这些有心人最好记住或学会哈姆莱特的忠告:人们也许面带微笑,却是一个恶棍。

二十二

具有超凡和优秀气质的人,会毫不迟疑地承认他们的缺点和不足。他们把这些缺点和不足看成他们应交的学费;他们甚至认为,他们不仅不因这些东西而感到羞愧,反而认为具有这些缺陷是一种荣耀。这种情形尤为明显地表现在当这些缺陷与他们的伟大气质互相映照时。正如乔治·桑所说："任何人的美德中皆有缺陷。"

相反，还有一些具有善良性格和完美智慧的人，绝不承认他们有任何缺陷，而是精心地掩饰它们，使它们不露丝毫马脚。何以故？这是因为，他们的整个德行都在于完美无缺。因而，任何直接显露的缺陷都会使他们的德行黯然失色。

二十三

假如你才智平庸，谦虚就是真诚；然而，假如你天赋甚高，谦虚即是虚伪。

二十四

人，即便是在可能被驯化这方面，也是超越动物的。穆斯林教徒被驯化得一日数次面朝麦加祷告：他们的虔诚矢志不渝。基督徒被驯化得在一定的时候就俯首帖耳地画着十字等。一般说来，宗教在驯化艺术方面，即精神能力的驯化方面，已取得了真正的卓绝成效。不过，众所周知，这种驯化不能开始得太早。对人的驯化，如同对动物的驯化一样，只有在他们豆蔻年华之时，才会获得完全成功。

二十五

你若具有高度的想象力，就意味着你的大脑接受功能已足够强劲，它并不必然需要感官的刺激来诱导其行为了。

因此，由感官从外部向我们输入的感受越少，想象力就越活跃。远在他乡的孤独、身陷囹圄或养病卧床、寂静、午夜、黑夜，都是构成想象的良机：在这些契机的影响下，想象力不期而至。相反，当大量的实际内容由外边传递给我们时，诸如在旅游的走马观花中，在生活的喧嚣忙乱中，在正午的烈日炎炎中，那么，想象此时就销声匿迹，即便召唤也难以活跃起来：它发现这不是时候。

可是，若要使想象富有成果，那么，它必须从外部世界吸收大宗的物质，唯此，它才能填饱自己的胃口。但想象的调养同身体的调养一样，要非常及时地给它那些可以消化的东西，这些东西要保证它最基本的需求，而且要绰绰有余的。而正是这种绰绰有余的调养，使它在以后时机成熟时，可以随叫随到。

二十六

记忆并非贮存货物的仓库，而是开发心智力量的一种能力。因为，心灵只具有潜在的知识，而不具有实际的知识。

二十七

具有超凡智力的人更容易同下等低劣智力的人相处，而不是同平庸寻常智力的人相处。同样的道理，暴君和平民、祖父母和孙子辈彼此皆为天然的盟友。

二十八

人们需要外在的活动，是因为他们没有内在的活动——这个事实解释了那些无所事事的人的焦躁不安，以及他们毫无目标的旅游热。驱使他们从一个国度走向另一国度的东西，与在家中驱使他们结交游手好闲、拉帮厮混的那些可笑的狐朋狗友的东西，都是同一种无聊和乏味。

（李小兵　译）

论宗教

一

信仰和知识：哲学，作为知识的一个分支，它毫不关心那些必须信仰或可以信仰的东西。它关心的仅仅是那些可能被认知的东西。因此，如果说哲学是与那些我们必须信仰的东西毫不相干的东西，那么，它对信仰来说，也没有什么害处；因为，信仰所教诲的，皆为那些我们不可能认识的东西。假如我们想认识这些东西，那么，信仰就变为某种无用和荒诞的东西了，就像我们把信仰的教义同数学扯到一起一样。

当然，我们得提请人们注意，信仰仍然可以比哲学给人以更多的教诲；不过，它所教诲的东西鲜有与哲学之结论相符合的。这是因为，知识的内核比信仰更坚脆，当两者撞击时，多半是前者四分五裂。

在任何情况下，信仰和知识都是截然不同的东西；为了它们两者的利益，它们都严格坚守自己的边界，所以，它们可以毫不顾及对方而我行我素。

二

所有说教者的根本秘密和根本机灵之处（无论是婆罗门、佛教、伊斯兰教或基督教)在于:他们随时随地都能认识到和把握住人类形而上需求的巨大力量和不可逃避性。然后,他们就假装具有满足这些需求的办法,他们告诉人们,这个硕大之谜的解答,必须经由一种特别的方式传递出来。一旦人们笃信这点后,说教者们就能随心所欲地引导和控制人们了。因此,再精明审慎的统治者也同他们结成同盟,而其他人本身便成为他们的应声虫了。不过,当然机会甚微,一旦哲学家登上宝座,整个闹剧中就会出现最令他们尴尬的不痛快场面。

三

基督教有一个非常不利之处。这就是,与其他宗教不同,它并不是一种纯粹的教义,而在根本上和最终意义上是一部历史,是事件的延续、事实的整体,是个体的行为和苦难。

四

任何仪式,任何祈祷,都会成为偶像崇拜的无可推卸的证据。这就说明,为什么所有宗教的神秘宗派。都一致同意要取消一切仪式。

五

犹太教的基本特质是现实主义和乐观主义,因为它认为物质世界是绝对真实的东西,而且,把生活看作是为我们奉献的令人愉快的礼物。婆罗门教和佛教的基本特征却相反,是理想主义和悲观主义的,因为他们把世界看作仅仅是一场梦幻中的存在,而且把生活看作由我们罪恶产生的后果。

《新约》的起源势必在印度。其证据在于:它完全是印度式的伦理观，它表现出通往禁欲的道德观、它的悲观情调和它的下凡传说。也正是出于这种理由，《新约》与《旧约》有着决定性的内在对立。《旧约》与《新约》中唯一有联系的部分，即是有关亚当、夏娃堕落的故事。

六

奥古斯丁主义，即那种原罪的教义和由此推论出的那些东西，现在是，而且一直都是道道地地的基督教。相反，贝拉基主义，则是企图把基督教拉同到粗糙和空泛的犹太教及其乐观主义。

七

宗教与宗教之间的根本区别，并不在于它是否是一神教、多神教、泛神教、无神教(如佛教)，而在于它究竟是乐观的还是悲观的。《旧约》和《新约》因此便是截然对立的东西，它们凑在一起就是一个非常奇怪的半人半鬼形象：《旧约》是乐观的，《新约》是悲观的。前者为音乐之大调，后者为小调。

宗教所具之真理，乃仅仅面向大众之真理，即是那些间接、象征、隐喻式的真理。基督教是对真实观念的隐喻式反映，而隐喻本身却不是真实的东西。把隐喻的东西看作真实的东西，是超自然主义者和理性主义者犯下的共同错误。前者认为隐喻本身即为真实，而后者把隐喻弄得颠三倒四，直到最后，让隐喻自身表明其真实的含义。因此，它们每一派都可能提出针锋相对的观点。理性主义者告诉超自然主义者："你的教义并不是真实的。"而超自然主义者回答道："你的学说并不是基督教的。"两派都有理。理性主义者认为他们手里拿着理性这个标准，但殊不知，他们视为标准的理性，不过是以一神论和乐观主义为前提的理性，就像卢梭《萨瓦神父的忏悔》这本理性主义范本所描述的那样。对基督教教义来说，它认为合理的东西，仅仅是那些感性本身认为是真实的东西：也就是说，一神论和灵魂的不朽。超自然主义多少还会具有一些隐喻式的真理，而理性主义却不能与任何真理产生共鸣。理性主义者总是处处碰壁。假如你要做一个理性主义者，你必须先成为一个哲学家，进而使自己摆脱一切权威，勇猛直前，毫不退缩。不过，假如你想成为一名神学家，你就应当随时死抱权威，即使权威要强制你去信仰那些你并不领悟的东西。一仆不能二主，因而，你要么倒向理性，要么倒向笃信。骑墙是没有好下场的，要么坚信不疑，要么闭门哲思！无论你选择哪一项，都需全心全意。不过，笃信应掌握好分寸，适可而止；搞哲学也得掌握好分寸，适可而止。而半心半意，正构成理性主义的基本特点。

那种认为科学的纵深发展和广泛传播并不会危及宗教的继续存在和繁荣的看法，实为一种谬见。物理学和数学是宗教的天敌。在它们之间谈论和平和调和，实为荒诞；这是一场你死我活的战争。宗教是无知所产生的后代，它们并不会离开它们的母亲而存在。奥马尔（Omar）深刻地领悟到他之所以要焚毁亚历山大里亚图书馆的含义。他有理由这样干：即在这些书籍中所包容的知识，要么是已经包含在《古兰经》之中，要么对《古兰经》来说是多余的。这种理由看似荒诞，但退一步想，实质上也够精明的了：他不过是想说明，假如这些学科的知识超出《古兰经》的范围，它们势必会与宗教相牴牾，最终成为不可容忍的东西。基督教的统治者们假如像奥马尔那样聪明的话，基督教在今天的日子也许就好过一些。不过，今天，要焚毁所有书籍，已为时过晚。

信仰犹如爱慕，它不能被强制。任何强制的爱，都必会变成恨。因而，那种强制信仰的企图，其结果首先是真正的不信仰。

八

  在信仰基督教的人们中,文明之所以达到了其辉煌成就,并不是因为基督教对它有所恩惠,而是因为基督教已奄奄一息,再不能施加任何影响。只要基督教有所作为,那么,文明在基督教的大众中就会无甚成就。所有宗教都是文化的死敌。

  上个世纪,宗教还是一片藏龙卧虎的莽莽森林。今天,再这样说,不免遭人嘲笑。因为,宗教在屡遭砍伐后,现已成为盗寇无赖偶尔出入的一片灌木丛。因此,我们当小心那些想把人们拉入这片不测之地的歹徒,我们要用这句谚语告诫他们:"十字架后,全是魔鬼。"

  宗教今日的恶劣心境,可以由这样的事实来证明:它被人们抛弃,并忍受着被人嘲弄这种非常痛苦的惩罚。

(李小兵　译)

文学的美学

我认为文学最简单、最正确的定义应是"利用词句使想象力活动的技术"。维兰德①在给梅尔克的一段信函中,很足以确证此定义。他说:"我只为文中的一小节就花了两天半的时间,原因只为没找出一句适当的词汇,脑海里整天总在这方面思索。这当然是因为我希望能像一幅绘画一样,把我眼前浮现的确定视像,原封不动地搬到读者面前。此外,正如你也知道,在绘画中,即使一笔一画,或光线的明暗,甚至连一个小小的反射光,也常会改变全体的旨趣。"文学所描绘的材料,由于读者的想象力,而带来某种方便。也就是说,这些经过细密加工和精致笔触的文学作品,在最适于某人的个性、知识、情绪的情形下,自然就会刺激他的想象力(相同的诗或小说,因为读者个性及其他的不同,而感触大异其趣)。但是,造型艺术(绘画、雕刻、建筑等)则没有这种方便。它必须靠一个形象、一个姿态来满足所有的人。在这形体之中,往往以不同的手法,主观的或偶然的附带上艺术家或模特儿的个性特征。当然,这些附带物越少越具客观性,也越能显示这个艺术家的天才——文学作品所以能比绘画、雕像更具强烈、深刻和普遍性的效果,以上

---

① 维兰德(Wieland 1733—1813),德国古典诗人,有"德国的伏尔泰"之称。

所述,可说是重要原因之一。一般人对于绘画、雕刻,反应的态度甚为冷淡,因此,造型艺术的效果也甚为微弱。很奇怪的,一些大画家的作品,往往出现在隐僻的场所或为私人所收藏,那不是为了故意隐匿或当作珍品般藏诸名山,而是一向就不受到注意,也就是说从来都不曾显示它的任何效果,只是偶然地被人发现而已。从这个事实来看,我们不难了解造型艺术的效果是如何的微弱了。1823年当我在意大利的佛罗伦萨时,发现了拉斐尔的"圣母的画像",那幅画长年都挂在宫廷婢仆家的墙壁上,这件事,竟发生在素有"艺术王国"之称的意大利,能不令人慨叹?因此,更可证明,造型艺术很少有直接的效果,并且也足证明艺术的评价比其他一切作品都难,也需更多的教养和知识。相反的,动人心弦的美丽旋律,却能遍历全世界,优美的文学也可为各国国民争相传诵。富豪显贵是造型艺术最有力的靠山,他们不但能花费巨金购买名画,对于有名的古代大家名画,也有偶像的崇拜心,有时甚至不惜放弃广大土地为代价。究其中的原因是很明显的,杰作越难得一见,而持有者也越值得傲夸。其次,外行人欣赏艺术作品时,只需花一点时间和努力,一晃过眼便可看出所画的是什么东西,因此,艺术品不受一般人的重视。不像品味文学作品,需要较琐碎的条件——音乐亦同。所以,没有造型艺术也无妨,例如,回教诸国,任何造型艺术都没有。但文学和音乐,任何文明国家都存在的。

　　文学的目的是在于推动我们的想象,给我们启示"观念"。换句话,就是以一个例子来表示"人生和世界到底是怎么回事?"所以,文学家的先决条件是,先要洞悉人生和世界。他们见解的深浅与否,直接决定和影响了作品的深度。理解事物性质的深度和明了程度,可区分很多等级。同样的,文学家的品类也很多。其中大部分都以为他们已把自己所认识的非常正确地描写出来,和原物毫无二致，从而认为自己是卓越、伟大的作家；或者，他们阅读大作家的作品时，也觉得他们的认识不见得比自己多，不见得比自己高明，满以为自己也可挤入名家之列。这就是他们的眼光永远不能深入堂奥的原因。第一流文学家能知道别人的见解是如何的浅薄，也能知悉其他人所看不到、所描写不出来的东西，更知道自己的眼光和描述是如何的比别人进步。他们也知道自己是第一流的文学家，那些浅薄的人们是无法了解他们的。故之，真天才、大作家，往往要陷入一段长时期的绝望生活。因为能中肯地评价一流作家的，他们本身已不平凡，这种知音太难得了。而平庸的文人又不尊重他们，正如他们也不尊重平庸文人一样，所以，在未得世人的称赞之前，他们只好长久过着自我欣赏、自我陶醉的日子。然而，世人又要求他们应该自谦，连自我称赞都受到妨碍。就这样，知道自己的长处和价值的人，和那些毫无所知的人，无论如何总是谈不拢。伟大就是伟大，不凡就是不凡，实毋须谦逊，如果从塔的基底量起至塔尖足300英尺，那么从塔尖至基底也应该是300英尺，不会短少一丝一毫。古来的名家如贺拉西①、卢克莱修②、奥维德③等从不菲薄自己，都说得很自负。近如，但丁、莎翁及许多其他作家，也莫不如此。不了解自己的伟大所在，但又能产生伟大作品，天下绝无此理。谦称自己的无价值，只是那些绝望的无能力者用以自慰的歪理。某英国人说了一句话，乍听来有点滑稽，但却含至理，他说："merit（真价）和 modesty（谦逊），除头一个字母相同外，再无共通之点。"我常常怀疑，大家要求谦逊，想法是否正确。柯尔纽更直接地说："虚伪的谦逊，不能寄予太大的信任。我知道

---

① 贺拉西（Horace 前65—前8），古罗马大诗人。
② 卢克莱修（Lucretius 前99？—前55），古罗马诗人、哲学家。
③ 奥维德（Ovid 前43—18），古罗马诗人，《变形记》作者。

自己的价值,别人也信任我所谈的事情。"歌德也不客气地说:"只有没用的奴辈才谦逊。"我们也可以说,口头上经常挂着:"谦逊呐!务要谦逊!"这些人才是真正没出息的人,才是完全没有价值的奴才,是人类中愚民团的正牌会员。因为,只有自身有价值的人,才会了解他人的优劣所在。当然,这里所称的"价值"是指真正而且有确实有价值的事情。

我真希望全世界那些不学无术、没有任何特长的人完全不存在。这些人一接触到他人的眼光,就如置身拷问台一般,苍白的、青黄色的嫉妒火焰啃噬着他们的心。因此,他们想剿灭得天独厚的人,如果遗憾地非让他们生存不可,也尽量设法隐蔽或否定他们的特长,不,应该说要他们放弃自己的特长。我们耳边所以经常响起对谦逊的赞辞,道理在此。谦逊的赞美者,一遇有某种真价值的东西出现,便利用机会,想尽办法使它窒息,或者阻遏它不让我们知道,谁又会怀疑他们的居心呢?因为这正是对他们的理论的实习。

再说,文学家也像艺术家一样,虽随时随地给我们提示的是个别的事物和几个个体,但他所认识的以及欲使我们认识的是(柏拉图的)观念,是全体种族。因此,他所描绘的形象中,表现的是人的性格和境遇等的"原型"。叙述故事的小说家和戏剧家,就是从人生撷取个别的事物,精细地描写他的个性,由此给我们启示全人生。当然,他们所处理的事情,外观上虽是个别的东西,实际上却是任何时代、任何角落都存在的事情。文学家——尤其是戏剧家的词句,不但可当作一般性的格言,实际生活中往往也非常适用,其理由即在于此。文学和哲学的关系,犹如经验对实验科学的关系一样。经验是在个别的实例中来表示现象,而科学是以一般的概念统括全体现象。同理,文学是由个别的事物或实例,使我们知悉万物的(柏拉图的)观念。而哲学是教我们从事物的内在本质进而认识其全体性和普遍性。由这点看来,文学具有青年热情奔放的特质,哲学则带有老年的老成持重的气氛。事实上,文学花朵的盛开绽放,也唯有在青年时代;对于文学的感受力,也是在此时期屡屡产生激情。青年们大都喜欢韵文(诗),有些人,那种狂热劲儿,简直像三餐一样,缺它不可。这种倾向随着年龄的增加而逐渐递减,一到老年则喜欢散文。由于青年时期的这种文学倾向,所以对于现实的见解和抱负,很容易遭受破灭。盖以文学和现实差距甚大,文学中的人生是乐趣无穷的,是从无痛苦的。现实刚好相反,生活即使没有痛苦,也毫无乐趣;若一味追求快乐,则又没有不痛苦的道理。青年们接近文学虽比接触现实来得早,但为了现实的要求,不得不放弃文学。这就是最优秀的青年常被不愉快所压服的主因。

韵律和韵脚虽是一种拘束物,然而也是诗人身体的"被覆",穿上这一套"被覆",说些别人所不敢说出的心声也不妨,它使我们热爱的原因就在这里。他对自己所说的事情只负一半责任,其他一半由韵律和韵脚分摊——韵律只是旋律,其本质在时间之中,而时间先天上就是纯粹的直观,所以,以康德的用语来说明,它只是具有纯粹感觉性。与之相反的,韵脚是用感觉器官来感觉,属于经验的感觉性。所以旋律方面远比韵脚更具气质和品格,古希腊罗马人,也因此而轻视韵脚。韵脚的起源,是由于古代言语的颓废,以及,由于言语的不完全而产生。法国诗歌贫弱的主因,就是因为没有韵律单有韵脚,为了隐藏这种缺点,而以种种手段制造许多玄虚而不切实际的规则,使韵脚更加困难,也由此更助长加深内容的贫弱。例如,两个单词间禁止母音重复,不准使用某些词汇等等,总之,花样繁多,举不胜举。近来,法国诗人已在努力解除所有的限制——我觉得任何国家的语言都比不上拉丁语给人韵脚明快且有力的强烈印象,中世纪采用韵脚的拉丁诗,具有特殊的魅力,这是因为拉丁文词汇优美而又完全,为近代诸国语言所无法企及,所以,韵脚这个装饰品,原本为大家所轻蔑,唯独拉丁文附上它,亦能显出优雅之趣。

在若干句子间,再响起同一个音韵,或者使句子表现得如同旋律的拍子,硬规定上这类孩子气似的目的,不论对思想或表现手法而言,都受到一层拘束,严格地说,这才是对理性的叛逆,但若不行使些暴力,又产生不出韵文来(即使偶尔有之,也绝不会太多),所以,在其他语言中,散文远较韵文易于理解,我们若能看到诗人的秘密工厂,将不难发现,韵脚求思想比思想求韵脚多出十倍以上,换言之,韵脚远在思想之先的场合为多,若思想在前,而又坚决不让步,则就难以处理了。但考之韵文术则不如此,它能把所有的时代和民族拉到自己的身侧。韵律和韵脚所及于人心的作用很大,它们特有的神秘诱惑手段也非常有效。我想其中原因是因为高明的韵文表达思想所用的词汇,早就被预造出来,诗人只花"寻找"之劳而已。稀松平常的内容加上韵律和韵脚,乍读起来似乎也颇有意味深长的味道。就像姿容平凡的少女经过化妆后,也颇能惹人侧目。即使偏颇、错误的思想一旦写成韵文,也像蛮有道理。从另一方面看,即使是名家的诗句,若忠实地改成散文,就韵味大减了。只有"真"才是美的,若能把真理最美丽的装饰去掉,赤裸裸地表达出来才最为可贵。散文能表现伟大而美丽的思想,所以比韵文的效果更具真的价值,道理在此。韵律和韵脚那些琐碎的、小孩子玩意儿般的方法,能够产生如许强力的效果,实令人意外,因此也大有研究的价值。依我的臆测,它的原因大概是这样:本来,听觉所直接感受的,只是词句的音响,再加上旋律和韵律,就好像是一种音乐，所以，它本身中已取得某种完全和意义，已经不是手段，不只是指示事物的符号——即不是言语意义的符号，而是为了它自身的存在。而且，这个音响的唯一使命是"悦耳"，在完成此任务之同时，也满足了读者所有的要求。因而这个音响所表达的思想，如今就成了附加物，就像音乐的歌曲所配上的歌词一样。那又像是突然而来的意外赠物，这里没有任何的请托或希求，很容易令我们欣然接受。假如这里再有散文所表现的思想价值的话，那就更令我们着迷了。我在幼小时，常常只因为某诗的音韵很美，实则对它所蕴涵的意义和思想还不甚了了，就这样靠着音韵硬把它背下来。任何国家都少不了只有声韵好而全无意义的诗歌。研究中国文学的戴维斯，在他翻译的《老年得子》（1817年发行。剧中描写，没有子嗣的某老人，为了得子而蓄妾，虽然如其所愿地生了男孩，但此间发生许多家庭风波）的序文中说，中国的一部分戏曲是可以歌唱的韵文，更附带说："这些文句的意义往往是暧昧的，就是根据中国人自己的说法，这些韵文的主要目的是'悦耳'，而忽略意义，并且经常为了谐韵而牺牲意义。"看了这一段话，大概大家都会联想到希腊悲剧中几乎令人不了解意义的"齐唱"。

　　真正的诗人，不论高级或低级，他们的直接标志是，韵脚自然，毫不勉强。就是说，他们的韵脚像有神来之笔，自自然然地表现出来，他们的思想在脑中成熟后才去找韵脚，这才是真正的诗人。细密的散文作家是为了思想而求韵脚，滥作家则为了韵脚而搜索思想。阅读两首有韵脚的诗，经常立刻可以发现，何者以思想为主，何者以音韵为副。

　　我觉得（在这里无法证明），韵脚的性质是双对性的，只有重复一遍同一的音韵，才能产生效果，重复次数太多，绝不能增强它的效果。所以，某个最后的音节如果以和它相同声响的音节作终结，效果就等于零,这个音如果非用三次不可,也只能偶尔为之,因它虽加入现今存在的韵脚之列,但并不能产生强烈的印象。所以,第三个韵脚是美的累赘物,毫无用处。再说,这样的韵脚叠积法,可不必费太大的牺牲。相反的,一般人常用的规格如意大利八句体(首六句是交互韵,末二句不拘)和十四行诗等,所花的工夫要比上述的叠积法多得多,就是因诗人费了偌大的周折,反而使读者如入迷阵,摸不到门径。享受诗的乐趣,不是在头脑昏然转向之时引起的。诚然,大诗人能够克服这个形式和它的困难,而能示以轻快优雅之趣,但只有这一点事实,我们仍没有推举这种形式的理由,因为,这些形式本身就极烦琐并且又没有效果。就是连很有成就的诗人,用这些形式时,韵脚和思想也屡屡发生纠葛,有时韵脚得胜,有时思想占上风,换言之,就是有时思想为韵脚所压抑而萎缩,或者,韵脚由于思想的贫弱而稍作退让。所以,莎翁在十四行诗的前四句中,押上不同的韵,我想他不是无意的,而是为了诗趣的优越。总之,莎翁诗的听觉效果,并不因此而丝毫减色。就内容来说,这种做法,也不致有削足适履之感。

有的国家的许多词汇,只宜于诗歌,而不宜于散文,这对诗是不利的,反之,若是不宜于诗的词汇太多,情形亦同。前者以拉丁文、意大利文情形最多,后者以法文为最。法国最近把这种现象名之为"法兰西文的严谨",的确说得很确切。这两种现象又以英文较严重,而德文最少。专供诗用的词汇,距离我们的心较远,不能直接诉诸精神,因而使我们的感情处于冷淡的状态中,它是诗的会话用语,是画里的感情,排除真实的情感。

近来,大家常常讨论古典和浪漫文学的区别问题。我想它们的主要不同是:前者纯粹为人间的、真实的,并且动机是自然的;后者反之,它是人为的、传统的、想象的。此外,还加上从基督教而来的动机,以及骑士对于名誉的幻想狂和滑稽可笑的女人崇拜,或梦呓似的超物质恋爱观等等都掺杂于其中,连浪漫派的代表作家,其作品中也可以辨认出这些动机是如何奇怪地歪曲人事关系和人类的天性。例如,卡尔德隆就是其中之一,像他的宗教戏《最恶的事情未必都是决定性的》或《在西班牙最后的决斗》两书,以及几篇喜剧作品,都是很荒诞无稽。再者,他们的会话也经常表现 Schola 哲学的烦琐,这种烦琐本属于当时上流阶级的精神修养。相反的,忠实于自然的古人作品,就比他们优秀多了。并且,古典派的文学具有绝对的真理和正当性,浪漫的文学则有限得很。希腊建筑和哥特式建筑(拱形建筑)的差异,也是如此。但要注意的是:一切的戏剧和叙事诗,若把故事地点放在古代的希腊或罗马,由于我们对古代的知识(尤其有关生活细节)只是片断的,并不充分,且又不能由直观认知,所以,这些作品处于不利的地位。因此,作家们便回避许多事情,而以一般性的事情来满足读者,这样一来,他们的著作便陷于抽象化,缺少了文学所不可或缺的直观性和个性化。所有的这类作品,所以带上空虚或苦闷的特殊色彩,原因即在此。但,这种东西一到莎翁手中,便脱离上述的缺点,因为,他能毫不迟疑地描写出古希腊、罗马时代的英国人的生活。

多数的抒情诗杰作,尤其是贺拉西的两三篇颂歌(例如第三卷的第二首颂歌)或歌德的几首诗歌(例如《牧羊者的叹息》),思想完全是跳跃的,没有正统的联络,因此而被批评。但他们是故意避开论理脉络,而代之以诗中所表现的根本感情或情调的统一。这个统一,就像一条线贯穿许多珍珠把全体连贯起来,而且以此为媒介使描写的对象迅速转变,而更清楚地表现出来。这恰如音乐中的变调,由于第七谐音的介绍,使还在作响的基调,变成新调的属和弦。

抒情诗中以主观的要素为主宰,戏曲中则为客观的要素所独霸。叙事诗则介于此二者之间,它所占的幅度较广,这里面,从故事性的谈诗,以至真的叙事诗,中间还有很多形式和变形。写叙事诗主要在于客观,但主观的要素由于时间的不同而有程度的差异,总之,也是要有主观的表现,所以它居于中间的位置。诗中要尽量把握机会容纳主观,或利用人物的独白,或在叙述的过程中等,所以,诗人也像戏剧家一样,是不会完全把人物看丢的。

总之,戏曲的目的是以一个实例来表示:"人的本质和生存是什么?"在这里所表现的,有悲哀的一面,也有愉快的一面,或者是悲喜兼而有之。话说回来,"人的本质和生存"的问题,已经包涵议论的种子,因为在戏曲中,到底应以本质(即性格)为主?或以生存(即命运或事件、行为等)为主?这一类的问题,马上都会引起争论。除此外,二者(生存和本质)唯有在概念上才能加以分割,在描写时它们紧紧地缠在一起,很难予以区划。因为,只有靠事件和命运等才能发挥或衬托人物的性格;也只有从人物的性格才能产生动作,由动作而制造事件。当然,当描写时,可以偏重于某一方,而使戏剧区分为"性格剧"和"故事剧"两大类。

叙事诗和戏曲的共同目的,是以特殊境遇的特殊性格(人物)为基础,而描写由此所引出的异常动作。这个目的,诗人在平静的状态下,最能完全达成此任务,唯其态度的平静,所带出的人物个性才能具一般性的色彩,才能提出一个动机,从此动机产生一个动作,再由此动作产生更强烈的动机……如此周而复始,动作和动机越来越显著激烈。人物个性和世态同时都很清楚地展开表现。

伟大作家可以幻化为各色各样的角色,描写对话,完全切合角色的身份和性格，一下子写英雄激昂的陈词，一下子又换成纯真少女撒娇的口吻，无不刻画得栩栩如生，令人觉得如见其人，如闻其声，诸如莎翁、歌德等都属之。第二流作家，只能把自己化身为书中主角，像拜伦便是，这种场合，陪衬的角色，往往只是没有生命的木偶。等而下之的平庸作品那就更不用谈了，连主角也没有生命。

爱好悲剧的心理，不属于美的感觉，而是恻隐之心的最高度表现。当我们看到存在自然之中的崇高时，为了采取纯粹的直观态度，而蝉脱出了意志的利害，我们看到悲剧结尾时的感触，实际已摆脱"生存的意志"。悲剧中所提示的是人生的悲哀面，如人类的悲惨际遇、偶然和迷误的支配、正人君子的没落、凶徒恶棍的凯歌等等，直接反对我们的意志的世界诸相，都摆在我们的眼前。眺望这些景象时，意志已经离开了生活，代之而起的是憎恶、唾弃的心理。正因为如此，我们觉得似乎心里边残留着某一种东西，但所残留的绝不是积极的认识，而只是消极的厌世之念。这种情形就像第七谐音伴着基本谐音所产生的变调，或是红色混上青色所产生的另一种不同的颜色，所有的悲剧所带来的是，要求完全不同的生存和一个不同的世界。对于这个世界的认识，大抵只是由间接而得，即是由上述的要求而产生。当看到悲剧结尾的那一刹那，我们必更明晰地醒悟和确信："人生原来是这么一场悲惨的梦！"在这一点来说，悲剧的效果，似是一种崇高的力量，此两者都能使我们超脱意志及其利害，而使感情产生变化。悲剧的事件不论采取任何形式来表现，为了使我情绪高扬，都会赋予特殊的跳跃。悲剧中所以带有这种性质，是因为它产生"世界和人生并不真能使我们满足，也没有让我们沉迷的价值"的认识。悲剧的精神在于此，也由于如此，而引导我们走向"绝望"。

我也承认古希腊罗马的悲剧中，绝少直接以动作表现或以口头说出这种绝望的意念。《在科罗那之伊狄博王》(Oedipus at Colonus)①一剧中的主角,虽能想得开而欣然就死,但仍然借着对祖国的复仇之念来慰藉他。《在陶利斯的伊斐吉尼亚》②最初本是尽量逃避"死",但为了希腊全土的幸福,一变而欣然受死。希腊伟大的剧作家埃斯库罗斯③在《亚加曼农》一剧中,加桑多拉虽然也是从容而死,她还说:"我的人生已经很足够了!"但仍有复仇的念头来安慰她。《德拉奇斯之妇人》(索福克勒斯著)书中,赫拉克列斯虽是为时势所屈而慷慨赴义,但也不是到达了绝望。欧里庇得斯的《喜波利塔》(Hippolytus)也一样,为了安慰他而出现的女神Artemis 对他保证说:"死后一定替他盖庙堂和保证身后的名誉。"但绝不是指示他超脱人生的生存,所以也像所有的神灵遗弃濒死的人一样,这位女神终于也弃他而去——基督教中说天使出现在临死的人跟前,婆罗门、佛教中也有相同的说法,并且,佛教的诸神佛实际还是从死人中所"输入"。所以,喜波利塔和希腊所有的悲剧主角一样,虽然对这难以逃避的命运和神灵不可违拗的意志想得很开,但并没有表现放弃"生活的意志"。斯多葛派的恬淡和基督教的勘破,根本上就大异其趣,主要的区别是:前者泰然地接受和低着头忍耐那些难以逃避的灾祸,基督教则是断绝、放弃意欲。古代悲剧的主角属于斯多葛派,在命运不可避免的打击下,则老老实实地归服,基督教的悲剧则反之,它们是放弃全体的"生存意志",意识到世界的无价值和空零,而乐意放弃世界——但我总觉得近代的悲剧比古代悲剧境界又高了一筹。莎翁比索福克勒斯不知高明了多少,欧里庇得斯和歌德更不能相提并论,他们的

---

① 古希腊悲剧作家索福克勒斯(Sophocles 约前 496—前 406)之名著。
② 古希腊悲剧作家欧里庇得斯(Euripides 约前 480? —约前 406)的作品。
③ 埃斯库罗斯(Aischulos 约前 525—前 456),古希腊悲剧作家。

同名剧本《伊斐吉尼亚》相形之下,前者就显得既粗野又卑俗。他的那一篇《酒神祭尼》一剧,偏袒异教僧侣,读来令人讨厌、愤怒。大多数的古代戏曲,没有完全的悲剧倾向,例如欧里庇得斯的《阿尔克斯德斯》或《在陶利斯的伊斐吉尼亚》等是;有一些作品的写作动机,更令人讨厌作呕,例如《安蒂绛》或《斐洛克泰多》(同为索福克勒斯之作)等是。再者,古代的悲剧几乎都是在"偶然"和"迷误"的支配下而引起事件,然后又由于偶然和迷误逃脱大难,从来不会陷于山穷水尽的绝境。这些都是古代作家火候不够,尚未能到达悲剧的顶点和目的,不,应该说他们对人生的见解还不够透彻和深入。

所以,古代的悲剧主角中,几乎没有人描写他们的绝望心境,就是摆脱生存意志的心理意向。悲剧的特殊倾向和效果,就是在唤醒观众的这种心境,即使在极短暂之间也能诱起这种思想。舞台上的种种悲欢离合和各种悲惨际遇,所提示给观众的是人生的悲惨和无价值,即是人生所有的努力等于空零。所以,纵是感觉冷漠的人,他的心境也会暂时脱离人生,意欲也一定会移转他处,从而觉悟到世界和人生并没有什么值得留恋的;或者,在他的心灵深处也一定会自觉地活动起"非意欲"的生存。如果这一点都达不到的话,所谓摆脱人生所有的目的和财宝的淡泊宁静,或者精神脱离人生和社会诱惑的情操,以及心境的高尚趋向等的悲剧效果,可望能获得吗?并且,人生悲惨方面的描写,显明地来到我们眼前时的那种明快的作用和崇高的享乐,能望得到吗?亚里士多德虽曾说悲剧的最终目的是使我们产生"恐怖"和"同情"的情绪,但这两种感情不属于愉快感觉,此二者并不是目的,只不过是一种手段罢了。所以,摆脱意志的要求,才是悲剧的真正倾向,才是特意描写人类烦恼的终极目的。由于"勘破"而产生的精神的高扬，不是表现在主角身上，而是由于观众看到如许大的烦恼而激起的心灵感触。又者，对于身陷如此苦恼的主角，他们的下场也不一而足，有的得到正当的报应，有的报应完全不当。在这方面来说，古今作家的手法大致相同，先总体地描写人间的不幸事件，然后引导观者进入上述情调之中而获满足。但也有一部分作家手法又自不同，他们只描写烦恼的心情转向。前者只提出前提，结论则任凭观者自己去推测；后者所含的教训，则在描写主角的心理变化或于齐唱时表现出来，例如，席勒的《美西娜的新娘》中，所齐唱的歌词"人生不是最珍贵的财宝"就属于这类。在这里我们再顺便谈到，Katastrophe 式（大团圆）的悲剧效果，就是由此所引起的"绝望"和"情绪的激昂"，不论动机的纯粹性还是表达的明了程度，都比歌剧逊色。歌剧中，有所谓"二声曲"表现法，令人感到似有所得又若有所失，这种二声曲中，意志的转换，是由音乐的突然静寂来表示。一般来说，只有这种二声曲优越的音响和歌剧的语法，才可能婉转、短暂地表达出那种意味，即使单从它的动机和手法的经济来看，也堪称是最完全的悲剧。不论悲剧动机的赋予方法，悲剧的动作进行，还是悲剧的展开，以及这些因素对主角的心理作用和所产生的超脱效果（这效果也要移注到观众心胸中）等，都够得上真正悲剧范本的资格，并且，此中不带任何宗教色彩和见解，它所得的效果越发显得真实，更能显著地表现出悲剧的真正本质。

近代剧作家因为疏忽"时间"和"地点"的统一，而遭批评界严厉的谴责。但这种忽视，在破坏动作统一的情形下进行时，始能成其为缺点，果如此，那么所剩的只有主要人物的统一而已了。莎翁的《亨利八世》就是其中一例。但若像法国的悲剧，只是不断地谈论同一事情，动作的统一就显得多余了。法国的悲剧中，戏曲的进行像没有极限的几何学线条一样,严守动作的统一,似乎在鼓动动作"前进啊！前进！你尽管朝着你的工作迈进!"因而像处理事务般的,按部就班地把一个个的事件顺顺利利地处理下来,不会分心旁骛,也不会为了些许小事而停滞。莎翁的悲剧刚好相反,他的线条幅度是固定的,然后,在这里绕大圈子,消耗时间,并且,有时候连一些和剧情没太大关系的对话和场面也表现出来。但是靠着这些,让我们能很清楚地理解剧中的人物或他们的境遇。动作当然是戏曲的主眼,但毕竟也不能因它而忘却描写人的本质和生存的目的。

戏曲诗人也罢,叙事诗人也罢,他自己就是命运,所以也不能不知道命运的不可违拗。同样的,他们也是人生的一面镜子,所以,笔下虽要出现多数平庸、凶暴的狂徒和糊涂蛋之类的人,但也需经常陪衬一些有理性、聪明、善良、正直的角色,偶乐也不妨穿插一两个气宇高贵的人物,依我的看法,荷马的全部作品从未描写过一个气宇高尚的人物,虽然他的剧中人多半是正直、善良的。莎翁全集中,大概有两个（柯得利亚和柯里欧兰）勉强可列入这一类,但距我理想中的高贵还有一段距离,其余大都是成群的蠢物。伊夫兰①或柯查普②的作品中,则有很多品性高超的人物。格尔多尼③剧中角色善恶的分配还颇符我上述的意见,他自己似乎是站在高处静观世态……

古希腊悲剧的主角都来自王族,近代作家大抵也都如此,这并不是作家们阶级观念太深,重权贵而轻贫贱。戏剧的着眼点,是使人产生激昂的情绪,所以,只要能唤起这种情绪,原本不拘主角是

---

① 伊夫兰(Iffland 1759—1814),德国剧作家。
② 柯查普(1716—1819),德国喜剧作家。
③ 格尔多尼(Goldoni 1707—1793),意大利喜剧作家。

农人或王侯。"平民悲剧"也绝对没有什么值得疵议的地方。但话说回来，仍是以那些具有大权力和大威望的人来充任悲剧的主角最为适宜，且效果最佳，因为在那种情形下，才能够让我们认识人生的命运，认识不幸事件的严重性，而使每一个观者无不深感恐惧而哀叹。普通市民所引以为绝望或陷入穷困境地的事情，在达官显要眼中看来，简直是微不足道的琐碎小事，认为可由人为的助力，不，只要他们花九牛一毛的助力便可排除解决，因之，这类事情根本不能使他们感动。反之，权高势重的人所遭遇的不幸，外来的力量难以救助，则真的是山穷水尽，穷途末路，绝对的可悲了。即使位高如国王，也只能以自己的权力来救自己，否则，只有灭亡一途。再者，爬得高跌得重，而普通百姓不会爬到那种高度。

如若了解悲剧的倾向及它的最后目的是转向"断念"和"生存意志的否定"，那么，也该能明白喜剧是它的相反——增强"生存意志"的信心。当然，喜剧也难避免人生各方面的描写，它也要反映一些人生的烦恼和可嫌忌的事情，但喜剧中这些现象只是须臾的，并且混入成功、胜利和希望而表现，而此三者稍后便占优势，最后在欢乐声中结束。同时，此中又举出不绝的笑料，它似乎在告诉我们，在人生可厌的事情中，也充满着可笑的材料，而这些材料无时无地都在讨好我们，只待我们花举手之劳去撷取，总之，喜剧是告诉我，人生是美好的，充满乐趣的。但很奇怪的，喜剧中一到达欢喜的顶点，便急急下幕草草收场，那是为什么？它似乎永远不让我们知道欢乐"顶点"之后又将是什么情形。悲剧则反之，通常它的结局都有"此后不再蹈此覆辙"的意味。且让我们再度稍微详细地看看人生滑稽的一面，那是很平常的言语和举动，一一详言之，不外是小小的狼狈挫折、个人的恐怖、一时的愤怒以及内心的嫉妒等

文学的美学 | 321

之类的情绪,完全脱离了美的典型,所印铭在现实影像之上的那些言语和举动。一个思虑深刻的观察者,不待思索恐怕就会达到一种确信:这类人的生存和行为并没有他自身的目的,他们只是取错误的途径,通过迷路而求得生存,这样的表现,实不如不生。

(李小兵 译)